佐久間象山と科学技術

東　徹　著

思文閣出版

「象山大砲試射の碑」より一重山望む
象山が放った砲弾は山の凹みのあたりまで届き、向こう側の満照寺境内に達した

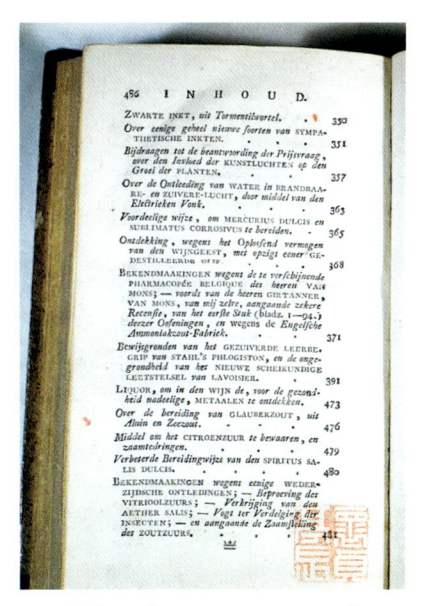

赤通しが残されているカステレイン著
『化学・自然学実践』第一巻の目次
（真田宝物館蔵）

象山大砲試射の碑（更埴市）

望遠鏡（真田宝物館蔵）

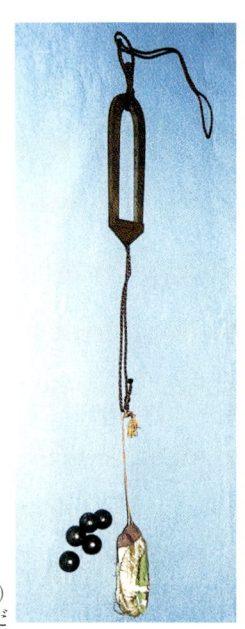

地震予知器（真田宝物館蔵）
象山は人造磁玦ないしはコンストマグネートと呼んだ

高義亭（象山神社境内／長野市指定文化財）
蟄居中、象山が住んだ望月主水下屋敷内にあり、来客者との応対にもよく使われた建物である。高杉晋作をはじめ訪れた人びとは、国事を論ずるかたわら、そこにあった蘭書や電気治療機などにも目をひきつけられたはずである。

目 次

序 ……………………………………………………………………… 3
  （1）本書の課題 ………………………………………………… 3
  （2）これまでの研究 …………………………………………… 6
  （3）本書の構成 ………………………………………………… 10

第1章　軍備の充実における科学技術の利用 …………………17
第1節　大砲の運用と鋳造 …………………………………… 19
  （1）大砲の運用 ………………………………………………… 19
  （2）大砲の鋳造 ………………………………………………… 25
  補論：青銅製大砲の種類 ………………………………………… 38

第2節　ベウセルの砲術書が与えた影響 ……………………… 41
  （1）ベウセルの砲術書 ………………………………………… 41
  （2）大砲の寸法や大砲の運用 ………………………………… 46
  （3）砲弾の運動 ………………………………………………… 53
  （4）『砲学図編』 ……………………………………………… 57
  （5）砲　　台 …………………………………………………… 61
  （6）砲術に関する象山の知識 ………………………………… 64
  補論：『砲学図編』とベウセルの砲術書 ……………………… 71

第2章　殖産開発における科学技術の利用 ……………………77
第1節　ガラス作り …………………………………………… 79
  （1）はじめに …………………………………………………… 79

（2）ガラス作りの経緯 ……………………………………………81
　　　（3）幕末期のガラス製造 …………………………………………83
　　　（4）ショメルの百科事典の利用 …………………………………85
　　　（5）実際に作ったガラス …………………………………………90

　第2節　カステレインの化学書と殖産開発 ……………………………100
　　　（1）はじめに ………………………………………………………100
　　　（2）カステレインの生涯 …………………………………………103
　　　（3）『化学・自然学実践』と『舎密開宗』 ……………………105
　　　（4）『理論的・実用的化学』と『カステレイン硝子製造篇』…116
　　　（5）黒川良安から口授を受けた蘭書 ……………………………121
　　　（6）『化学・自然学実践』と三カ村の温泉の水質分析 ………129
　　　（7）化学が与えた影響 ……………………………………………135

第3章　蟄居中における科学技術との関わり …………………………147
　第1節　入手を希望した蘭書 ……………………………………………149
　　　（1）蟄居中の関わりをさぐる理由 ………………………………149
　　　（2）自然科学や工学に関する分野 ………………………………151
　　　（3）軍事に関する分野 ……………………………………………159

　第2節　ソンメルの窮理書 ………………………………………………170
　　　（1）ソンメルの窮理書の入手 ……………………………………170
　　　（2）「ソンメル」と呼ばれた書物 ………………………………171
　　　（3）ソンメルの窮理書の国内での利用 …………………………177
　　　（4）象山が手に入れたソンメルの窮理書 ………………………179
　　　（5）天空を詠んだ漢詩 ……………………………………………182
　　　（6）「地震予知器」（「人造磁珙」） …………………………185
　　　（7）ソンメルの窮理書からくみとったもの ……………………189

　第3節　電気治療機の製作 ………………………………………………198
　　　（1）製作の動機を与えた書物 ……………………………………198

- （２）電気治療機の分解・調査…………………………203
- （３）国内で現存する電気治療機……………………207
- （４）象山が製作した電気治療機……………………209
- （５）電気治療機に使われた電池……………………216
- （６）電気治療機の意味するもの……………………219
- 補論：ファン・デン・ブルックとティンマー ………………225

付　録：真田宝物館所蔵蘭書………………………………………231

索　　引
あとがき

佐久間象山と科学技術

序

(1) 本書の課題

　アヘン戦争における中国の敗北、次は日本に迫ってくるかもしれないという状況は、わが国の知識人に深刻な危機感を与えた。そのなかの一人、佐久間象山 (1811-64) は、西洋の科学技術を受け入れ、軍事力を強化し、国力を高めなければわが国の独立は危ういことを訴え続け、人々に大きな影響を及ぼした人物として知られている。西洋の科学技術を受け入れるため、オランダをはじめとする西洋諸国から教師を雇い、機械を購入して、本格的に移植しようとする試みが開始されるのは安政の開国以降である。象山が活動した1840年代から50年代の初めにかけては、西洋の製品と同じものを作ろうと本気で決意するものの、鎖国体制のもとで手段は限られ、数少ない蘭書を頼りにしながら見よう見まねで実行していかざるをえないときであった。
　そこでは、いきなり西洋技術の全面移植というわけにはとてもいかず、在来技術の上に西洋技術を付け加えていくよりほかはなかった。それは材料や道具に関することもあれば、物作りの方法に関するときもある。技術を活用するための体制が問題となることもあれば、コストが問題となるときもある。それらの要素のごく一部分だけが関係する場合もあれば、全ての要素が関係する場合もある。経験に裏打ちされた内容だけではなく、科学に関することが浮上する可能性もある。新たな技術を受け入れる初期の段階では、これら全体の要素が未消化のまま、互いに影響を及ぼしあうなかで、一つのものが作りあげられていくことになり、科学技術のあり方に関するさまざまな問題

がより鮮明にあらわれてくるともいえる。だからこそ、この時期の様子は、西洋の科学技術をいかに受け入れ、それが社会にどのような影響を与えるかを探る日本の科学技術史研究にとっても大きな関心を呼ぶのである。このとき西洋の技術の受け入れに最も積極的にチャレンジした佐賀藩など西南雄藩における各種の試みについて、多くの優れた研究が残されているのもそのためである。他方、象山が行ったという試み、それは大砲鋳造やガラス作りなど西南雄藩において行われた試みと共通する部分が多く、しかも時期的にも同じである。にもかかわらず、オランダ語を読む力があやふやで大言壮語も多く、象山という人物はどうも信用できないとする見解がかなりあり、それ故、彼が行ったというさなざなな試みはこれまで問題にもされてこなかった。

　一方、近年、江戸時代から明治にかけての科学技術に対し、「知識」とそれに基づいた「実践」、その結果として生み出された「物」という枠組みで考察をすすめていこうとする考え方が提唱されている(2)。もともとは、文書や文献など記録に残る史料と、現存する遺物とを総合的に捉える枠組みとして提出されたものであるが、象山と科学技術との関係を評価する上でもこの枠組みは有効である。

　象山は「国利を開き候にも、世変に応じ候にも、当時と相成候所にては、西洋をかね用ず候ては欠陥多く候(3)」と、殖産開発にも軍備の充実にも、これまでの伝統的な「知識」と並んで、西洋の「知識」をも付け加えることの必要性を強調する。また、「総て此国に益をなし候思召にて、翻訳の火術書を開板被成、その教授せられ候所は其芸術を以てせられ、其方法の如きは是を天下に公けにして人々しらざるものなき様に被成(4)」と江川英龍に学問や技術の公開を主張するなど、西洋の科学技術に関わる「知識」を受け入れ、推進するための体制作りの重要性も強調する。さらに、中国の学問は「清儒学問考証精密など申候へ共、畢竟は喬上之空談多く、実用は甚乏しき様に被存候(5)」なのに対し、西洋の科学技術は「多年軍争の間に種々の豪傑の手を経候て、然る後に成り出候事に候故、至て実用の事共にて(6)」と、「知識」と「実践」とが分かちがたく結びついたものであるという。そして、「凡そ事は自

4

ら之れを為さずして、能く其の要領を得る者は之れ無し」(7)と、その「知識」を用いて「実践」することの必要性も強調し、実際にさまざまな「物」を作ろうとしたのである。

　このように、象山の発言には、「知識」と「実践」に関わる内容が重要なキーワードとして含まれている。彼の「実践」には在来技術に基づいた「実践」も含まれれば、それに西洋の「知識」が付け加わった「実践」も含まれる。彼がいうところの「知識」には「物」を作るための材料や道具に関することもあれば、方法や体制に関することもある。その規模や影響力は異なるかもしれないが、西南雄藩で行われた試みと同様の問題を孕んでおり、わが国の人々が西洋の技術を本気で移植しようとしたときの分析対象として、佐久間象山という人物は落とすことができない存在であるといえる。

　しかし、注意しておかねばならないのは、西洋の知識の受け入れを主張することと、その知識内容を理解するという問題とは、一応、別の事柄であるということである。同じく、その知識を利用して物を作るということと、実際に製作に成功したかどうかという問題ともまた別の事柄である。象山は西洋の「知識」の活用を主張するが、本当に科学技術に関わる知識を有していたのだろうか、また、その「知識」を活用した「実践」はうまくいったのであろうか等々、これらの関係については、これまでほとんど検討されてこなかったために、象山の「知識」と「実践」については、大きな見解の開きが存在し、それが象山という人物を捉える上での障害ともなってきた。

　象山が主張する科学技術に関わるさまざまな「知識」、その「知識」を現実問題に適用し、さまざまな「物」を作ったり、物事を成し遂げたりする「実践」、およびそれらの相互関係などが、象山においてどのようにあらわれているかを具体的な分析を通して明らかにし、幕末における科学技術あり方をさぐる研究の一端を担うとともに、象山という人物像の解明に貢献することが本書の課題である。

（2）これまでの研究

○開明的思想家としての佐久間象山

　象山の手になる上書や漢詩、あるいは書簡など、象山研究を進める上での必要不可欠な史料の収集は、地元長野県を中心に行われ、象山没後50年にあたる大正2年（1913）には、『信濃教育』が「象山先生五十年祭記念号」を発刊するとともに、上下2巻の最初の『象山全集』が信濃教育会より刊行され、それまでに集積された史料がまとめられた。その後も史料の収集・整理は継続して行われ、昭和9年（1934）から10年にかけて刊行された全5巻からなる『増訂 象山全集』としてまとめられた。今日でも、筆者を含め、象山に関する論考は、この『増訂 象山全集』にまとめられた史料に大なり小なり依存している。

　また、この全集刊行の中心でもあった宮本仲は、昭和7年に自らの論考を伝記の形にまとめた『佐久間象山』を、昭和11年には新たな書簡なども付け加えた『増補改訂 佐久間象山』を著わした。同じく、自らも象山関係の史料を収集し続け、『真田幸貫傳』などの出版もある大平喜間多も『佐久間象山』（1959）を著わした。郷土史家によって著わされた代表的な伝記がこの2冊である。また、象山関係の未発掘の史料が小林計一郎らにより紹介されている長野郷土史研究会発行の『長野』や、信濃史学会発行の『信濃』などに掲載される象山関係の論考も、象山研究をすすめる上で欠かすのできないものである。[8]これらの資料を基に、象山の生涯は、数多くの論考や著書のなかで言及されてきており、膨大な量にのぼる象山関係の書籍や研究論文については、現在、大橋敦夫により、精力的にリスト・アップされつつある。[9]

　上述の伝記などでは、「象山先生の如く国を挙げて其方向に迷ひ、暗中模索を行つてゐる時に方つて、独り世界の大勢を説き、我国の兵学軍備の甚だしく欧米等の諸外国に劣れるを慨し、世の毀誉褒貶に貪着なく、蘭書を繙て会得したる科学を応用し、犀利透徹せる観察力を以て、勇敢に自己の信ずる理想を実現せんとした人は殆んど皆無であつたと思ふのである。和漢洋の学

を修め、時代の先駆となつて開国進取を唱道した象山先生の事業は、慥に当時天下の異彩であつた」、あるいは「東洋の道徳、西洋の芸術、この二つの学問の融合をはかり、これが奨励普及を力説した点は、何としても卓見といわなければならない」と、維新を切り拓いた開明的思想家として、象山という人物が語られる。戦前において、なぜ象山という人物が顕彰されたかは改めて論じることが必要な問題ではあるが、軍事力の整備、強化と並んで、和洋の学問を兼備することの必要性を説き、自ら実践しようとしたことも一つの要因であったことは確かである。

○戦略家としての佐久間象山

　源了圓は、「西欧の科学技術文明を積極的に受容することによって、西欧諸国の圧力に抵抗して自国の独立を守ろうとする態度を取った」ヘロデ主義者として象山を捉え、「みずから作り、そのためにみずからことばを習うという日本における技術文明受容の型をつくった」人物として評価する。松本健一は「象山じしんのテーゼによって示せば、『夷の術を以て夷を制す』となるだろう。西洋のより進んだ文明の『術』を手に入れることにより、西洋に負けない国づくりをする。それが、象山の考える日本の開国という戦略（進路）にほかならない」と、その後のわが国の基本戦略を提示した思想家、自立したパトリオットとして捉えるとともに、「象山の『省諐録』は、西洋文明を『すべて自ら経験し作って』ゆくことで西洋に対抗せんとする、近代日本の基本戦略をかたちづくっていったのである」と、象山を位置づける。

　「封建的割拠」から「共有」へという概念で海防をはじめとする幕末の歴史過程を考察する園田英弘は、「知識の『共有』性と、知識開発のための挙国一致的体制を構想し、嘉永二年二月にはヅーフ・ハルマの『開板』を藩の事業として行なうよう、提案した。……（中略）……欧化の領域の拡大と挙国一致的協力体制の結びつきを、象山ほど明快に述べたものはない」と、体制作りの必要性を訴えた人物としても位置づける。

　塚原東吾は、夷の術を以って制する夷とは、という観点まで視線を拡げ、

「防衛のために必要であった『力』と『知』を侵略に展開しようとする奇妙な感覚が、まさに西欧の「知」の増殖的本質とどこか通底していた」とし、「科学と帝国主義」のプログラムから「科学と帝国主義のエージェント」として象山を捉え、帝国主義時代における科学技術の本質に迫ろうとする。[15]

○西洋の知識を獲得し、それを実践する佐久間象山

　上下2巻よりなる『象山全集』の刊行をうけて、簡単な伝記と各界の専門家の手になる論集を加えて象山先生遺跡表彰会より出版された『佐久間象山』(1916) が、わが国の進路を指し示した偉大な思想家としての象山を描く一方、「蘭学者としての象山先生」「砲術家としての象山先生」「象山先生の科学研究」「象山先生の医学」という独立の章を設け、科学技術の実践家としても描くなどはその一例である。[16]それは、「知識」と「実践」とが不可分に結びついたものとして西洋の科学技術を理解し、大砲作りはいうにおよばず、ガラス作りから豚の飼育まで、殖産興業に関するさまざまな実践を行うという人物像である。

　このような概括的な評価に対し、象山が獲得した「知識」の質を最初に問題にしたのは丸山真男である。丸山は、朱子学的世界観に立っていた象山が、なぜ、あのように西洋の科学技術を摂取し、「東洋道徳、西洋芸術」という考え方を打ち立て得たのかを問題とした。[17]丸山は語る。「どこまでも朱子学の精神に随って、それを媒介としてヨーロッパ自然科学を勉強してゆく、まさにその過程が朱子学を含めた漢学のワクをつきやぶってゆく過程だった」[18]と。さらに、象山の科学技術の把握の様子について、彼はヨーロッパ自然科学の基礎には「万学の基本としての詳証術（数学――筆者）」があることを「予感していた」と、極めて高い評価を与えた。[19]

　それは、正統派の朱子学者であった象山が西洋の科学技術の重要性に気づき、少しずつそれを受容していく過程は、わが国の人々が「近代」というものをどのように把握したかを示す最も典型的な例であるというものであった。わが国の近代への離陸には外的な要因だけではなく、内在的な要因も不可欠

序

であることを改めて強調しようとする論者にとって、このように捉えられた象山は重要な研究対象となった。丸山の問題提起を受けて、思想史研究者を中心に、朱子学が背景とする世界観と、西洋の科学技術を背景とする世界観は根本的に異なるにもかかわらず、なぜ象山は科学技術を受容することができたのか、できたとすれば象山において共存している「東洋道徳」と「西洋芸術」の内的関連はどのようになっているのか等の問題をめぐって、多くの論考が発表されてきた。

　代表的な見解の一つに、象山の「態度には、……(中略)……『道徳学』ではなくて『自然科学』を学問の基本とするような態度がすでにはっきりと存在していた」と、丸山の論を深め、象山の西洋科学に対する把握力と見識を高く評価し、この立場から象山の思想を理解しようとする植手通有らの見解がある。他方、象山の力点は、「後半の『西洋の芸術』にではなくて、前半の『東洋の道徳』にかけられているのである」という松浦玲の言葉に代表されるように、象山にとって朱子学的世界観に基づく以外に西洋の科学技術を摂取する道はなく、むしろ明らかにせねばならのないのは、象山による朱子学の役割の再評価とその影響の解明であるとする立場からの考究もあった。

　しかし、象山をこのような観点から捉えると、「東洋道徳」と並んで、象山における「西洋芸術」の内実が問題となってくる。その結果、象山は、自己の朱子学的世界観と相並ぶに足ると認識するほどに、ないしは、それをも変容させるほどに西洋の科学技術を理解していたのかどうかということが、新たな論点として浮上してきたのであった。多くの場合、「蘭書ではこのように書かれている」と象山は語るが、彼は本当にオランダ語を読み、その意味を理解できたのか、西洋の科学技術の基礎には数学や物理学があるというが、数学や物理学そのものについては、ほとんど理解していなかったのではないか等の疑問が、洋学史や科学史研究の側から提出されてきた。

　川尻信夫は、「象山には、『数学はすべての自然科学の基礎である』といえるだけの数学や物理学の知識はなかったのである……(中略)……この文は彼自身の地道な研究に基いた信念ではなく、(和算家の内田五観からの——筆者)

単なる受け売りにすぎない」と、象山の数学力に強い疑問を投げかけ、「この言葉（「詳証術は万学の基本なり」――筆者）を論拠として象山の学問を論ずるのは無意味になったことは言を俟たないであろう」とした。また、佐藤昌介は、「とにもかくにも象山がいちおう蘭書を読めるようになるのは、かれがいうように、和蘭文典をマスターして以来のことであろう。しかし、『辞書右に控へ候と、一通りの事は大抵読得申候』というのは、かれの大言壮語癖の現われであって事実ではない」とし、「象山は近代科学を特徴づける数学的、実験的方法とは無縁であった、というのが、わたしの結論である」としている。

「知識」の応用ないしは実際への適用である「実践」についても、前述の源や松本のように多くの論者は高く評価するが、この「実践」についても、これまでから多くの疑問が投げかけられてきた。鋳造した大砲のいくつかは破裂し、試し打ちにおいて目標を大きく越えたときの象山の弁明に対し、佐藤昌介は「砲術家象山がついに馬脚をあらわしたといっても、いいすぎではあるまい」という。三村利用掛として志賀高原の開発に着手した象山が試みた事業は、鉱山開発をはじめ他の物産開発についても、多くは成功したとは言い難く、それどころか佐久間騒動ないしは沓野騒動と呼ばれる百姓一揆を引き起こした。北條浩は「象山は現在にいたるまで沓野では評判はよくないし、良い為政者として人々の記憶に残るものはない」という。蟄居中に行ったものでも、電気治療機の製作には成功したが、電信機の製作や電流による火薬発火については、うまくいったかどうか不明である。関章は象山の電信実験の成否については留保するが、象山が「日本電信の祖」といわれる伝承に対して、「象山が嘉永2年に電信実験をしている可能性のないことは証明できたと思う」と述べる。

（3）本書の構成

「西洋製に倣ひ数百千門の大砲を鋳立……（中略）……西洋の製に倣ひ堅固の大船を作り」と、西洋で行われている方法で大砲や軍艦を作り、「力学、

器学を興し、外蕃の通り便利の器械をも製し候て人力を助け、又彼国々の方法に倣ひ諸所に工作場を開き」と、科学技術を基礎に工場を作り機械を備えよと主張する象山にとって、西洋の科学技術は軍事力を充実する基礎であると同時に、殖産興業の基礎でもあった。

　本書では第1章で大砲の問題を、第2章で殖産興業の問題をとりあげる。第1章・第2章とも2つの節からなり、それぞれ西洋の科学技術に対する「知識」の問題と、その現実問題への適用である「実践」の問題を扱う。第1章第1節では大砲鋳造、第2章第1節ではガラス作りという「実践」の問題を、第1章第2節および第2章第2節では、「知識」の形成と関連する二つの蘭書、ベウセル（W. F. Beuscher）の著わした砲術書とカステレイン（P. J. Kasteleijn）が編集した化学書をとりあげる。

　象山が導入せねばならないと感じたのは西洋の技術であり、それに関わる知識である。しかし、いうまでもなく、技術の背後には科学の領域がある。機械学の基礎として「力学」という学問をあげたり、あるいは「コロンビュスが究理の力を以て新世界を見出し、コペルニキュスが地動の説を発明し、ネウトンが重力引力の実理を究知し、三大発明以来萬般の学術皆其根底を得、聊かも虚誕の筋なく悉皆著実に相成」というように、象山の視界も科学の領域まで拡大したことは確かである。しかし、視界が拡大することと、そこで見えているものを認識し、一定の理解を得ることとは、また別の問題である。この拡大した視界のなかで象山の目に入ったものを第3章で扱う。蟄居中、象山は数多くの蘭書を入手しようと努力しており、第1節ではその様子を明らかにする。第2節では、天文学や地球科学的な事項を主内容とするソンメル（J. G. Sommer）の著わした窮理書をとりあげ、主に象山の「知識」の内容をさぐる。第3節では電気に関するいくつかの蘭書をとりあげ、電気治療機の製作という「実践」の問題をさぐる。

　全ての章において、各々、主に「知識」と「実践」を扱う節に分離したが、問題の性質上、完全に分離することは不可能であり、互いに相互浸透していることはいうまでもない。

本書の付録には、象山や松代藩が購入した洋書（大部分は蘭書）のうち、現在、真田宝物館で所蔵されているもののリストの一部を示した。このリストを見ただけでも、軍事書を中心に科学技術関係の蘭書から知識を得ようとしていた象山の意欲は十分にうかがえる。しかし、これまでの象山に関する論考では、これらの膨大な蘭書群は、具体的な史料としてとりあげられることはほとんどなく、一方的に、これだけの蘭書を読んでいるのだから科学技術に対する象山の理解はかなりのものであったと結論づけるか、他方、科学技術に関する内容そのものがほとんど初めて聞くものばかりであり、それを理解することだけでも容易ではなかったはずである。その上、オランダ語を集中的に学んだのが１年にも満たないということを考えあわせれば、オランダ語で書かれた文章を独力で読むことができず、これらの蘭書も象山の「知識」の形成にはあまり役立たなかったと結論づけるかのどちらかであった。

　本書では、象山が「蘭書では、ないしは西洋ではこのようにいわれている」と語る内容について、松代藩の史料を管理する真田宝物館所蔵のものについては同館の協力のもとに、同館で所蔵されていないものについては、内外の図書館等での調査を通して、本当に蘭書のなかに記載があるのかどうか、あるとすればどの蘭書にそれに相当する内容が記されているのかについての検証を行った。このような研究手法は本書の大きな特色となっている。

　常識的に考えても、科学技術に関する知識を得るのに蘭書ばかりに頼ることは非生産的であり、その大部分は翻訳書に依存したことは容易に想像できる。しかし、本書による象山の知識の形成と蘭書との関係をさぐる研究により、どのような知識を蘭書から得ていたのか、ないしは得る必要があったのかを浮き彫りにすることができた。このことは象山という人物を考察する場合に重要であるだけではなく、わが国の人々が本気で西洋の科学技術の導入を決意したときの、西洋の科学技術に関わる知識の移入のあり方、その変容の問題にも示唆を与えるものである。

　象山が行った科学技術に関わるさまざまな実践は、必ずしも所期の目的を達することができなかったというのが実状であるが、他方では、松代藩以外

序

の他藩から大砲の鋳造を依頼されていることなどが示すように、象山が行おうとする「実践」はうまくいくように思われていたことも確かである。それは、単に象山の「ハッタリ」というだけではない別の理由があったはずである。政治的な問題はとりあえず置いておき、科学技術の問題に絞ってみたとき、浮かびあがってくる理由の一つに象山が行おうとした内容の問題がある。象山が西洋の「知識」の活用を主張した分野の多くは、大砲の鋳造やガラス作りなど、それまでに独自の技術体系ができあがっていた分野であり、しかも、もう一段の飛躍が求められていた技術でもある。零に近い状態から築きあげねばならない分野において、象山が「西洋の知識を取り入れよ」といっても誰も信用しないし、象山のような身分の人間では藩の強力な支持がない限り実行不可能である。

　しかし、ふつうに実施しても一応「物」ができるところに、「何か新しいことを付け加えたら、さらによいものができる」と主張されれば、人々はその実現可能性に期待するし、また実際に実現する場合があることも事実である。その上、象山が主張する内容の多くは、当時、ぜひとも充実せねばならない技術、あるいはもう一段の飛躍が求められる技術であった。既存の技術体系が存在するなかで、そこに新たな西洋の知識を加えることによって技術の革新を図っていこうとした象山の試みのなかには、技術に関わる本質的な問題、つまり在来技術と西洋技術のそれぞれが有する材料や道具、設備や方法、組織体制のあり方などが複雑に絡み合ってくる。その交錯のあり方によって求められる西洋の知識の種類も異なる。これらの総合した結果として、一つの「物」ができあがったり、あるいは製作に失敗したりするのであり、象山の「実践」は、わが国における西洋技術の導入を探るための貴重な実例ともなっている。

（1）　これらに関しては数多くの研究があり、一つ一つあげることはできないが、例えば、西南雄藩に関しては、杉本勲編『近代西洋文明との出会い——黎明期の西南雄藩——』（思文閣出版、1989）、幕府側の江川英龍については、仲田正之『韮山代官江川氏の研究』（吉川弘文館、1998）、全般については、中山茂編

『幕末の洋学』（ミネルヴァ書房、1984）などがある。
（２）　文部科学省科学研究費特定領域研究（A）総括班「我が国の科学技術黎明期史料の体系化に関する調査・研究」（平成13年）
（３）　信濃教育会編『増訂　象山全集』（信濃毎日新聞、巻一から巻三は1934、巻四と巻五は1935）巻三、p.287。
（４）　前掲(3)巻三、p.324。
（５）　前掲(3)巻三、p.221。
（６）　前掲(3)巻三、p.219。
（７）　前掲(3)巻一・省諐録、p.13。
（８）　例えば『信濃』誌上では、青木歳幸「佐久間象山門人帳『及門録』再考」（『信濃』第48巻第7号、1996、pp.49-70）などがある。さらに、象山の呼称についてはしばしば問題となるが、それについては、高橋宏「佐久間象山雅号呼称の決め手」（『信州大学教養部紀要』第29号、1995、pp.29-51）を参照されたい。
（９）　大橋敦夫「信州洋学史研究序説」（『上田女子短期大学紀要』16号、1993）、あるいは「佐久間象山書誌（稿）」（『松代』第11号、1998）。
(10)　宮本仲『増補改訂　佐久間象山』（岩波書店、1936）p.1。
(11)　大平喜間多『佐久間象山』（吉川弘文館、1959）まえがき、p.2。
(12)　源了圓『佐久間象山』（PHP研究所、1990）pp.11-25。
(13)　松本健一『評伝　佐久間象山』上（中央公論、2000）p.29・78。
(14)　園田英弘『西洋化の構造』（思文閣出版、1993）p.102。
(15)　塚原東吾「『科学と帝国主義』が開く地平」（『現代思想』2001.8）p.157。
(16)　象山先生遺跡表彰会編『佐久間象山』（1916）。
(17)　「東洋道徳、西洋芸術」という象山の言葉は、また、「東洋道徳、西洋芸」と記されることもある。その理由は、以下に示した小林又衛宛の書簡の漢詩のなかでは、「西洋芸」と記されているからである。「東洋の道徳、西洋の芸、匡廓あひ依りて圏模を完うす。大地の周囲は一万里、また半隅を虧き得べきやいなや」（前掲(3)巻四、p.242）とある。
(18)　丸山真男「幕末における視座の変革——佐久間象山の場合——」（『展望』1965.5、のち『忠誠と反逆』所収、筑摩書房、1992、p.135）。丸山真男は、次のように述べる。「象山は朱子学における『格物窮理』という考え方を、彼の時代の状況の中で考えうるかぎり最大限に読みかえて、それを新しい状況のなかに生かそうとしたのです」(p.134)
(19)　前掲(18)p.133。
(20)　植手通有「佐久間象山における儒学・武士精神・洋学」（日本思想体系55『渡辺崋山・高野長英・佐久間象山・横井小楠・橋本左内』所収、p.667）。

(21) このような立場にたった研究の代表的なものとしては、松本三之介『近代思想の萌芽』(松本三之介編、現代思想体系1、筑摩書房、1974)、源了圓『徳川合理思想の系譜』(中央公論、1972)、小池喜明『攘夷と伝統』(ペリカン社、1985) などがある。
(22) 松浦玲『佐久間象山・横井小楠』(中央公論、1984)。
(23) 本郷隆盛他『近代日本の思想1』(有斐閣、1979) p.105などがある。
(24) 川尻信夫『幕末におけるヨーロッパ学術受容の一断面』(東海大学出版会、1982) p.308・317。
(25) 佐藤昌介『洋学史の研究』(中央公論社、1980) p.204・233。
(26) 前掲(25) p.213。
(27) 北條浩他編『志賀高原と佐久間象山』(財団法人 和合会、1994) p.159。
(28) 関章「佐久間象山の電信実験」(『産業考古学』No.32、1984) p.13。
(29) 前掲(3)巻二・上書、p.35。
(30) 前掲(3)巻二・上書、p.193。
(31) 前掲(3)巻五、pp.9-10。

第 1 章

軍備の充実における科学技術の利用

第1節　大砲の運用と鋳造

（1）大砲の運用

○大砲の選択

「右八策の内、尤御急務と申は洋製に倣ひ数多の火器を御造立候と、同じく船艦を御仕立、水軍を習はせられ候との二事と奉存候」とする天保13年(1842)の海防に関する上書以来、大型の大砲鋳造とその運用を中心とした西洋式砲術の導入、それに基づく強力な軍事力の形成は、象山の悲願でもあり、象山の努力の多くもこの分野に傾けられた。実際、象山の一連の上書や書簡をみたとき、大砲の運用とそれに基づく海防戦略は最も頻繁に語られる内容である。この大砲の運用について、象山がまとまったかたちではじめて述べたのは、弘化3年(1846)6月、象山と親しい竹村金吾に宛てた書簡においてである。

そこでは、「其丸を筒に装ひ薬積りをいたし候て矢位を定め、只打に打候類の事は、洋名ターフルと唱へ候て一枚摺の書付有之」、つまり、わが国においては、いかほどの火薬量で何度の角度で打てば命中するかということに人々の関心がいくが、そのようなことは西洋では簡単な「ターフル [tafel：表]」にまとめられているという（[ ]内は筆者）。そして、「近来、西洋にて大銃の区別を三通りに立て申候」と、大砲にはいくつかの種類があり、用途によって用いられる大砲は異なり、「彼国にて貴び候事は、目方重き大銃を土地に随ひ敵の変に応じ候て運用を自在に致し、寒暑燥湿の度迄をも詳にし候て、照準する所の坪を違へぬ様に致し候を勉めとし候のみ」と、西洋にお

いて重視されるのは、ある特定の地理や敵の動き、さらには気象条件の違いなどによってどのように運用するかということであると。

さらにこの書簡では、上のような観点から、城の状況や山国であるという地理的条件を考えれば、松代藩においては「五十ポンデンのモルチイル御鋳立御座候はんとの御様子、扨々難心得義と奉存候」という。あるいは「当国などは山地にて関東などの平博なる地勢とは相違候へば、火器も大なるに過ぎ候よりは軽便の方、其利多かるべくと申所」と、藩内で鋳造されようとしている29ドイムモルチール砲（口径はおよそ29cm、以下、ドイムはd.と表示）のような大きな大砲は不要であるとする。他方、同じ観点から藩内で金児忠兵衛が鋳造する「六貫目ホウウキツル」つまり、15d.ホーイッスル砲という29d.砲より小さい砲には賛意を表している。

また、海防の拠点と考えられた海岸砲台に設置する大砲についての主張も象山の得意としたところである。例えば、嘉永3年（1850）、『ハルマ』（蘭和辞書）の増補校訂版の出版許可を得るために出府した機会を利用して江戸湾の砲台を視察したとき、これらの砲台の不十分さを警告するために幕府に提出しようとしたのが「沿岸防禦の不完全を指摘し、幕府に上らんとせし意見書（草稿）」である。これは、藩当局による幕府への配慮から結局提出されるにはいたらなかったが、象山の指摘の正しかったことが、のちのペリー来航によって証明されることになった有名な草稿である。

そこでは、「一貫目以下三百目五百目の御筒も御座候様奉存候所、西洋堅固の船に向ひ箇様の目軽の御筒何の御用に相成候や」と、江戸湾への侵入を防ぐべき砲台の大部分には、射程距離も短く、威力も小さい大砲しか備えられていないことを指摘し、「和筒もカノンもモルチールもホウウキッツルもカルロンナーデも何も御打混じ、一ッ御台場に被差置候は、近頃御趣意を弁じ兼候義に御座候。凡そ器械は何品に限らず其用法を得ざれば其用を尽さざる様奉存候」と、各々の用途に従って大砲を配備すべきことを主張したものである。この草稿では、さらに、「彼邦にて用ひ候如き堅固の舶御制しに相成、其舶を運用仕候術も、夫にて水軍の掛引仕候事も、火砲を備へ戦闘に用

第1節　大砲の運用と鋳造

ひ候事も残らす彼邦の術を尽し」と、先の天保13年の上書においても述べられていた軍艦の建造とその運用、海軍の創設が再び主張される。

　上述の内容は、他の象山研究においてもよくとりあげられてきたが、これまで指摘されなかったけれども、象山がこのような課題に対して、当時の人々から評価されていたことを示す次のような例がある。佐賀藩が独自で長崎砲台の増設を決したとき、藩主鍋島直正は、砲台の設計やそこに備える砲の選択についての意見を聞くために、嘉永3年、本島藤太夫を韮山の江川英龍のもとに派遣した[6]。江川から種々の教示を受けた後、本島は江戸に入り象山のもとを訪ね、砲台に備えるべき砲や敵船が急襲したときの防御についての訓練など、いくつかの質問を行った。このなかで、本島は、80ポンドボムカノン砲（以下、ポンドはp.と表示）、36p.カノン砲、30p.カノン砲、24p.カノン砲、「右四種之砲を其地之形勢ニ随ひ備候」ことでよいかどうかを尋ねる[7]。それに対し、象山は「御書立大砲四種之外尚十二ポント銅短砲御備有御座度候」と、12p.短カノン砲を備えるよう助言する[8]。なお、このときの本島に対する江川の回答には、新たな砲種の追加はなく、もともとの4種類の砲でよいとしている[9]。

　佐賀藩では、嘉永4年頃から青銅製大型大砲の鋳造が本格化していき、同年9月には、80p.砲1門、24p.砲5門と並んで、12p.砲も2門鋳造するという青銅製大型砲の最初の鋳造計画が立てられた[10]。この12p.砲は、口径3寸9分4厘（およそ12cm）、巣中長5尺9寸5分（およそ180cm）程度とされているから、これは12p.長カノンではなく、本島への回答のなかで象山が推薦した12p.短カノンであることがわかる。さらに、翌嘉永5年1月には、24p.砲を1門、12p.砲を3門、8月には大型の砲弾を発射できる150p.砲2門、80p.砲6門および射程距離の長い24p.砲6門と並んで、この12p.砲も5門が計画された[12][13]。しかも、この24p.砲と12p.砲は1月と8月にそれぞれ2門ずつ、より強度のある砲を作るために無垢の砲身から仕上げていく実鋳法による鋳造が行われており、24p.砲と並んでこの12p.砲がいかに重視されていたかがわかる。佐賀藩は砲台砲の設置にあたって、単に象山の意見を聞い

ただけではなく、その意見を実際の鋳造にも反映させていたのである。

このような象山の視点は、彼が江戸で開いた砲術塾にも反映されている。象山が与えた「免許皆伝状」はいくつか残されているが、例えば、嘉永4年7月片山仙左衛門に与えた「西洋砲学真伝免許状」では、習得事項として「一　砲兵隊長号令法、一　長短カノン表、一　大小ホウウキツル表、一　大小モルチール表」を、つまり、各種の大砲の操作の方法、さらには部隊の統御の方法などが記されている。[14]国全体の立場から海防戦略を語るとともに、個々の塾生には、実戦の場で、軍事指揮官として必要な能力を育成するための教育を行おうとしていたことがわかる。また、佐賀藩の本島藤太夫が、象山の回答を得た後も1カ月ほど象山塾にとどまり、「野戦銃打放之規則等も致稽古度につき入門」し、実際、砲兵隊の統率の方法や各種の砲の打ち方を練習したのも、武士層に対するそのような教育の有効性を示すものである。[15]

軍事力の充実には、銃砲の鋳造という、いわばハードウエアの整備だけではなく、それらを運用できる人物の養成と方法の確立等、ソフトウエアの充実こそが不可欠であることを訴えたことは、象山塾の大きな特徴であった。中山茂は、幕末の洋学を分析するなかで、「ハードウエアは軍の機構外の技術者によっても達成される、ソフトウエアこそは、士族の洋学であったはずである」と指摘した。[16]象山塾が若いサムライを惹きつけた理由の一つはここにある。同時に、このことは、科学技術の導入とは、単に「知識」を受け入れることだけではなく、その利用やそれを担う人物の教育の問題までをも含むということを、象山という人物は理解し、人々に示したのである。

〇29d. モルチール砲の試射

大砲の操作方法については、西洋では「ターフル」という表にまとめられていると象山はいう。そして、「此一紙有之候時には、素人にても容易に出来申候。箇様の書付を殊の外に大事に心得、伝授の秘訣のと称し候て相伝へ候事に御座侯」と、この表があれば素人でも打てるのに、わが国ではそれらを秘伝と称して権威づけるという。[17]実際、どのような扱われ方をしたかどう

第1節　大砲の運用と鋳造

かはともかく、例えば、高島流砲術伝書でも、装薬量や打ち方のことなどは、伝授事項として伝書のなかでとりあげられている。上のような象山の指摘は当を得たものであり、学術の公開を主張する象山の姿勢は特筆に値する。

しかし、このような主張をすることと実際に大砲を打つこととは、また別の問題であった。そのことをよく示しているのが、嘉永4年2月に象山が松代で行った大砲の試射である。江戸での象山塾の評判もあがり、13名の弟子達とともに意気揚々と松代に帰った象山は、先に自分が鋳造を批判した29d.モルチール砲を使って、城下からすこし離れた生萱（いきがや）という所で試射を行った。その結果は、手前の松代領に着弾するはずであった砲弾が、山を越え満照寺の庭まで到達してしまった。謝罪を迫る相手方に対し象山は、自分の撃った砲弾は決して山を越えなかったと主張したために折衝は難航し、大きな問題となったのである。

モルチール砲は砲身が短く、臼のような形をしているところから、臼砲と呼ばれる。通常は内部が中空となった球形の榴弾（granaat）が用いられる。射角は45度と大砲の種類のなかでは最も大きく、天に向かって打つ様子から天砲とも呼ばれ、放物線に近い軌道を描く。このとき、象山が試射を行った29d.モルチール砲は、最大で2.8kgほどの火薬を装塡でき、そのときの射程距離は2200mほどにもなる。また、300gから1.4kgの間で火薬量を調整することにより、射程距離を変更する。1.4kgの火薬を装塡したときの到達距離は、1200mほどである。

今日、象山が大砲を発射した付近には、「象山大砲試射の碑」が建立されている（長野県更埴市）。この碑のあたりから満照寺までの直線距離は2200mほどであり、その手前、碑から2000mほどのところに一重山という低い山がある。29d.モルチール砲に標準量だけ火薬を装塡すると到達距離は1200mになり、一重山のかなり手前に着弾することになる。おそらく象山は、できるだけ威力をみせるために、最大限に近い量の火薬を装塡し、山の麓あたりまで飛ばすことを狙ったのであろう。しかし、地形的にみても南の方から連なる山並みは、一重山の手前では、現在、地上から約40mほどの高さとなっ

ており、砲弾はその部分を飛び越えて、寺の境内の方に入ってしまったのであろう。

このときの弁明では、象山は「西洋の図書に求め、実験の上無疑的証有之候條を信用無之」(21)と、経験に基づいて記されている西洋の書物の内容を誰も信用しないと批判し、「是等の法則に万に一つも間違有之候ては西洋法の砲術立ち不申候」(22)と、このような間違いがあれば西洋の砲術は成立しないと主張する。西洋の書物にある「知識」の通りに行えば「素人にても容易」であると象山はいったが、実際問題としては、そうではなかったことをこの出来事は示したことになった。砲弾の軌道や到達距離と火薬との関係という大砲運用の基本的な問題の背後には力学の知識、火薬の作用とその力に関する知識、あるいは、砲身の長さを定めるために、長い砲身を作り少しずつ削って射距離を測定していくというような実験に関する知識、さらには実戦を通して得られた経験則があり、それらを集約した知識を基に、具体的な数値が「ターフル」のなかに記述されている。それ故、象山が「ターフル」1枚あれば十分であるというのは、大砲の運用に関する西洋の知識があれば十分というのと同じ意味であり、このことは、ある意味では正しい。

他方、科学と実際の経験とに裏付けられた技術上の知識といえども、その運用にあたっては、こまかな経験やノウハウが必要なこと、言いかえれば、「知識」と「技術」と「実際の事」との関係はそれほど単純ではないこと、だからこそ、それらを知るための経験の積み重ねが必要であるとの認識が象山には欠けていたことも事実である。

この出来事は、象山が生涯を通して主張したこと、つまり単に西洋式の大砲を作るだけではなく、それを運用する技術、扱う将兵の訓練の重要性を改めて示したものであり、自らの失敗を通して、逆に自らの主張の正しさを証明したともいえる。実際、この1カ月後、同じ大砲を使って再び試砲を行い、そのときはうまくいったようである。これより後の万延元年（1860）に著わされた上書のなかでは、「火薬の強弱は天気の寒暖燥湿空気の軽重等へかけ合せ、試薬天砲を以て精細にためし蔵器に記し置き、夫を基本として大銃玉

第1節　大砲の運用と鋳造

著の吟味も仕候義左なく候ては全く基本を撰らざる次第にて、西洋の先覚の心を用ひ撰著候諸表も一向に其用を成し不申」と、「知識」と「実践」との間にはノウハウがあり、それを無視して「実践」を行うことは、かえって「知識」を軽視することになるという。実にもっともな指摘である。29d. 砲試射時には政治的な理由もあり、あのように強弁したのであろうが、このときの事件、さらには後述の大砲の破裂などが教訓となって、万延元年の上書のような見解に到達したのかもしれない。

（2）大砲の鋳造

○大砲鋳造の実績

　象山が自己の指揮のもとに鋳造させた大砲を、確認できる範囲で以下に列挙する。

　弘化4年（1847）から嘉永元年（1848）頃にかけて、12d. ホーイッスル砲、3p. カノン砲、13d. モルチール砲を鋳造したのが最初である。このとき鋳造された12d. ホーイッスル砲は最初は失敗し、「鋳直し」た上でうまくいった。また、嘉永3年から翌年にかけては、中津藩の依頼により12p. カノン砲および6p. カノン砲を鋳造した。この2門はいずれもうまくいかず、まず6p. カノン砲は「最初鋳損じ候へども、其後は見事に出来」と、先の12d. ホーイッスル砲と同様、再鋳造した末にうまくいった。

　もう一方の12p. カノン砲は、嘉永4年11月、姉ケ崎で試射を行い、数発打った後、破裂した大砲である。この大砲破裂の後、象山を揶揄する落首があらわれたり、象山に大砲を依頼した松前藩が断ってくるなど、当時の大きなニュースであった。なお、この12p. 砲は長砲か短砲かは不明であるが、かつて象山は、野戦砲として必要な12p. カノン砲は短砲であると述べていること、また前述したように、佐賀藩への回答のなかで、砲台にも12p. 短カノン砲を推薦していることなどから考えると、このとき鋳造されたのは12p. 短カノン砲の可能性が高い。翌年の3月頃には当該の12p. 砲は鋳造し直されたが、この大砲破裂は松代藩にも影響を与え、「私に御座候へば御安心

被遊かね、一平に御座候へば却て御安心被遊候」と、象山に鋳造を任せるのは不安があり、中俣一平に任せる方がよいといわれるようなことにもなった(30)。

しかし、嘉永5年（1852）には、6p.カノン砲、12d.ホーイッスル砲を鋳造し、今度は試射にも成功したようである(31)。その後も、「諸藩にて被頼候大銃鋳込等折重」(32)（嘉永6年9月）と、15d.ホーイッスル砲の鋳造依頼が長州藩よりあり、それもうまくいったようである(33)。また、同年、江戸の薩摩藩邸では、「当時在邸守衛の人々佐久間が説を主張し、半田に迫りて鋳らしめたり」という、象山が設計図を書いた80p.ボムカノン砲が鋳造されたが、これは、先の12p.砲と同じく試砲の際に破裂してしまった(34)。

なお、上の嘉永5年に鋳造した砲は、象山によれば、幕府が購入した「スチールチース」という蘭書を見たからであるという(35)。この書物には、1823年製モデルと1842年製モデルが詳しく紹介されており、1842年製モデルというのは6p.カノン砲と12d.ホーイッスル砲である。象山は、この蘭書でとくに重視されているこの二つの大砲の鋳造を試みたのであり、西洋の最新のものをという象山の意気込みは十分に伝わってくる。なお、この蘭書は、真田宝物館においても所蔵されており、巻末の付録に示した「近山氏旧蔵蘭書」の[18]に相当する書物である。

このように、象山が鋳造した大砲はそれほど多くはない。松代藩では、真田幸貫の先代、真田幸専の時代より一貫目砲などの試射経験もあり(36)、弘化3年（1846）、藩内での銃砲の製造を司るために設けられた砲学局では、「銃砲筒中の歪を訂正修理するの技は其妙を極め、熟練なる銃工と雖もよく及ぶ者がなかつた」と評される佐久間庸山を奉行に、山寺常山をその補佐とし、再び韮山に派遣して大砲を鋳造さた金児忠兵衛や片井京助らに銃砲の製造にあたらせた(37)。

象山は最大の理解者の1人であった山寺常山らを通じて注文をつけ、何門かは鋳造するが、全体としてはそれほどコミットしていなかった。そのため、象山が鋳造した大砲はそれほど多くはないのである。もっとも、象山が藩で

第1節　大砲の運用と鋳造

鋳造された大砲に対して、「新銅にて御鋳立之御筒もろく破れ候は其金の合せ方法の如く参らざる所も候へども、一ツには新銅にてよく煉れぬ故も御座候」と材料の問題を指摘していることからも推しはかれるように、松代藩の大砲鋳造も順調というわけではなかった。⁽³⁸⁾

○象山の大砲鋳造はなぜ注目されるのか

　上述したように、象山の大砲鋳造は失敗も多かったにもかかわらず、現実には、多くの象山研究者はこの大砲鋳造を高く評価する。最初の本格的な伝記の著者である宮本仲は、「嘉永元年正月先生は藩命を奉じ、和蘭人ベウセルの著書に拠つて三斤野戦地砲一門、十二拇野戦人砲二門、十三拇天砲三門を鋳造して松代の西の道島で試演をやつて見た。之れ恐らくは邦人が原書に拠つて洋式の大砲を鋳造した最初であらう」という。源了圓や大平喜間多らによる伝記においても、この宮本の見解はそのまま踏襲されている。また、前述の12p.砲が破裂した大砲試射に関して、松本健一は「試射の結果は、なかなか上々だった。象山がつくる洋砲は射程距離も二キロをこえる。かれは国内では唯一人、高性能の洋砲をつくることができる技術を身につけていた」と象山の鋳造技術に対して高い評価を与え、その高い技術の所有が象山の発言や影響力の源泉の一つでもあったとする。

　象山の大砲鋳造が注目されるのは、象山研究者から見れば象山という人物の捉え方と関係する。序においても指摘したように、象山は次のように語る。「魏氏の海国図識中、銃砲之説を輯めたるは、類ね皆漏無稽にして、児童戯嬉の為の如し。凡そ事は自ら之れを為さずして、能く其の要領を得る者は之れ無し」と、自ら銃砲を製造した経験のない中国の洋務運動の指導者、魏源の銃砲に関する所説の拙劣さを非難し、自ら実践することなしには、その内容や本質を理解できないという。

　ここに象山の意義を、さらにはその後の日本の科学技術にたいする基本的なあり方を見いだすとき、象山のさまざまな実践、とくに魏源との比較のなかで象山自身が例をあげる銃砲の運用や鋳造の問題は、大きな意味を持つこ

とになる。だからこそ、「原書に拠つて洋式の大砲を鋳造した最初」であるとか、「国内では唯一人、高性能の洋砲をつくることができる技術を身につけていた」と評価したくなるのではないだろうか。

　まず宮本の見解について考える。最初に鋳造した３門の大砲に関して、「洋学諸友へも相頼み且自身にも諸書に渉り穿鑿仕候所、三斤地砲の尺度はペウセルの砲書中に載せ有之、十二拇人砲の事は其頃迄渡来の書、公儀御書物竝に浜松侯蔵本等迄相さがし候へども何書にも見え不申」と、12d.ホーイッスル砲の各部の寸法を記した蘭書を見いだすことができなかったことが記されている。そこで、「其砲の重さ一門を以て馬一匹に負はせ候事相成候」という話をもとに重量を類推して、「割合を定め製造仕」と、比例配分して寸法を決め製造したという。13d.モルチール砲は、武雄鍋島家に残る設計図や鷹見家史料の「洋式砲図面」などに見いだされること、その上、象山自身の言及もないことなどを考えあわせれば、「洋学諸友」などから情報を得ていたと考えてよい。
(43)
(44)　　　　　　　　　　　　　　　　(45)

　象山が蘭書によりその寸法を見いだしたのは、上の引用からも明らかなように３p.カノン砲であった。ただ、この３p.カノン砲は、天保13年（1842）に蘭伝石火矢製造所を設けて西洋式の大砲鋳造に乗り出した佐賀藩が、翌年に鋳造した砲のなかにすでに含まれており、また、この３p.カノン砲よりひと回り小さい500目筒（３p.砲は和砲に直すとおよそ700目筒に相当）は、高島秋帆が天保12年、徳丸原演練において使用したものであり、これを雛形として伊豆の韮山をはじめ各地で鋳造されたことは、よく知られた事実である。以上のことを考えれば、象山自身は、「ペウセル」と呼ぶ砲術書の入手まで３p.砲の細かい寸法を知ることはできなかったことは事実であるが、これをもって象山の鋳造技術を云々することはできないといえる。
(46)
(47)

　それよりも、古いタイプの大砲を雛形として鋳造するのではなく、あくまでも新しい西洋製の大砲をモデルとして鋳造しようとした姿勢こそ我々の注意を惹きつける。口径が6.7cmの500目筒よりも口径が7.5cmの３p.カノン砲の方がなぜ優れているのか理由はわからないけれども、とにかく知識は新し

第1節　大砲の運用と鋳造

い方がよりよいという認識、言いかえれば、科学技術に関わる知識は進歩するはずだという認識は、西洋の科学技術の持つ特質の一つであり、象山はそのことをよく捉えていたといえる。このことは、象山が進歩する知識をその内容とする科学技術の受け入れと発展のためには、知識の公開を含めた制度的整備が必要であると主張するのと無関係ではないことを示すものである。

　次に、松本の見解について考える。松本が示唆するように、当時の人々にとっても象山の大砲鋳造は注目すべき事柄であった。中津藩から鋳造依頼を受けた嘉永3年（1850）から4年頃、江戸湾の砲台に配備されていた砲は、和砲と呼ばれる旧式の1貫目くらいまでの青銅砲、および洋式砲も比較的鋳造の容易な20d.モルチール砲などが中心で、配備されていた威力の勝る24p.カノン砲はすべて外国製であった。また、前述したように、佐賀藩が青銅製大砲の鋳造計画を最初に打ち出したのは嘉永4年9月のことであり、最初の24p.砲が鋳造されたのは同年12月のことである。

　鹿児島藩や韮山においてもそれほど事情は変わらず、時期的には象山が中津藩の大砲を鋳造し、試し打ちを行った時期と相前後する。だからこそ、本州の諸藩に先立って嘉永2年7月、幕府より防衛強化のための築城命令を受け、嘉永4年3月からは箱館の砲台修築にも着手し、威力もあり射程距離も長い大砲を至急必要としていた松前藩が、18p.カノン砲および12p.短カノン砲を象山に依頼したのも理由のないことではなかった。しかし、現実はどうであったか、松本の見解が正しいかどうかを検討するためには、当時の青銅砲鋳造の様子や象山の鋳造技術を眺める必要がある。

〇青銅製大砲の鋳造
　青銅鋳物では、固まるときの成分の不均一により発生する偏析、体積が収縮することにより発生する収縮孔、熔湯に含まれる気体成分に起因する気泡などにより脆弱となる。大砲のように強度が要求される鋳物では、これらは極力減らさねばならない。偏析を防ぐには、熔湯を攪拌したり、高温で加熱したりする方法がある。また、ベル・メタルのように焼鈍する方法もある。

収縮に対しては、押し湯を適当に選び、後で切り取る部分に集める工夫が必要とされる。気体成分のうち、酸素はSnO_2を作り熔湯に残るので、通常は木炭被覆のもとで熔融を行うとともに、亜鉛などの脱酸剤を添加する。また、水素を除去するには酸化熔融法のような手段もあるが、脱酸剤を使わなければ、通常は十分、水分を絶つとともに、熔けた後も加熱を続けるなどの方法がある。[52]

当時は、まだ脱酸剤などは使われておらず、「御出来之大砲、是迄は土型ニ而鋳込、心鉄を用ひ初めより巣中之なりニ仕立候ニ付、鎔解之銅表裏より凝結……(中略)……鋳損も有之」[53]と、うまくいかない場合もあったのであろう。このようなことを防ぐには、鋳巣ないしは単に巣と呼ばれるものができやすい中心部を、無垢の砲身を作った後に削り取る、いわゆる実鋳法という方法があるが、当時、青銅砲に対しては、西欧諸国と違ってこの方法は一般的には用いられていなかった。ただし、これには例外もあり、一つは、前述したように佐賀藩において嘉永5年に24p.砲と12p.砲をそれぞれ2門ずつ計4門が実鋳法により作られており、これは少しでも耐久力があり、射程距離の長い砲を作ろうとする熱意のあらわれである。[54]

また韮山においても、安政5年(1858)の「銃筒鋳造反射炉ニ而、銅製御筒鋳造之儀ニ付、申上候書付」において、「無垢鋳之上、水車錐台ニ而巣中鑽開仕候ハヽ、最上之銅製御筒出来可相成候と奉存候」と無垢の筒を作り、鑽開していく方法の有効性が強調されている。[55]もっとも、これは「見方によっては鋳鉄砲への決別宣言とも受け取れるものであった」として、反射炉での鋳造がうまくいかなかったことの裏返しの表明であるとの見解もあるが、[56]やはり実鋳法の必要性を示したものと考えられる。

また、どうしても巣が生じ脆くなるので、それを補うための方策として、次のようなものがあった。例えば、松代藩が所有していた29d.モルチール砲は、ベウセル(W.F.Beuscher)の砲術書などに記載されている重量よりも220kgも重い1400kgほどある。また、高島秋帆が演練において使用した15d.ホーイッスル砲を雛形として作られた松代藩の砲(巣長約85cm)は、15d.短

第1節　大砲の運用と鋳造

ホーイッスル砲（巣長約51cm）の342kgはいうにおよばず、15d.長ホーイッスル砲（巣長約153cm）よりも40kgほども重い550kgほどもあったという。口径は同じであるにもかかわらず、これだけ重いということは、青銅を余分に使い、砲身の肉厚や火薬部のまわりを厚くして強度をかせごうとしたことを示している。当時の苦労の跡を偲ばせるものがある。

　しかし、現実には大型の青銅製の大砲が作られたのも事実である。それは、もちろんガン・メタルとベル・メタルとでは錫の含有量が異なるが、わが国ではすでに梵鐘のように音を出すもの、それによって音色が変ってしまうため他の鋳造品に比べ巣を嫌うものを作りあげる技術もあり、多量の青銅を熔融させることのできるこしき炉も存在していた。和砲と比べ洋式の青銅砲は大型で種類も多かったが、それでも当時の人々にとっては、それほど手の届かない技術ではなかった。とくに梵鐘と形がよく似ており、使用される青銅の量もそれほど多くはなく、砲身の内側の疵の有無も確かめやすいモルチール砲の鋳造は、他の種類の砲よりも鋳造が容易であった。実際、ペリー艦隊が来航した嘉永6年（1853）の時点でも、江戸湾内の砲台に配備されていた大型砲の大半はこのモルチール砲であった。

○象山の大砲鋳造

　象山が弘化4年（1847）、始めて大砲作りにかかわったときに鋳造した12d.ホーイッスル砲は、「一門鋳造仕候所、湯加減あしく鑚入れ候段に及びかゝり地荒多分出で候に付、御用に難相立鋳直し申付、外一門出来相成候」という状況であった。このとき、同時に鋳造した13d.モルチール砲は重量が35kgと軽かったのに対し、鋳造に失敗した12d.ホーイッスル砲は150kgと、より多くの青銅を使う大砲であった。次に象山が鋳造に失敗したのは、嘉永4年（1851）の中津藩依頼の重量が475kgの6 p.カノン砲であり、これはおそらく表面にも巣が入り使い物にならなかったのであろう。破裂した12p.短カノン砲では重量が890kgとさらに使う青銅の量が増える。この12p.砲は、「筒の左の方耳の下、通り幅三寸長七寸許に少々地金の色の変じ候所有之」

という状態で、それ以外はきれいな仕上がりだったようである。

　核鋳法による鋳造では、表面にこのような疵があれば内部にも入っている可能性が高いにもかかわらず、象山は試砲を強行して破裂させてしまったのである。この後、象山が鋳造に失敗し、破裂させてしまったのは、さらに重量の大きい80p.ボムカノン砲である。しかし、鋳造の翌年に蟄居を命ぜられた80p.砲を除けば、失敗した砲は再び鋳造を行い、それらはいずれもうまくいったようである。

　鋳鉄製の大砲に比べ青銅製の大砲は、はるかに巣が入りにくいのであるが、それでも熔かすべき金属の量が増えれば、加熱を持続する時間も増えるし、全体を均一にすることにも配慮せねばならなくなる。鋳型の温度管理も考慮せねばならない。象山の鋳造例をながめて気づくことは、より重い砲、つまりより多くの青銅を使う砲を最初に作るときは、ほぼ失敗しているということである。単なるスケール・アップもそう簡単にはいかなかったのである。佐賀藩では、築地大銃製造方の設置にあたって、青銅砲製造のために、1基あたり2000斤程度、溶融することができる炉を6基、のちには8基の炉とそのための「タタラ」を、例えば12p.砲では2カ所、24p.砲では3カ所、80p.砲では6カ所用意し、十分な量の青銅を供給できる体制を作った。[62]また、「銅製八ポンド……(中略)……右ハ薬力様試トシテ御鋳立……(中略)……比八封度銅鉄二挺、二俣土井ニテ割様試ニ成ル」[63]というように、どの程度の火薬までなら耐えられるかのテストを行うなど、スケール・アップに対して十分に適応できる体制をとっていたことがわかる。それに対し、象山は、例えば中津藩の依頼を受けたときに雇った鋳物師は、ついこの間まで3p.砲程度を鋳造していただけであり、そのうえ大きな砲の鋳造となると炉や鞴（たたら）も新たに追加し、作業場全体を拡張しないと作業が不可能というほどの規模であった。象山には、スケール・アップに耐える体制がとれていなかったのである。

　象山は大砲鋳造について、西洋の知識を取り入れようとはしなかったのだろうか。象山は、「近来、彼国にては心金なしに柱の如く鋳立、筒中をば錐

第1節　大砲の運用と鋳造

にてもみ開け事に御座候。夫は、いか様粗末なる制作にても始めの程五十発百発打候とて多分害もあるまじく候へども、事御座候節は二千発三千発も忽ちに打切り候ものに候へば、其節法の如くに参らぬは夫丈の害を受け候べき事と被存候」と、砲身の鑽開の必要性を主張するが、それらは実践には生かされなかった。というより錐鑽機の製作コストの問題一つをとってみても、生かすことがもともと無理な知識であった。それに対し、実際に生かされた可能性がある知識としては、以下のようなものがある。

　通常はガン・メタルとして知られているように、錫は10%であり、佐賀藩の鋳造記録でもほぼこの値に近い。それに対し、象山は「銅百分に錫十一分半を加ふる也」と、少し多めに錫を加えるように主張する。この知識の出典は、本章第2節で紹介するベウセルの著わした砲術書である。脱酸剤として亜鉛を2%ほど加えれば、銅にたいする錫の割合は約11.5%となり、同書に記されているものと同じとなるが、亜鉛は添加していなかったはずであるから、結果的には錫の割合が少しあがり、かえって巣が入りやすくなったかもしれない。なお、ベウセルの砲術書の該当個所でも、亜鉛のことは触れられていない。また、「炉の下口を開き熔け候銅を器に受け、再び炉上に傾け錫の上に瀉ぎ」という方法を行ったという。これは、よくかき混ぜ、加熱時間を長くし、ガスを抜く効果があったかもしれない。なお、ベウセルの砲術書にはこのような記述はないが、鋳造を行うための炉の説明のところで、熔湯をかき混ぜるための扉については記述されており、真田宝物館所蔵の同書のこの箇所には、赤通しが残されている。

　以上が鋳造について象山が述べていることであるが、全体として、実際の有効性については、どれほど役立ったかは疑問であり、「国内では唯一人、高性能の洋砲をつくることができる」とする松本の見解が成り立たないのは明らかだろう。しかし、だからといって、象山の大砲鋳造は全く意味がなかったとはいえない。現在、真田宝物館には、象山の手になる可能性のある細かく寸法の入った大砲の図面が残されている。このような図面をもとに鋳型を作らせ、金属を熔かせて鋳込みをさせる。確かに図面をひく段階では西洋

の知識を活用するが、それ以降の作業は在来技術そのものである。その結果、より多くの青銅が必要な大砲の鋳造に挑戦すると鋳損じを起こす。そこで失敗した結果をもとに、もう少し投入する銅と錫の量を増やしたり、あるいは加熱温度を上げるために鞴を強くしたり、さらには加熱時間も長くして巣が入るのを抑えるというような試みを、より大型の砲を作るたびに行っていく。

　このトライ・アンド・エラーの繰り返しのなかで成功させるほどの技術的蓄積があったということが重要なことであり、そのことが象山をして、ともかくも何門かの鋳造に成功させた要因であった。西南雄藩などの場合は雛形となる大砲が存在し、組織的に行われたという特徴はあるが、国際的な技術的環境からみれば、象山と同様孤立しており、いずれも在来技術の伝統の上に西洋の知識を付け加えるかたちで行おうとしたという意味では、同じ地平に立っていたといえる。象山が砲術家として一家を成し、その鋳造技術が注目された背景には、このようなことがあると考える。

（１）　信濃教育会編『増訂　象山全集』（信濃毎日新聞社、1934-35）巻二・上書 p.36。
（２）　前掲(1)巻三、pp.375-381。
（３）　前掲(1)巻三、pp.484-485。
（４）　前掲(1)巻三、p.387。
（５）　前掲(1)巻二・上書、pp.79-91。
（６）　秀島成忠編『佐賀藩銃砲沿革史』（肥前史談会、1934、復刻は明治百年史叢書第156巻）p.140。
（７）　本島藤太夫『松之落葉』巻之一（杉本勲他編『幕末軍事技術の軌跡』、思文閣出版、1987）p.51。
（８）　前掲(7)p.52。
（９）　前掲(7)p.55。
(10)　『大小銃製造録』巻之六。なお佐賀県立図書館では、この資料の複写版が、まとめられており、例えば、この巻之六は『大小銃製造録　三』となっている。そして、この複写版には、整理上の通しページが打たれているので、以下で引用するときは、便宜を考えて、このページ数を付記する。当該引用事項はp.4。
(11)　W. F. Beuscher: *Handleiding voor onderofficieren, tot de kennis der theoretische en practische wetenschappen der artillerie*, 3de stukje, 's

第1節　大砲の運用と鋳造

　　Gravenhage en Amsterdam, 1836, p.3. によれば、12p. 短カノンは口径12cm、全長213cm、腔長180cmである。なお12p. 長カノンの全長は323cm、腔長は288cmである。
(12)　前掲(10)三、pp.40-41。
(13)　前掲(10)三、pp.49-50。
(14)　前掲(1)巻四、pp.17-18。
(15)　前掲(7)p.51。
(16)　中山茂編『幕末の洋学』(ミネルヴァ書房、1984) p.13。
(17)　前掲(1)巻三、p.378。
(18)　筆者が参照したのは、大阪府立中之島図書館蔵および静嘉堂文庫蔵の写本である。なお、『高島流砲術伝書』については、梶輝行の研究に詳しい(「高島流砲術の『伝書』について」、『集論　高島秋帆』、板橋区立郷土資料館、1995)。
(19)　前掲(1)巻二・上書、pp.91-106。
(20)　前掲(11)3de stukje, p.74.
(21)　前掲(1)巻二・上書、p.p.102-103。
(22)　前掲(1)巻三、p.632。
(23)　前掲(1)巻二・上書、p.p.154-155。
(24)　前掲(1)巻二・上書、p.147あるいは巻三、p.413・426・651-652と巻四、p.11。
(25)　この姉ケ崎の試射にかんしては、佐藤昌介が指摘するように、本文で紹介した伝記執筆者は、いずれも松前藩と中津藩とを取り違えている(『洋学史の研究』、中央公論社、1980、p.222)。詳しくは、前掲(1)巻二・上書、p.108を参照されたい。
(26)　前掲(1)巻二・上書、p.111。
(27)　松前藩との関係については、前掲(1)巻二・上書、p.p.106-122。
(28)　前掲(1)巻三、p.375。
(29)　前掲(1)巻四、p.68。
(30)　前掲(1)巻四、p.51。
(31)　前掲(1)巻二・上書、p.148。
(32)　前掲(1)巻四、p.191。
(33)　前掲(1)巻四、p.259。
(34)　公爵島津家編輯所編『薩藩海軍史』上巻(薩藩海軍史刊行会、1928) p.859。
(35)　これは、以下の書物である。
　　G.J. Stieltjes : *Omschrijving van den verleden en tegenwoordigen toestand der Nederlandsche veld-artillerie*, 's Gravenhage en Amsterdam, 1848.
(36)　鎌原桐山『朝陽館漫筆』巻二十七(文政8年)(『北信郷土叢書』第七巻、

1935、p.629)。
(37) 大平喜間多『真田幸貫傳』(昭和刊行会、1944) p.101。
(38) 前掲(1)巻三、p.276。
(39) 宮本仲『増補改訂 佐久間象山』(岩波書店、1936) p.151。
(40) 源了圓『佐久間象山』(PHP研究所、1990) pp.114-120、また大平喜間多『佐久間象山』(吉川弘文館、1959) pp.85-90。
(41) 松本健一『評伝 佐久間象山』上(中央公論社、2000) p.259。
(42) 前掲(1)巻一・省譽録、p.13。
(43) 前掲(1)巻二・上書、pp.147-148。
(44) 佐賀県立博物館『佐賀県立博物館平成11年度企画展 近代化の軌跡』には、その設計図が掲載されている。
(45) 石田千尋「鷹見泉石と洋式砲」(『泉石』、古河歴史博物館紀要・第一号、1990) には、古河歴史博物館に保存されているこれらの砲の図面および彫物拓本が紹介されている。
(46) 前掲(7) p.319。
(47) 徳丸原演練において使用された大砲を譲り受けた江川英龍は、翌年に「大砲鋳造ノ届」を提出しており、そこでは、先に彼が入手した500目野戦砲やホーイッスル砲・モルチール砲があげられている。なお、この引き渡しは幕府保守派の抵抗にあい、実際に全てが引き渡されたのは、借用願いが出されてから1年後の天保13年10月のことであったという(仲田正之「江川英龍の砲術教授と佐久間象山」、『駒沢史学』第19号、1972、pp.69-72および『韮山代官江川氏の研究』、吉川弘文館、1998、p.463)。
(48) 前掲(7) p.48。
(49) 前掲(10)三、p.4・22。
(50) 原剛『幕末海防史の研究』(名著出版、1988) p.104。
(51) 前掲(1)巻二・上書、p.107。
(52) 社団法人日本鋳物協会編『鋳物技術』(1950) pp.47-61・152-160、日本金属学会『新制金属講座 材料篇 非鉄合金(Ⅰ)』(1954) pp.7-35、石川登喜治『鋳造法』(1935) pp.170-182などを参照した。
(53) 勝海舟『陸軍歴史』巻六、pp.50-51。佐賀藩に派遣された韮山の長谷川刑部は、その後、幕府の湯島製砲所の責任者として、24p.カノン砲をはじめとする大型青銅砲の鋳造にあたった。ペリー来航後、大急ぎで作られた幕府の湯島製砲所では、文久元年(1861)、本文で紹介した内容に続いて、「棒鋳ニ」して「錐入」、無垢の砲身を作った後に鑽開する方法で鋳造したいとしている。さらに「水車御出来相成候へは、錐入之砌、外面仕上、細工等も一時に出来」ると、水車という均一でパワーの大きい動力の必要性も強調されている。
(54) 佐賀の築地大銃製造方でも、実は、錐鑽機による青銅砲の鋳造が行われて

第1節　大砲の運用と鋳造

いた。「錐台」と呼ばれる錐鑽機の第一は、嘉永3年10月に作り始められ、翌年の9月にできあがる。それをまって、その年の7月に初めて作られた無垢の鉄棒の鑽開が行われ、12月にようやく終わったが、このときの動力源は水車ではなく人力であったため、うまくいかなかった。そして翌年の1月、新たに青銅製の24p.カノン砲と12p.カノン砲を計4門、うち2門は「実鋳」、つまり無垢の青銅の棒を鑽開して砲身を作るようにとの命令が下り、3月には鋳造された（前掲(10)三、p.41・44.）。その後、錐鑽機のための水車が完成し、再び反射炉で作られた鉄棒の鑽開が行われ始め、同年の8月に再び、先と同種の24p.と12p.砲をそれぞれ1門ずつ錐鑽機を使って鋳造するようにとの命令を除いては、実鋳法による青銅砲に関する記録はない（前掲(10)三、p.50）。このとき佐賀藩で鋳造された24p.カノン砲の腔長は約290cm、一方、80p.カノン砲の口径は22cmと24p.砲の1.5倍もあるが、逆に腔長は約260cmと短くなる。鑽開を行う砲として、相対的に細長い24p.砲を選ばれたのは、このためである。1本の鉄棒の鑽開に1カ月以上もかかり、その上、機械の補修にも時間がかかるという状況では、錐鑽機を青銅砲のために供する余裕はこれ以上はなかったといえる。

(55) 戸羽山瀚『江川坦庵全集』上巻（1954）p.192（復刻は、厳南堂書店、1979）。
(56) 岡田廣吉編『たたらから近代製鉄へ』（平凡社、1990）p.169。
(57) 前掲(1)巻二・上書、pp.158-159。
(58) 梵鐘については、石野亨『鋳造　技術の源流と歴史』（産業技術センター、1977）pp.195-243や桶谷繁雄『金属と人間の歴史』（講談社ブルーバックス、1965）pp.84-108に詳しい。
(59) 前掲(50)p.17。
(60) 前掲(1)巻二・上書 p.149。
(61) 前掲(1)巻三、p.413。
(62) 前掲(10)三、pp.22-23・35。
(63) 前掲(10)三、p.34。
(64) 前掲(1)巻三、p.419。
(65) 前掲(1)巻二・上書、p52。
(66) 前掲(11)1ste stukje, p.7。
(67) 前掲(1)巻二・上書、pp.107-108。
(68) 前掲(11)1ste stukje, p.29。

補論：青銅製大砲の種類

　幕末期にわが国にもたらされた青銅製大砲は、大きく分けてモルチール砲・ホーイッスル砲・カノン砲の3種類がある。この3種類の大砲の特徴の一端をうかがうために、ベウセルの砲術書に記載されている各大砲の大きさを表1に示す。

　当時、最もたくさん鋳造された大砲の一つである20d.モルチール砲は、口径は20cmと大きいが、全長は58cm、火薬を装塡する薬室を除いた砲身の中空部の長さ、つまり腔長は33cm程度である。[1]射角は45度で放物線に近い軌道を描き、最大600gほどの火薬を装塡でき、そのときの射程距離は1500mほどである。[2]総重量は247kgと使われる青銅の量もそれほど多くはなく、本文でも述べたように、砲身の長さも短いので製作も比較的容易であり、それゆえ幕末期、わが国では最も多く鋳造された大砲である。

　しかし、放物線に近い軌道を描くこのモルチール砲は、城壁のある城を攻めるような場合は威力を発揮するが、海岸砲台の設置砲としては、これだけでは不十分であった。低い弾道で、侵入しようとする外国船まで飛んでいく、射程距離の長いカノン砲が必要とされた。野戦砲ないしは地砲とも呼ばれたカノン砲は、口径に比して砲身が長く、例えば3ポンドカノン砲は、口径は7.5cmとかなり小さいが、腔長は128cmにもなる。もっとも、カノン砲の場合には薬室がなく、砲身内に火薬を装塡するので、砲弾が入るのは、もう少し手前となる。わが国で海岸砲台用として用いられた代表的なカノン砲は、嘉永3年（1850）に幕府がオランダより購入し、その後、わが国でも鋳造された24p.カノン砲および80p.ボムカノン砲である。3p.砲は総重量が270kgと軽量であり、前述の20d.モルチール砲とほとんど変わらないが、24p.砲ではおよそ2850kg、腔長3m強、80p.砲では4300kg、腔長260cmほどにもなり、

補論:青銅製大砲の種類

使う青銅の量も桁違いに多くなる。しかも、標準的な火薬量も24p.砲で4kg と3p.砲の8倍となり、砲身にもかなりの耐力が要求され、先ほどのモルチール砲のように、どこででも作れるというわけにはいかなくなるが、佐賀藩や鹿児島藩および幕府などにおいては鋳造された。24p.砲には主として弾丸全体が鉄からなる球形の実弾が使用され、それ以外にブリキの罐のなかにたくさんの小弾を入れた鉄葉弾ないしはブリッキドース(blikdoos)と呼ばれた霰弾も用いられた。モルチール砲とは対照的に0度から11度ぐらいの角度で発射され、例えば、11度の射角での射程距離は2700mほどになる。一方、フランスのペキザン砲をもとにオランダで製作された80p.ボムカノン砲は、口径が22cmと非常に大きいが、腔長は260cmと24p.砲よりも短い。その名のごとく、内部に火薬を入れた榴弾(bommen:ボンベン弾)ないしは葡萄弾(druif kogel)と呼ばれた霰弾が用いられ、射程距離は1400mほどであった。薩英戦争において、英軍の旗艦ユーリアラス号の艦長以下数名を戦死させたのは、この砲であると考えられている。

表1 ベウセルの砲術書に記載されている各大砲の大きさ

カノン砲

種類	口径(d.)	全長(d.)	砲身の長さ(d.)	重量(Ned.p.)	火薬の量(Ned.p.)
24p.	15.17	349	303	2850	4
18p.	13.74	336	295	2233	3
12p.	11.99	324	288	1660	2
短12p.	11.99	213	180	890	2
6p.	9.55	277	248	890	1
短 6p.	9.55	179	153	475	1
短 3p.	7.52	149	128	270	0.5

ホーイッスル砲

種類	口径(d.)	全長(d.)	砲口から薬室のはじめまでの砲身の長さ (d.)	重量(Ned.p.)	火薬の量(Ned.p.)
20d.	20.14	117	64.6	602	0.5～1.25
長15d.	15.17	184	153.3	515	0.25～1
短15d.	15.17	92	51.0	342	0.5

モルチール砲

種類	口径(d.)	全長(d.)	砲口から薬室のはじめまでの砲身の長さ (d.)	重量(Ned.p.)	火薬の量(Ned.p.)
29d.	29.14	84.2	32.9	1190	0.3 〜1.4
20d.	20.14	58.3	33.6	247	0.05〜0.4
13d.	13.12	26.1	16.4	35	

注：1ドイムは1cm、1Ned.p.は1kgである。本文と同じく、p.はポンドのd.はドイムの略である。全身および砲身の長さは四捨五入したものを掲載した。

（1） W. F. Beuscher : *Handleiding voor onderofficieren, tot de kennis der theoretische en practische wetenschappen der artillerie*, 3de stukje, 's Gravenhage en Amsterdam, 1836, p.5.
（2） 前掲(1)3de stukje, p.75.
（3） 前掲(1)3de stukje, pp.2-3.
（4） 前掲(1)3de stukje, p.68.
（5） 前掲(1)1de stukje, p.138・140.
（6） 象山の蔵書である前掲(1)のベウセルの砲術書にはこのような記述はないが、当時の翻訳書、例えば『鈴林必携』などには同様の記述がある。
（7） 『陸軍歴史』に紹介されているものとは少し値が異なっているが、ここで紹介したのは佐賀藩で鋳造されたものの大きさである（『大小銃製造録』巻之六）。
（8） 荘司武夫『火砲の発達』（愛之事業社、1943）pp.109-111。
（9） 原剛『幕末海防史の研究』（名著出版、1988）p.66。これは、軍艦などの装甲に対しては実弾よりも効力は小さかったが、殺傷力は高い破裂弾、つまりボンベン弾を使用したからである。

第2節　ベウセルの砲術書が与えた影響

（1）ベウセルの砲術書

○ベウセルの砲術書の概略

　砲術に関する知識を獲得するにあたって最初に参考にし、象山に与えた影響も大きかったのは、蘭書では彼によって「ペウセル」と呼ばれている砲術書である。象山がこの砲術書に言及するのは、一つは第1節でも紹介したように弘化4年（1847）から嘉永元年（1848）頃、3 p. カノン砲の各部の大きさを参照したとき、もう一つは本節で述べる弘化3年に大砲の種類を述べたときである。

　象山によって「ペウセル」と呼ばれているこの砲術書は、ベウセル（W. F. Beuscher）によって『砲術に関する理論的および実際的な知識についての下士官のための手引書』と題して著わされた下記の本であり、これは、巻末の付録に示した「近山氏旧蔵蘭書」の[16]に相当する書物である（幕末期、Beuscher は「ベウセル」とよばれていたので本書でもベウセルの砲術書と記す）。

　W.F.Beuscher : *Handleiding voor onderofficieren, tot de kennis der theoretische en practische wetenschappen der artillerie,* 's Gravenhage en Amsterdam, 1834-1836.

　なお、池田哲郎は、象山がオランダ語を読むときの特徴の一つとして、「b, f, h, p, v は混用される」傾向のあることを指摘している。[1] 象山が「ベウセル」ではなく「ペウセル」とするのは、b と p の発音の区別がついていないからである。

近山與士郎氏がまとめた『佐久間象山先生遺品について』では、「(20)ベンスヘル　砲兵学　全三巻　ハーグ　一八三六」について、「全三巻のうち二巻を紛失させられている」としている。現在、真田宝物館にはこのベウセルの砲術書が1冊所蔵されているが、これは、第1巻から第3巻までが1冊に合本されたものであり、寄贈以前には近山氏が指摘するように別に各巻分冊のものがあったのかどうかは、筆者にはわからない。しかし、後述するように、この合本されたものの第2巻や第3巻には、他の象山所蔵の蘭書と同じような赤通しが残されており、象山が眼を通したベウセルの砲術書は、真田宝物館において所蔵されているこの合本されたものであると筆者は考えている。それ故、以下では、この1冊に合本された真田宝物館蔵本を中心に議論をすすめていく。

　この本は幕末期によく読まれた砲術書の一つであり、少なくとも1836年・1842年・1844年の三度にわたって舶載されており、現在、国内においても、真田宝物館のほか国立国会図書館や静岡県立中央図書館葵文庫において所蔵されている（なお、葵文庫には第1巻は所蔵されていない）。また、筆者は未見だが、佐倉藩旧蔵書のなかにもある。さらに、この本の第3巻の表のうち、諸弾の射擲表やカノン砲・ホーイッスル砲の図およびオーフェルストラーテン（J. P. C. van Overstraten）の砲術書などを写した簡単なものが『増補　煩砲射擲表』（嘉永5年序・嘉永6年発行）として刊行されており、やはり葵文庫において所蔵されている。また、この『増補　煩砲射擲表』は、真田宝物館においても所蔵されている。

　ベウセルの砲術書は前述のように全体が3巻からなり、うち第1巻と第2巻が本文で、この本文に関する表や図などが第3巻にまとめて掲載されている。このベウセルの砲術書の全体の様子を明らかにする一助として、各部のタイトルを表2に示す（本書では、筆者が作成する表は表1・表2と、史料中の表は表①・表②と区別して記す）。

　第1巻では、大砲や砲弾、大砲を載せる砲車という本体と、大砲を発射するのに必要なさまざまな道具類、そして火薬や点火装置についての解説がな

第2節　ベウセルの砲術書が与えた影響

表2　ベウセルの砲術書の第1巻と第2巻の目次

第1巻	第2巻
導入	
第1部　大砲	第1部　大砲の発射
第2部　砲架および砲車	第2部　大砲の検査と役に立たないものを再び役に立つように修復する方法
第3部　砲兵隊で用いられる器具や道具	第3部　砲兵隊で使う器具の取り扱いと実際の使用
第4部　砲弾	第4部　兵器庫、火薬や砲弾の貯蔵庫においてなすべきこと
第5部　火薬	第5部　砲台
第6部　火薬の材料や火器	第6部　築城術の基礎

されている。第2巻では、砲弾の飛び方に関する物理的な概要および実際の発射方法が解説された後、第1巻で紹介された道具類の使用方法が説明されている。そして最後に砲台や陣地・砦などについての概説と建造方法が説明されるという構成となっており、兵の運用などを除けば、砲術に必要な事項はほぼ網羅された書物である。

真田宝物館に所蔵されているベウセルの砲術書に残されている赤通しの箇所はそれほど多くはなく、筆者が確認した範囲のものを表3に示す。なお、章の表題のところには、（　）にその章が含まれる部を示した。これを見ると、象山の関心がどのあたりにあったのか、その一端は十分にうかがうことができる（なお、小項目の表題については、内容がわかるように、筆者が言葉を付け加えたものもある）。

○カルテンの砲術書

　弘化2年（1845）と、比較的早い時期に象山が手に入れた砲術書に、カルテン（J. N. Calten）の著わしたものの写本がある[6]。これはいうまでもなく、『海上砲術全書』の原本となったものである。しかし、これまでの調査では、この「写本は現存しない[7]」と報告されており、「日本見在蘭書目録」の「旧真田伯爵家」所蔵本のリストにも記載されていなかったが、実際には、この

表3　ベウセルの砲術書に残されている赤通しの箇所

第1巻

ページ数	節の番号	小項目の表題	その節が含まれる章の表題
p.29	§78	青銅製大砲の鋳造	金属製(青銅製)の砲身の製造(第1部)
p.33	§89	鉄製大砲の解説	鉄製の大砲(第1部)
p.141・145	§375・387	砲弾の鋳型	鉄製の砲弾(第4部)
p.155	§408	火薬の実験	火薬の検査(第4部)
p.191	§456	火花を出さないような薬包紙	装填した銃の点火のための装置(第6部)
p.221	§508	カノン砲やホーイッスル砲のための薬嚢	薬嚢(第6部)
p.227	§519	小銃の薬嚢	薬嚢(第6部)

第2巻

ページ数	節の番号	小項目の表題	その節が含まれる章の表題
p.6・7・8	§13・14・17	発射された砲弾の運動	大砲の発射についての一般的な概観(第1部)
p.13	§25	砲身を向ける方向	発射の種類とその名称(第1部)
p.21	§35	発射角の決定	発射角と火管の長さの決定(第1部)
p.36	§62	カノン砲の機能	大砲のはたらきについての決まり(第1部)
p.50・51	§83・84	発射の失敗	発射の失敗(第1部)
p.182・185	§246・251・252	砲車の修理	こわれた車両を運行できるようにする方法(第3部)
p.263・266	§399	カノン砲の火薬嚢	野戦砲台(第5部)

第3巻

ページ数	表の番号	表のタイトル
p.6	表①	カノン砲の主要部の大きさ及び重さ
p.129	表㊶	砲車の大きさ及び重さ

　写本は真田家旧蔵蘭書の「番外」として整理されていたもののなかに存在している。この写本は、「松代文庫」と印のある3冊からなり、「三冊之内

第2節　ベウセルの砲術書が与えた影響

壱」はカルテンの砲術書の第1章から第3章、「三冊之内　弐」は第8章から第11章、「三冊之内　参」は第4章から第7章である[8]。そこには、最初の第1章の「火薬」の章の最初のところに数箇所、主に火薬の成分を述べたところに赤通しがある[9]。この写本を入手したのは、ちょうど象山が黒川良安からカステレイン（P. J. Kasteleijn）の化学書の解説を受け始めた頃であり、この赤通しは、象山によるのかもしれない。なお本書では、翻訳された内容と原書との異同が問題となる場合はこの写本も参照するが、象山がこの翻訳書である『海上砲術全書』を手に入れていたことは確かなので、表などにある数値が原書でも翻訳書でも同じである場合には、『海上砲術全書』の方を中心にとりあげていく[10]。なお、この『海上砲術全書』は、現在、真田宝物館においても所蔵されている（兵書9-1-64・兵書9-1-99）。

この「カルテン」の入手を予測した弘化2年2月の書簡では、「先頃、渋川六蔵殿より被申上、間違御座候ひき、西洋兵書ゼーアルテイルレリー、一部尋ね当り、手に入かゝり申候。尤も板本にては無御座候。写本に御座候。乍去翻訳書と違ひ原書にて候へば、事も詳密且愜にて宜しく御座候。手に入り仕候はゞ、早速奉入御覧べく候」と、翻訳書ではないことを強調している[11]。また、「近日獲候カルテンの火術書」と記されている弘化2年6月の書簡では、「火術書もよきもの近日手に入申候」と、火術書について新たなものを手に入れたことが記されている。このことだけなら、この「火術書」は「カルテン」だろうとも考えられるが、書簡ではそれに続けて「愚意には、近日獲候カルテンの火術書等のもの訳し候て、致印行たきものと存候事に御座候。左様致し、人々彼方の技を存知居り候様に相成候と、彼を以て彼を防ぎ候事は優に為すべく、且又、刀槍之術に至り候ては、自ら彼れに勝り候事万々可有之候へば、勝算も追々に得られ可申候」と、カルテンの火術書等の翻訳出版の必要性が述べられている[12]。

以上のことより判断すれば、この時期、象山は「カルテン」以外にも「火術書」を手に入れていたのであり、それの翻訳も刊行されればよいという意味のことをいっていると考えるのが自然である。筆者は、本節の後述の記載

も考えあわせれば、この別の「火術書」にあたるのがベウセルの砲術書であると推定している。

(2) 大砲の寸法や大砲の運用

○弘化3年6月の書簡の内容

　江川英龍への入門以来、短期間松代に戻ることはあっても、基本的には江戸にとどまっていた。そして、蘭学者を含む多くの知識人と交流し、蘭書読解の援助を受けるとともに、さまざまな知識を吸収していたが、結局、弘化3年（1846）の閏5月には松代に帰ることとなった。この帰藩直後の6月に書かれたのが竹村金吾宛書簡であり、そこでは、「行軍には此四品の外用ひざる趣、西洋千八百三十六年に致印行候（今年より十年前也）ペウセルと申人の著書に見え申候」（カッコ内は原文割書）とベウセルの名がはじめて見られる。しかし、この書簡には、上の内容にとどまらず、大砲の種類とそれが使われるべき状況、個々の大砲のサイズ、さらには砲車の種類など、西洋の砲術に関する知識が数多く紹介されている。それゆえ以下では、象山が書簡で語るそれらの内容もベウセルの砲術書を参照したのかどうか、もし参照したのであればどのような箇所からなのかを明らかにする。

　大砲の区別については、書簡のなかで、次のように記されている（[　]内は筆者）。

　　近来、西洋にて大銃の区別を三通りに立て申候。（但し、船中用ふる所を除て、陸地に用ふる所のみを申候也）然れども、其実は二通り也。其一をフェルドゲシキユット［veld-geschut：野戦用の大砲］と申候。行軍野戦の銃と申事に御座候。行軍野戦には、軽便の器に非ざれば其利少く候故に、其心して銃砲をも造り申候。口径十六ドイム［duim］のホウキッスル［houwitser：榴弾砲］（一ドイムは本邦曲尺三分二厘八毛九弗二四八にあたる也）、短き十二ポンドのカノン［kanon］（口径十一ドイム九九）、短き六ポンドのカノン（口径九ドイム五二）、短き三ポンドのカノン（口径七ドイム五二）、以上四品、即ちフエルドゲシキユットに御座候。其二、

第2節　ベウセルの砲術書が与えた影響

其三をベレーゲリングゲシキユット［belegering-geschut：攻撃用の大砲］（城堡を取囲む銃と申す義也）、フエスチングゲシキユット［vesting-geschut：要塞用の大砲］（城堡の銃の義也）と、唱へ申候。用ふる場に随て名は替り候へども、其実は一に御座候。廿四ポンドのカノン（口径十五ドイム一七也）、十八ポンドのカノン（口径十三ドイム七四）、長き十二ポンドのカノン、同じき六ポンドのカノン、及び五十ポンドのモルチィル［mortier：臼砲］等これに属し候(15)（丸カッコ内は原文割書）

また、大砲のサイズについても、次のように細かく記されている。

同じ十二ポンドのカノンにても長短の別ありて、筒長ければ筒台とも目方重くなる故に、長き方は行軍には用ひず、短き方のみを用ふる事也、長き十二ポンドのカノン総丈三エル［el］二十三ドイム七五、短き十二ポンドのカノン総丈二エル十二ドイム八二、長き六ポンド総丈二エル七十六ドイム九二、短き六ポンド総丈一エル七十九ドイム零五、同三ポンド総丈一エル四十八ドイム五(16)

さらに、この書簡のなかでは砲車の種類として、以下に示すように5種類があげられている。

銃台にも区別御座候て、各制作を異にし申候。大別五通りに御座候。其一をヘルドアホイト［veld-affuit：野戦砲車］と申候。行軍銃架と申義に御座候。其二をベレーゲリングアホイト［belegering-affuit：攻撃砲車］と申候。城堡を取囲む銃架と申義に御座候。其三をフエスチングアホイト［vesting-affuit：要塞砲車］と申候。守城銃架の義に御座候。其四をキユストアホイト［kust-affuit：沿岸砲車］と申候。キユストは海浜の事に御座候。其五をシキップスアホイト［scheeps-affuit：船舶砲車］と申候。シキップは船と申事に御座候。同じ車台にてもその用ふる所の場に依て便利の制作有之候。其制に従はざれば必ず不便利なる故に、洋人に於ては、各其尺度重量を定めて諸国普通に是を用ひ候事に御座候。総て皆実事に施し候て、其便利なると不便なるとを経験いたし候故に、如此普通の法とはなりたるにて候(17)

○ベウセルの砲術書の内容

　ベウセルの砲術書の第1巻の「第1部　大砲」の冒頭には、大砲や銃の名称・区分などをはじめ、その構造や材料などの説明があり、「第1章　解説、名称および区分」で、カノン砲・ホーイッスル砲およびモルチール砲の3種類の大砲が、次のように簡単に紹介されている。

　第1章の冒頭では、まず各々の種類の大砲について、次のように記されている（以下、訳文は筆者による）。

　カノン砲については、「葡萄球［druif］ないしは衝底［kuras］、固底［versterking］を除いたカノン砲の長さは、19から27口径の大きさであり、内部の広さは至るところ同じ広さである。そして、それは、発射される鉄の弾丸の旧ポンドによる重さであらわされる。オランダの砲兵隊においては、24・18・12および6 p. ポンドのカノン砲が使われる」[18]。また「12p. と6 p. のカノン砲に関しては、長カノンと短カノンという名称により、2種類が区別されている」[19]。

　もう一方の投擲砲［werpgeschut］については、「この投擲砲というのは、砲弾がカノン砲に比べて高い円弧を描いて放り投げられることにより、その名を得ている。それはカノン砲よりも短く、その内部の空間はカノン砲ほどは広くはなく、さらに火薬が装填される場所は狭い。以前は、それは、そこで発砲される石の重さで呼ばれていたが、現在は、砲口の直径で呼ばれている」[20]として、ホーイッスル砲とモルチール砲の2種類の投擲砲をとりあげる。まず「葡萄球、衝底および固底を除いたホーイッスル砲の長さは、重いもので 4.83直径、軽いもので5直径であり、新しいモデルでは11直径のものもある。我々の砲兵隊では、20d.・15d. および1827年モデルの15d. のホーイッスル砲がある」と。また「通常のモルチール砲は2.89直径の長さであり、小さいモルチール砲は1.98直径の長さである。我々のところでは、29d.・20d. および13d. のモルチール砲がある（最後のものは、またハンド・モルチールないしは牛角モルチールとも呼ぶ）。さらに、火薬の試験のためのモルチール砲もある（プルーフ・モルチール［proef mortier］）」[21]という。

第2節　ベウセルの砲術書が与えた影響

　そして第1章「C　用いられ方に従った大砲の区分」では、使用状況に応じた大砲の選択という問題が扱われている。そこでは、大砲は野戦砲と砲台砲の二つに大別され、「野戦での敵に対して用いられる砲は、『野戦砲』と名づけられている。ここには、12p.のカノン砲、6 p.の短カノン砲、及び15d.の両方のホーイッスル砲が属している。6 p.のカノン砲と15d.のホーイッスル砲は、部隊の移動に従わねばならないので『隊砲』と名づけられており、一方、12p.のカノン砲は、必要な時に、必要な場所に据え付けられて、しばしば使われるので、『設置砲』と名づけられている。部隊から離れて、戦いを避けている大砲は、『予備砲』と名づけられている[22]」と。

　さらに、「要塞への包囲やその防禦のために使われるところの大砲は、一般的には、『砲台砲』と名づけられ、特に前者は『包囲砲』、後者は『要塞砲』と名づけられている」と説明され、砲台砲としては「24p.のカノン砲、18p.のカノン砲、12p.の長カノン砲、6 p.の長カノン砲およびあらゆる種類のホーイッスル砲やモルチール砲が属している[23]」という。

○書簡の内容との比較

　大砲を大きく2種類にわけ、砲台砲は細かくは攻撃用と防禦用の2種類にわけられるが、使われる砲は同じ種類のものであるとの指摘については、象山の書簡とベウセルの砲術書での記述は同じである。カノン砲についても、象山が3 p.の短カノン砲を付け加えている以外は、書簡とベウセルの砲術書の内容は一致する。

　一方、カノン砲以外では、象山は16d.のホーイッスル砲と50p.石のモルチール砲をあげる。なお、この16d.のホーイッスル砲というのは15d.ホーイッスル砲の間違いではないかと思われる。また、砲台砲として29d.モルチール砲だけをあげているのは、砲台には徳丸原演練で用いられた20d.砲よりも大型の砲が必要と判断したからであろう。

　また、ベウセルの砲術書のこの章では、大砲の各部の細かいサイズについては述べられておらず、それらはまとめて第3巻の表①に記載されている[24]。

これらは、第1節の補論でも紹介したが（38-40頁）、ここでは象山の言明と比較するために、彼が言及する箇所についてのみ、ベウセルの砲術書ではどのように記載されているかを表4に示した。

なお、ベウセルの砲術書の第3巻の表①では、砲の口径や長さ以外にもさまざまな部分のサイズが記されているが、象山が述べているのは口径と長さだけなので、表4でもそれだけを記す。また、参考のために表4では、カルテンの砲術書ないしは、その翻訳書である『海上砲術全書』のカノン砲の口径の値を括弧のなかに示した。[25]

表4から明らかなように、ベウセルの砲術書記載の値と象山が書簡で記している値とは、ほとんど一致していることがわかる。ベウセルの砲術書と象山の書簡とで値が違うのは、6 p.の短カノン砲の口径と3 p.の短カノン砲の長さだけであるが、これも、9ドイム55と9ドイム52、1エル48ドイム55と1エル48ドイム5と最後の桁がわずかに異なっているだけである。一方、ベウセルの砲術書や象山の書簡で記されている値と『海上砲術全書』記載の値とは一致しない。これらのことから判断すれば、カノン砲の長さと口径については、『海上砲術全書』ではなく、ベウセルの砲術書を参照したことは間違いない。

砲車に関しても、ベウセルの砲術書の第1巻第2部「第1章　砲車」の箇所で記述されている砲車は5種類であり、しかも、その全てについて、書簡中の呼称とベウセルの砲術書の原文の名称とが完全に一致する。[26]　また、ベウセルの砲術書のこの箇所では、各々の砲車について、構造と各部の名称が記

表4　ベウセルの砲術書記載のカノン砲の口径と長さ

砲の種類	口径	砲の全体の長さ
24p. カノン	15d.17(15ドイム24)	
18p. カノン	13ドイム74(13ドイム74)	
12p. 長カノン	11ドイム99(13ドイム15)	3エル23ドイム75
12p. 短カノン	11ドイム99	2エル12ドイム82
6p. 短カノン	9ドイム55(9ドイム8)	1エル79ドイム05
3p. 短カノン	7ドイム52	1エル48ドイム55

第2節 ベウセルの砲術書が与えた影響

されている。さらに、第3巻の表④に「包囲砲車」の、表⑤に「要塞砲車」「沿岸砲車」のそれぞれについて、各種の大砲に応じたサイズが記されており、「各其尺度重量を定めて」と象山が述べていることに符合する。[27]

一方、『海上砲術全書』においてはaffuitは「煩車」と訳され、巻之六から巻之八にわたってとりあげられている。巻之六の「海陸煩車総論」では、「大凡煩車トハ、砲煩ヲ載セテ其運用ヲ便ナラシムル者ヲ統名スルナリ」と、まず「煩車」の定義が示される。そして、最初に「舶煩車」が「初メテ製セシ以来著ルク変化スルコトナクシテ、陸煩車トハ其形全ク別ナリ」と紹介されている。

さらにその構造などが紹介されたのち、巻之八の「陸用煩車」のところで、「陸ニテ用ユル煩車ハ、海岸煩車、攻城煩車、野戦煩車及ヒ面砲椅ナリ」と記されており、書簡での分類とは異なっている。これらから判断すれば、大砲の寸法と同様、砲車に関しても、この書簡のなかでの記述は、ベウセルの砲術書に基づいたものであることがわかる。

〇大砲の寸法や運用に関する象山の主張

この書簡に記載されている内容の大部分、すなわち、大砲の用途による区別や各用途ごとに使われる大砲の種類、また、それらの口径や長さについての叙述、砲車の種類などについての記述は、全てベウセルの砲術書に基づく知識である。「火術書もよきもの近日手に入申候」と記したと同じ弘化2年6月の他の書簡では、「火器の用ひ方并にその利害得失も相分り候事多く有之」[28]と象山が述べる背景には、手に入った蘭書の第1巻第1章の最初のところの文意がわかったという事実があったのである。ただし注意しておかねばならないのは、大砲の種類については確かに本文のところからの紹介であるが、砲車については目次からの、ないしは表からの紹介であり、口径や長さも表からの紹介である。

第1節で紹介した装填火薬量と射程距離との関係も表中のデータである。砲術という知識の性格上、数値として表示される事項はかなりの割合を占め

るので、どうしても表を利用することが多くなる。表を利用することのもう一つの理由は、やはり語学力の問題もある。もちろん、表を見るといっても、項目の意味するものが理解できなければ役には立たないが、逆に、その意味するところがわかれば、オランダ語の力がそれほどなくてもかなりの情報が得られるからである。西洋砲術の優位性を語り、大砲の鋳造や運用を行うにあたって、象山は表中のデータを最大限に活用したのである。当時の彼の語学力を考えれば、この選択はきわめて賢明なものであり、改めて象山という人物の目のつけどころのよさを感じざるをえない。

秘伝とされることも西洋書では「ターフル」にまとめられていると説き、知識の全面的な公開を要求する象山の言は、彼の開明性を示すものとして、これまでから高く評価されてきたが[29]、その背景には、第3巻の大部分が表にあてられ、表の多さという点では群を抜いていたベウセルの砲術書の存在があったのである。江川英龍と疎遠になった原因も、実はこの知識の公開の問題に関してであった。それについて、象山は次のように語る。

> 以前は是より文通仕候と必ず直書にて返書も参り候所、其以来是よりは以前の如く二季の附届け等も不相替仕候へども、幾度贈物等進じ候ても返しもめされず候へども返書等は一向来り不申

という状態となり、そのようになった理由として、

> 是はその法を餘りに秘し被申候事を諫め候て、西洋にては印刻に致し外国迄も公然と遣し候法を、本邦にて僅かに是を翻訳し、夫を以帳中之秘にし候て、この天下を一家となし候本邦の人に隠し候と申すは抑々その意を得ぬ事に候間、総て此国に益をなし候思召にて、翻訳の火術書を開板被成、その教授せられ候所は其芸術を以てせられ、其方法の如きは是を天下に公けにして人々しらざるものなき様に被成

と、象山は語る[30]。つまり、象山によれば、2人が疎遠になった直接のきっかけは、これまでの研究で指摘されているように、江川塾での伝習内容や高島流伝書の閲覧の可否という問題ではなく、江川塾での伝習内容をはじめ、西洋砲術に関するありとあらゆることを公開し、それを積極的に広めていく役

第2節　ベウセルの砲術書が与えた影響

割を江川に求めたことにあるというのである。(31) ここにも、ベウセルの砲術書が象山に与えた影響の大きさの一端をうかがい知ることができる。

（3）砲弾の運動

○『海上砲術全書』に述べられていない内容

　第1節でも紹介した嘉永4年（1851）の大砲の試射によるトラブルのなかで象山が書いたのが、「感応公に上りて玉落の件につき陳情草稿」(32)（同年3月）である。この「陳情草稿」では砲弾の軌道が放物線を描くこと、空気の抵抗があるときは放物線からずれること、そのため大砲の発射角は種類によって異なることが述べられ、それを基に自分の大砲試射は間違っていない旨を主張している。

　この「陳情草稿」の内容について川尻信夫は、これらの象山の知識は、「先年来研究してきた何冊かのオランダ砲術書、特にカルテンの著作から来ている」とし、さらに「いま引用した部分は、この本を幕命によって杉田成卿らが翻訳した『海上砲術全書』（巻の十七、弾の行道）（天保14年）とほとんど同じである」とする。(33) しかしながら、川尻はこの「何冊かのオランダ砲術書」について、カルテンの著作以外には具体的に示しておらず、またカルテンの翻訳書が『海上砲術全書』に相当することから考えると、結局のところ、ここでの象山の運動学に関する知識は、翻訳書である『海上砲術全書』によったものであるということになる。

　筆者も、この「陳情草稿」における象山の言及の多くが、『海上砲術全書』に基づくことを否定するものではない。実際、砲弾の飛行経路が放物線をなすこと、(34) 大砲の発射角が種類によって異なること(35) 等の記述に関しては、象山が「陳情草稿」で語る内容と『海上砲術全書』における記述は同一である。しかし、詳しく検討してみると表現が異なる箇所もある。

　『海上砲術全書』では空気の抵抗の影響について、次のように述べられている。

　　然レトモ、弾ハ□空ノ処ヲ飛行スルニ非ス。空気ト名ツクル流動体中ヲ

飛行スルナレハ、常ニ空気ヲキリテ行クナリ。是ニヨリテ空気ノ対抗ヲ受ク。而シテ弾行クコト愈疾ナレハ対抗ノ力愈大ナリ[36]

それに対し、「陳情草稿」では次のように、この抵抗の大きさが具体的に述べられている。

(ア)濛気と申もの（即ち空気の義にて、明人の訳に御座候）有之、いちじるしく飛行の弾丸の勢を害し申候。其弾丸の勢を害し候事、窮理家に於て既に算法を以て其数を算し得候□にて、即ち自乗の数に御座候。譬へばその飛行の勢二倍速かなるものは四倍の害を受け、三倍の速かなるものは九倍の害を受け候義に御座候[37]（カッコ内は原文割書）

さらに、空気の影響があるときの砲弾の落下角については、『海上砲術全書』では数値をあげずにごく簡単に述べられているのに対し[38]、「陳情草稿」では、例えばカノン砲の場合には、次のように、発射角を20度にする理由や発射角が決まったときの落下角の値が紹介されている。

(イ)カノンの如き長筒にては、五六度の矢位にて打候時に玉落の度は七度半或は十度（已上五度にて打ち候時なり）、九度或は十二度に到り候。此義は、西洋の窮理火術書数部中に就て講究仕、又実験仕候て明証ある義に御座候[39]（カッコ内は原文割書）

また、モルチール砲については、以下のように、砲身の長さが口径により決まっているので45度で発射してもよいとしている。

(ウ)独モルチールのみ、濛気の害を受けざる様西洋の人深く工夫を用ひ、筒内玉を容れ候所の長さをも筒の大小に依てこれを定め、則二十九ドイムのモルチールは一口径一三の長さに仕、薬□も形違ひ候に付、矢張一六三の割合に相当申候。二十ドイムは一口径六六七、十三ドイムは一口径二四六と相定め候事[40]

〇ベウセルの砲術書における記述との比較

上記の(ア)～(ウ)に示した内容は『海上砲術全書』にはみられず、逆に本節で問題とするベウセルの砲術書のなかに同様の記述が見いだされる。まず、

第2節　ベウセルの砲術書が与えた影響

(ア)と(イ)の内容と関連する記述を紹介する。

　ベウセルの砲術書の第2巻第1部の最初のところでは、実際に大砲を打つ上で必要な事項が詳しく解説されている。第2巻「第1部　大砲の発射」「第1章　一般的な概観」では、まず最初に、弾道や射撃面、地上の基準線など砲弾の運動の様子を扱う上での基本となる用語の説明がなされる（§1）。そして、次の§2では「砲弾の飛ぶ曲線の形は、装塡された火薬の燃焼で砲弾が得るところの衝撃の強さや方向に、また、砲弾の重さや形に、そして空気の抵抗にも左右される。この曲線の形を学び知るためには、曲線の様子に影響を与えるものを、それぞれ調べねばならない」と、砲弾の運動に影響を与える要素があげられ、以下の節で各々について解説されている。

　§3では、衝撃の強さ、つまり砲弾に与えられる力の強さについて、§4では砲身の長さ、§5では砲身の空間、§6では砲弾の重さ、§7では砲弾の位置、§8では衝撃の方向について各々説明されている。そして、§9では物体の落下について「重さのある物体は、それが支えられていないなら、垂直の方向に、つまり地面に向かって落ちる。経験によれば、自由に落ちていく物体が持っている速さは、空気の抵抗が著しくないならば、決まった法則により、空間だけでなく時間とともに増えていく」と記されている。

　引き続いて、§10では空間に発射された物体は「パラボラと呼ばれる曲線」となること、「発射角が45度のとき最大の射程距離が与えられる。そして、45度の発射角と異なれば、それに応じた射程距離が与えられる」ことなどが記述されている。さらに、§11では「発射された物体は、空気中ではかなりの抵抗を受ける。中程度の速さでは、抵抗は速さの2乗の割合で増加する。つまり、2倍の速さは4倍の抵抗に、3倍の速さは9倍の抵抗にというように、速さが大きくなるほど抵抗はさらに大きくなる」と、先の(ア)の文章と同じ内容の事柄が記されている。

　続く§12では、実際の軌道においては、上昇していく場合と下降していく場合とで少し様子が違うことが語られ、それと関連して「下降する部分については、上昇していくときよりも急勾配である。というのは、その最終の近

くでは、衝撃を与えた方向に物体が動かされるところの速さの働きよりも、重さの働き方がより大きくなるからである。実験によれば、次のようにいうことができる。カノン砲では、5ないし6度よりも大きくないときには、落下角は発射角のおよそ1.5～2倍くらいである」との記述がある。(44) 5～6度の発射角で撃てば落下角は「七度半或は十度」であるという、象山が(イ)で述べていることと同じ内容の記述である。

次に、(ウ)の文章について考察する。ベウセルの砲術書の第3巻の表③には、モルチール砲の種類とサイズがまとめられており、そこで記載されている砲の長さと口径およびそれらの値からその両者の値の比を筆者が計算したものを表5に示す。(45)これを見ると、筆者が計算した口径と長さの比の値は、(ウ)の比の値とよく一致している。そして、この記述がある§12が終わり、次の§13が始まるあたりに赤通しが残されており、象山がこれらの箇所を注目していた様子がうかがえる。(46)

表5 モルチール砲の口径と長さの比

	29d.	20d.	13d.
砲口から薬室の先端までの長さ(エル)①	0.3292	0.3357	0.1635
砲口の直径(エル)②	0.2914	0.2014	0.1312
口径と長さの比(①／②)	1.13	1.667	1.246

○砲弾の運動と象山

上で述べたことは、嘉永4年の「陳情草稿」は、これまでいわれていたように翻訳書である『海上砲術全書』にのみ基づくのではなく、ベウセルの砲術書での記載内容をも加味したものであることを示している。しかも、象山の叙述は内容を理解した上で象山なりに噛み砕いて書かれており、今日の運動学からみてもほぼ誤りのないものである。大砲の試射に失敗してから2カ月もたたないうちにこの草稿が書きあげられたことから考えると、象山は以前からベウセルの砲術書第2巻のところの知識を得ていたと思われる。前項で述べた大砲の種類や用途による分類については、内容的にも容易であり、

第 2 節　ベウセルの砲術書が与えた影響

蘭文を通してその意味をくみ取ることも、それほどむずかしくはない箇所である。しかし、本項で対象とした内容を、つまり、ベウセルの砲術書第 2 巻の最初のところを自力で理解することは不可能であったはずである。象山は、蘭学者の援助が期待できる江戸にいたときに、この箇所を読んでおり、それが、この「陳情草稿」を書く段になって生きてきたのであろう。しかし、ともかくも運動学的な内容を実際の砲弾の運動の様子と結びつけて把握し、結果として、落下角の減少や砲の種類の違いによる発射角の相違などの現象を理解していたことは確かである。

　また、先に紹介した§13の数ページ後には、砲弾の軌道と発射角の「方向を定める方法」について述べられた項目のなかで、「直線 CD を E の方に延長すると、それは地面の基準線と交わる。数学的な基礎［wiskunstige gronden］によれば、これと CA のなす角 DCA は発射角の大きさを示している」[47]という箇所に、赤通しが残されている。発射角については、象山は上にも示したように何度も言及していることを考えれば、この赤通しは wiskunde（数学）という言葉に注目したからではないかと筆者は推定している。

　「小弟、多年、西洋之書を兼ね学び、天地万物の実際を窮め、詳証術分析術等の大略をも心得、大砲小銃諸器械の製作使用をも講究し、攻戦守禦の陣法戦術に渉り候て東西の所長を兼取り一家の言を成し候はんと謀り候」[48]として、象山が数学、彼の言葉でいえば、「詳証術」つまり wiskunde に言及する背景には、この項で述べたような内容を自分が理解していたということもあったのではないだろうか。

（4）『砲学図編』

○『砲学図編』の概要

　嘉永 4 年（1851）の象山の著書『砲学図編』は、砲弾をはじめ砲術に必要なさまざまな器具が、「弾」「鏡版」「薬嚢」「火管」および「用器」と大きく五つの項目にわかれて図示されており、それぞれに寸法が細かく記されたものである。『砲学図編』の執筆の動機の一つは、前年に浦賀の砲台をみてま

表6 『砲学図編』で取り扱われている項目

I —弾(projectiel, kogel, bommen, granaten, brandkogel, blikkendoos-kogel)

『砲学図編』における項目	ベウセルの砲術書における項目
地砲弾	表⑫(p.37)の"kogels"の項
鉄殻焼弾	表⑫(p.37)の"Brand-of holle kogels"の項
地砲鉄奮弾	表⑫(p.38)の"Blikkendoozen"の項
人砲鉄奮弾	表⑫(p.38)の"Blikkendoozen"の項
地砲蒲桃弾及び椅	
猊龍砲蒲桃弾椅	
地砲石榴弾	
石榴弾	表⑫(p.39)の"projectiles"の項
焼弾骨	

II —鏡版(spiegel)

『砲学図編』における項目	ベウセルの砲術書における項目
地砲弾鏡版	表⑫(p.37)の"kogelklossen"の項
石榴弾鏡版	
鉄殻焼弾及石榴弾鏡版	表⑫(p.37)の"Brandkogel-en granaat klossen"の項
人砲鉄殻焼弾及石榴弾鏡版	表⑫(p.37)の"Brandkogel-en granaat klossen"の項
鉄弾天砲鏡版	表⑫(p.39)の"kogel mortier van 29 duim"の項
石弾天砲鏡版	表⑫(p.40)の"spiegels tot steenmortieren"の項

III —薬嚢(patroonzak)

『砲学図編』における項目	ベウセルの砲術書における項目
地砲毛布薬嚢式	表⑮(p.44)の"voor gewone schoten"の項
猊龍砲毛布薬嚢式	
人砲毛布薬嚢式	表⑮(p.44)の"voor gewone schoten"の項
地砲躍射毛布薬嚢式	表⑮(p.44)の"voor ricochet schoten"の項
人砲躍射毛布薬嚢式	表⑮(p.44)の"voor ricochet schoten"の項
紙薬嚢	

IV —火管(buis)

『砲学図編』における項目	ベウセルの砲術書における項目
石榴弾火管	表⑬(p.43)"afmeting der buizen"の項

V —用器(werktuig, gereedschap)

『砲学図編』における項目	ベウセルの砲術書における項目
地砲薬嚢轆轤	表⑮(p.45)の"kanon patroonrolders"の項
人砲薬嚢轆轤	表⑮(p.45)の"kanon patroonrolders"の項
老石榴弾鉤	表⑪(p.30)の"bomhaak"の項

第2節 ベウセルの砲術書が与えた影響

わったとき、人びとが知らない砲術関係の用具について、自分が知っており、それを教えたということにあった。[49]

　この『砲学図編』は「和蘭砲書に拠り其の真形を模し、長短大小毫髪をも爽へず。更に各部に於て細かに分寸を記したるものにて、本邦銃砲史上特筆すべきものなり。嘉永四年十月稿を脱し、同六年二月製本出来す」とされて[50]いるにもかかわらず、そのなかで記載されている内容がどのような「和蘭砲書」に基づいているのか、これまでは不明のままであった。ところが、『砲学図編』のなかで記された個々の砲弾などの細かな寸法のかなりの部分は、本節で対象としているベウセルの砲術書に記載されている値と一致していることが判明した。ここではそのことを簡単に記す。

　『砲学図編』のなかで取り扱われている砲弾や用具の全ての項目を表6に示す。但し、「用器」については、ベウセルの砲術書と直接、数値が一致するものは少なく、その全てを記載するのは煩雑となるので一致しているものの項目だけを記した。そして、『砲学図編』に記載された数値と「ベウセル」[51]の砲術書の数値とが部分的にでも一致しているものがある項目については、それぞれの項目の右欄にベウセルの砲術書の第3巻の表の番号と該当するページおよび表中の項目名を示した。

〇具体例──「地砲鉄奮弾」および「人砲鉄奮弾」

　『砲学図編』に記載された数値とベウセルの砲術書の数値とが部分的にでも一致しているものがある項目を一つ一つ示すことは極めて煩雑となるので、ここではその一例として、「弾」のなかの「地砲鉄奮弾」及びび「人砲鉄奮弾」だけを示し、詳しくは本節の補論に記す（71-76頁）。『砲学図編』では図1に示すように、6 p.から24p.までのカノン砲と15d.のホーイッスル砲に対する「鉄奮弾」と呼ばれる弾丸が図示され、図中に各部の寸法が細かく記されている。

　他方、ベウセルの砲術書の第3巻表⑫のBlikkendoozenの項目には、やはり各部の大きさが一覧表としてまとめられており、その値は、『砲学図編』

に掲載された値と大部分で一致している。その一致している数値を表7に示す。『砲学図編』では、図1のように各部の名称は記されておらず数値のみしか記入されていないが、ベウセルの砲術書ではその名称が記され

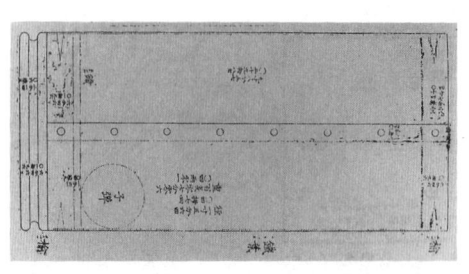

図1　地砲鉄奮弾(『増訂　象山全集』所収)

ているので、表7の各部の名称は、ベウセルの砲術書に従った。なお、寸法が記載されている箇所はベウセルの砲術書の方が2カ所多い[52]。また、「全体

表7　『砲学図編』とベウセルの砲術書で数値が一致しているもの
（重さの単位は「Ned. ポンド」、長さの単位は「ドイム」）

	24p.	18p.	12p.	6p.	20d.	15d.	15d. (1827)
筒の鉄の部分の高さ	29.87	27.41	24.20	19.73	22.4	25.62	12
筒を作る鉄葉の端の重なる幅	1.31	1.31	1.31	0.98	1.31	1.31	1.31
鉄の部分の底の厚さ	0.49	0.49	0.49	0.49*	0.49	0.49	0.5
木のふたの厚さ	1.96	1.96	1.96	1.64	2.29	1.96	2
筒の中に入っている木の厚さ	1.96	1.79	1.64	1.31 (1.50)	1.96	1.96	1.5
筒の外の木の厚さ	1.96	1.79	1.64	1.64	6.54	4.91	2
鉄部の底、及び木のふたの径	14.33	13.04	11.4	8.99 (9.0)	19.42	14.33	14.33
全体の径**	14.625	13.235	11.585	9.13	19.62	14.625	14.625
弾が入っている状態での平均的な重量	18.17	13.98	9.24	4.69 (4.44)	22.14	15.3	7.5
子弾の径**	4.74	4.31	3.76	2.96	6.43	4.74	2.96
子弾の重量*	0.401 (0.385)	0.304 (0.288)	0.202 (0.188)	0.092 (0.092)	1.001 (0.950)	0.401 (0.385)	0.092

注1：『砲学図編』で「15拇長人砲鉄奮弾」と表示されているのは、ベウセルの砲術書では、1827年製砲と表現されているので、15d. (1827)と示した。
　2：6p. の欄の＊印は、ベウセルの砲術書では、0.50となっている。
　3：表中に( )で示した値は、ベウセルの砲術書での値である。
　4：ベウセルの砲術書に記載されている数値の平均値が、『砲学図編』に記されているものは、＊＊印を付して示した。

の径」と「子弾の径」については、ベウセルの砲術書では、上限と下限が示されているのに対し、『砲学図編』ではただ一つの値だけが記されている。ところが、興味深いことに、『砲学図編』の値は、ベウセルの砲術書の上限と下限の値を平均したものにほぼ等しい。ただし、「子弾の重量」については、『砲学図編』とベウセルの砲術書の両者でその値は少し異なるが、全体としては、『砲学図編』に記載されている値とベウセルの砲術書の表中の値は、細かい部分にいたるまで一致しており、改めて象山がベウセルの砲術書を重宝した様子がうかがえる。[53]

（5）砲　　　台

○嘉永3年(1850)の「草稿」の内容

　嘉永3年（1850）、江戸湾の砲台の不備を警告した「沿岸防禦の不完全を指摘し、幕府に上らんとせし意見書（草稿）」において、大砲や砲台についての自己の主張を裏付けるために、象山は西洋の知識を紹介する。例えば、以下のようなものである。

　　（ア）海浜の台場は、近来の洋説を審に仕候に、海水の上、高さ六間より六間半迄を定法と仕候様奉存候（以前の法は、敵舶の近寄り候べき海の深浅を測り、敵舶、海岸より百間の所まで近寄可申台場には、其高さ八間に仕り、又二百間の外にかゝるべき所には十六間の高さに仕候様見え候へども、近来は追々実験の上にて、台場を低く仕候事と奉存候）。六間より低く候ときは、敵船の上より陣中を手易く見すかされ、又敵船より打出候リコセッテンスコート（訳して趯射など申候）と申丸に中り易く候故に、夫を避け候為に六間より低くは仕らぬ義に御座候。又六間半より遥に高く候ときは、吾が大砲の矢きヽ、不宜不便に候故、是より余計の高さをば嫌ひ候義に御座候（カッコ内は原文割書）[54]

つまり、砲台については、砲台を設置する高さが6間ないし6間半ぐらいが適当である。それより低いと、敵から見えやすく敵の砲弾を受けやすい。一方、6間半より高いと、こちらの砲弾の狙いが定まらない。「以前の法」

では、敵船が海岸までどれくらい近づけるかによって、その高さは変化した。敵船が海岸より100間ぐらいまで近づけるときは、砲台の高さは8間ぐらいとなり、近づく距離が200間だと高さは16間になったが、近年は実験の結果もっと低くしていると。

  （イ）海岸台場に備へ候には、別にモルチールバッテレイと申を置候て、夫に備へ候義に御座候。ホウウキッツルも同じ筋にて、海岸台場に用ひ候事御座候へども、カノンと打混じ一所に備へ候事は無御座、必ず別にホウウキッツルバッテレイを築立候義に御座候[55]

つまり、砲台用モルチールや砲台用ホーイッスルという特別の砲が必要であるという。

  （ウ）如何と御座候に、西洋にて廿四ポンドのカノンと申は、玉の大さ大凡此方の五貫目余にて、其筒の長さ一丈有余に御座候。此砲に一貫目余の火薬を装ひ、十一度の矢位を以て打出し候に（西洋諸国にては、中りを慥に仕候を尚び候故に、余計の高度は打不申、カノン砲は大抵十一度を以て限と仕候）其玉漸く廿五町に達し候義に御座候[56]（カッコ内は原文割書）

つまり、長さが1丈ほどある24ポンドのカノン砲には5貫目ぐらいの砲弾を用い、1貫目程度の火薬を装填して、仰角11度ぐらいで撃てば砲弾は25町ほど飛ぶという。

○ベウセルの砲術書における砲台の記述

 まず、象山が述べている内容が、ベウセルの砲術書にも記載されているかどうかを確かめる。

 ベウセルの砲術書の第2巻第5部第3章「G　沿岸砲台」では、沿岸砲台の目的が列挙された後、砲台の高さについて、「この目的を達成するために、砲台は、島の上、岩などでできた丘の上、沿岸から海の方に突き出た所などに設置される。それは砲撃する物体を容易に見つけられるように、十分な高さをもって設置される」と記されている[57]。そして、低い砲台の欠点を指摘した後、その高さの決め方について次のように述べられている。

第2節　ベウセルの砲術書が与えた影響

　海面から砲台の立っている地面までの最も適した高さは、船が沿岸に接近することができるところの距離に依存している。水面上で砲弾をうまく跳射させるためには、入射角がおよそ4～5度になるように砲口を向けねばならない。この効果を生み出すためには、船が沿岸に接近することができる距離を知らなければならない。例えば、浅瀬の先端から200エルほどである等。つまり、数学的な計算では、上記の高さは、4～5度以下の方向のときには、15.74ないしは17.50エルぐらいである。同様に、船が400エルよりも近くに海岸に接近できないなら、砲台は、海面上、31.48ないし35エルでも跳射射撃に対して、何の利点も失わない。[58]

　このように、船が200エルまで近づけるときには約15から17エル、つまり110間ほど船が海岸から離れているときは砲台の高さは8間半より低くはなく、400エル離れたときはその倍であることが記されている。これは、上述の(ア)と趣旨は同じであり、数値も近い値である。

　また、ベウセルの砲術書第2巻第5部第3章「G　沿岸砲台」の「c　沿岸砲台の武器」では、沿岸砲台には、「砲台用のモルチールおよびホーイッスルが困難なく十分よく見える高さに設置される」[59]と、(イ)と同じように砲台用の大砲の必要性が記されている。

　(ウ)の内容については、ベウセルの砲術書によるのかどうか判定はできない。確かにベウセルの砲術書では、24p.カノン砲の長さは3エル43ドイム99つまり1丈1尺あまり（表①）、砲弾の重さは11.4ポンドつまり三貫あまり（表⑫）、装塡する火薬の重さは4ポンドつまり1貫あまり（表⑳）と両者の値は近いが、発射角については20度を限りとするベウセルの砲術書とは異なる。

○『鈴林必携』
　象山が砲台について述べる内容は、ベウセルの砲術書にも似たような記述があるが、しかし、砲台の高さの問題にしても、数値は大砲の寸法の場合のように完全に一致しておらず、出典は他の書物である可能性も存在する。そ

の一つとして筆者が推定するのが、『鈴林必携』という書物である。

　この草稿と相前後して佐賀藩の本島藤太夫に宛てた返書では、砲術に関する参考書として、ベウセルの砲術書と並んで、和書である『鈴林必携』をあげている。『鈴林必携』とは田原藩の上田亮章が著わし、下曾根信敦が校閲、初篇は嘉永4年の序、第二篇は嘉永6年の序がある書物である。各種大砲や砲車の寸法、大砲の点検法、砲弾、各種大砲の射程距離、火薬というのが初篇の内容である。第二篇は砲台、堡塁、兵の編成などが主な内容である。初篇はほぼ全体が表であり、第二篇もかなりの程度が表としてまとめられている。砲弾の運動を除いて、本節で示したような内容の大半は、全て表中に記載されているが、多くの場合ここでの数値は、象山があげるものとは異なっている。

　渡辺崋山以来の象山と田原藩とのつながり、下曾根信敦にたいする象山の高い評価などを勘案すれば、『鈴林必携』で記されている内容のいくつかについては、公刊以前にも象山が知っていた可能性は十分に考えられる。先の(ウ)のように、数値がおおよそしか示されていないときは、この『鈴林必携』なども考慮せねばならない。実際、24p.カノン砲については、『鈴林必携』では最大の仰角は11度、そのときの到達距離はおよそ25町となっており、(ウ)の記述はむしろ、この『鈴林必携』を参照した可能性の方が高いのではないかと考えられる。また、『鈴林必携』の第二篇では、先の(ア)における砲台の高さの決め方と同じ趣旨の決め方が記されているが、その数値はかなり異なっている。なお、この『鈴林必携』は現在、真田宝物館において所蔵されている。

（6）砲術に関する象山の知識

　高島秋帆の徳丸原演練が天保12年（1841）、江川英龍が正式に門人を採り始めたのが天保13年、それから3年後の弘化2年（1845）、わが国における西洋式砲術の歴史のなかでは比較的早い時期に、象山はベウセルの砲術書を入手した。当時、翻訳が成り、識者の間には知られていた『海上砲術全書』

第2節　ベウセルの砲術書が与えた影響

ないしはその原本であるカルテンの砲術書は、船舶に搭載される大砲が中心であり、陸上で使われる砲を中心に記載されたこのベウセルの砲術書は貴重であった。また、全3巻のうち一つの巻のほぼ全てが「ターフル」つまり表の掲載に割かれているというこの砲術書の体裁は、当時、舶載された砲術書のなかでも際だった特徴をなしていた。この表には、象山ならずとも興味を惹かれたことと思われる。しかし、いくら表として数値がまとめられているといっても、ある程度の知識がなければ表の意味するところはわからない。これまでの伝統的な砲術の知識を援用するとともに、残り2巻の本文に記述されている内容をも把握する必要が生じる。幸いにも、象山は弘化3年(1846)の5月まで江戸にいたので、蘭書の内容を把握することが可能であった。

つまり、「ヘルドヂーンストには困り果て候。何分微力にては励れ不申候故、赤澤生を一六の日にやとひ候て読みもらひ候所、やはり六ケしく候」[62](弘化2年3月)「折々深川辺迄も麹町辺迄も風塵暑雨を避けず通ひ候て、不分明之所を捜し候様に仕」[63](同年5月)と、坪井塾やおそらく田原藩へ通い、蘭書の読解に関する援助を受けていたのである。なお、この「ヘルドヂーンスト」とは、象山が最初に入手した軍事関係の蘭書で、チールケ(J.G. Tielke)により1793年に著わされた兵学書である[64]。この書物は兵学書であり、しかも少し古いので、読書の中心は、おそらくベウセルの砲術書の方に移っていったと思われる。

象山は、実質、1年間ほど坪井塾の赤沢寛堂らの助けを借りて、このベウセルの砲術書を読み、砲術に関する知識を蓄え、第3巻の表の意味するところを理解していったのである。砲術に関する象山の基礎知識は、この1年間、ベウセルの砲術書を通して形成されたといっても言い過ぎではない。そして、その成果の一端が披露されたのが、本節でとりあげた書簡や上書の草稿だったのである。

もちろん、象山は砲術に関する知識の獲得と並んで、あるいはそのためにも不可欠な、実際に大砲を操作する方法も学んでいった。象山が大砲を操作

したのは、「県令拝借之洋製之モルチール銃を以打放仕候」と、韮山の江川塾で打たせてもらったのが最初である。江川と疎遠になってからも、「下曾根殿へ参り稽古致し、此度も下曾根殿にて徳丸原に於て大調練有之候内へも加り」(弘化2年5月)と、下曾根信敦のところで大砲操作の実践を行っていた。また、「実弾をも五発相試候所、筒の様子も到て宣し」(嘉永2年4月)と、松代に帰ってからも大砲発射の実践を行っていた。

　先に紹介した象山塾の「免許状」では、習得事項として「一　砲兵隊長号令法、一　長短カノン表、一　大小ホウウキツル表、一　大小モルチール表」があげられている。後者の3つの項目は、大砲の重量や寸法、発射角や火薬の装塡量と射程距離との関係など、いずれもベウセルの砲術書記載の各種の表に基づくものであることは明らかである。最初の項目の「砲兵隊長号令法」はベウセルの砲術書には記載がないが、「大銃打前号令之詞……(中略)……煩砲用法などの巻末に附録仕候」と、弘化4年(1847)に杉田成卿により翻訳された書物などを参照しながら、松代在中から、その方面の知識も仕入れていたことがわかる。この『煩砲用法』は現在、真田宝物館において所蔵されている(兵書9-1-85)。

　嘉永3年(1850)に江戸に出たとき、すでに象山には上述のような準備があったのである。本節で紹介した『増補　煩砲射擲表』や『鈴林必携』、あるいは『西洋砲術便覧』など、象山があげるような具体的な数値が掲載される書物が出版されるようになるのは、もう少しのちの嘉永から安政にかけてであり、ベウセルの砲術書を基にした象山の知識は、当時の人びとにとっては、やはり貴重であった。その上、儒者としても名高かったこの知識人が、大砲試射の経験もあり、鋳造さえも行ったことがあるという。砲術家として一家を成したことは当然の帰結であった。ベウセルの砲術書の入手とその読解は、砲術家象山の形成にとって欠くことのできないものであり、とくに「知識」という面に限っていえば、最も重要な事柄だったのである。

（1）　池田哲郎「象山蘭語彙——佐久間象山の使用したオランダ語——」(『蘭学

第2節　ベウセルの砲術書が与えた影響

資料研究会研究報告』54、1959)。なお、池田によれば、象山においては「b, f, h, p, v は混用される」例として、「schoffel スコフベル、karabijn カラビーン、patroontas ハトロンタス、parabool バラホール」などをあげている。ちなみに、この Beuscher のことが話題にのぼる箇所は、『象山全集』の巻二の p.147 と p.148、巻三の p.380、巻五の p.610 などがあるが、そのいずれにおいても「ペウセル」と記されている。

(2)　近山與士郎『佐久間象山先生遺品について』(1985) p.6。

　　近山は「残念なことは」として、「番号順に申しあげると、十三番・十四番・十五番が紛失しております。更に二十番ベンスヘルが全三巻のうち二巻を紛失させられている」と述べている。さらに、紛失物として「二番ヘールスメーテルの書中、銅版図入りとなっておりますが銅版図は全く見当たらず、切り取った形跡があります。十番サハルトの工兵初問では七枚、十一番同じくサハルトの要塞初問では九枚、末尾の図面が切り取られておりますが、これは、象山がこんなに切り取ってしまっているかどうか、甚だ疑問です」としている。

(3)　J. MacLean : The introduction of books and scientific instruments into Japan, 1712-1854, *Japanese Studies in the History of Science*, 13, 1974, p.47・51.

(4)　「日本見在蘭書目録」(『日新医学』第41巻第1号、1957) p.57。

(5)　この書の「例言」によれば、ベウセル著の1836年版のものと、オーフェルストラーテン著の1842年版のものを下敷きにしたと記されている。

　　さらに、この『増補煩砲射擲表』をもう少し詳しく見ると、『増補煩砲射擲表』に掲載されている「信管尺度并静止焚熱時限表」はベウセルの砲術書の表13に、「銅製長喝噰煩射弾表」は表20に、「短喝噰煩射弾表」は表21に、「十五寸短和微砲榴弾射擲表」は表24に、「二十寸和微砲榴弾射擲表」は表22に、「十五寸長和微砲射擲表」は表23に、「二十九寸天砲勃謨射放表」は表25に、「十三寸天砲榴弾射放表」は表27に各々対応している。

(6)　信濃教育会編『増訂 象山全集』(信濃毎日新聞、1934-35) 巻三、p.341。

(7)　池田哲郎「佐久間象山と蘭学 —— 象山書志 ——」(『福島大学学芸学部論集』第10号、1959) p.79。

(8)　このカルテンの砲術書 (J. N. Calten : *Leiddraad bij het onderrigt in de zee-artillerie*, Delft, 1832, 国立国会図書館蔵) は、本文だけでも416ページもある大部のものである。また、その翻訳書である『海上砲術全書』は全28巻にもおよぶ。一方、真田宝物館蔵の写本は、「壱」が140枚、「弐」が200枚、「参」が111枚という分量である。また、原書のカルテンの砲術書には、随所に図版や表が挿入されており、翻訳書でも、図版だけで1巻としている (例えば静嘉堂文庫蔵のもの)。それに対し、この写本には図版はなく、そのリストが掲載されているだけである。

（9） 例えば、赤通しの最初の箇所は、「火薬の通常の成分は、硝石、硫黄および木炭であり、その混合物の効力は、その成分に依存している」（原書ではp. 6に該当）という内容のところである。
(10) 「坪井への封物は例の海砲全書に有之候。御口上にても宜布御礼御申被下度候。但少々大封にて、気の毒に存じ申候」（嘉永元年8月7日、雨宮右京宛書簡、前掲(6)巻三、p. 439）とあるように、この「海砲全書」が『海上砲術全書』に相当するとすれば、象山はこの頃までには、『海上砲術全書』に眼を通していたことになる。また、真田家文書のなかの「御書物拝借覚」（国立史料館蔵）では、『海上砲術全書』6冊を象山が借りたことになっている。
(11) 　前掲(6)巻三、p. 302。
(12) 　前掲(6)巻三、pp. 341-342。
(13) 　前掲(6)巻三、p. 320。
(14) 　前掲(6)巻三、p. 380。
(15) 　前掲(6)巻三、p. 375。
(16) 　前掲(6)巻三、pp. 380-381。
(17) 　前掲(6)巻三、pp. 375-376。
(18) 　W. F. Beuscher : *Handleiding voor onderofficieren, tot de kennis der theoretische en practische wetenschappen der artillerie*, 1ste stukje, 's Gravenhage en Amsterdam, 1836, p. 4.
(19) 　前掲(18)1ste stukje, p. 5.
(20) 　前掲(18)1ste stukje, p. 4.
(21) 　前掲(18)1ste stukje, p. 5.
(22) 　前掲(18)1ste stukje, p. 5.
(23) 　前掲(18)1ste stukje, p. 6.
(24) 　前掲(18)3de stukje, p. 3.
(25) 　杉田立卿ほか訳『海上砲術全書』（天保14年＝1843成稿）巻之三。なお、『海上砲術全書』については、筆者は、主に京都府立総合資料館蔵のものを参照した。この『海上砲術全書』では3 p. カノン砲はとりあげられていない。また、12p. カノン砲の口径は、『海上砲術全書』では13ドイム15となっているが、原本であるカルテンの砲術書（前掲(8)、国立国会図書館蔵）を見ると、12ドイム15となっており（p. 46とp. 47の間）、おそらく筆写の際の誤りであると思われる。
(26) 　前掲(18)1ste stukje, pp. 45-60.
(27) 　前掲(18)3de stukje, pp. 8-11.
(28) 　前掲(6)巻三、p. 344。
(29) 　源了圓『佐久間象山』（PHP研究所、1990）pp. 102-104。
(30) 　前掲(6)巻三、p. 324。

第2節　ベウセルの砲術書が与えた影響

(31)　これまでの研究としては、仲田正之「江川英龍の砲術教授と佐久間象山」（『駒沢史学』第19号、1972）pp. 69-82、『韮山代官江川氏の研究』（吉川弘文館、1998）pp. 464-474、戸羽山瀚『江川坦庵全集』中巻（1962）pp. 285-298（復刻は別巻一、厳南堂書店、1979）があげられる。
(32)　前掲(6)巻二・上書、pp. 91-97。
(33)　川尻信夫『幕末におけるヨーロッパ学術受容の一断面』（東海大学出版会、1982）p. 295。
(34)　前掲(6)巻二・上書、p. 94。および前掲(25)「巻之十七　射放擲放篇一」の「弾ノ行道」。
(35)　前掲(6)巻二・上書、pp. 93-94。および前掲(25)「巻之十七　射放擲放篇一」の「射放ニ諸般アルヲ論ス」。
(36)　前掲(25)「巻之十七　射放擲放篇一」の「弾ノ行道」。
(37)　前掲(6)巻二・上書、p. 94。
(38)　前掲(25)「巻之十七　射放擲放篇一」の「弾ノ行道」。
(39)　前掲(6)巻二・上書、pp. 95-96。
(40)　前掲(6)巻二・上書、pp. 94-95。
(41)　前掲(18) 2de stukje, p. 2.
(42)　前掲(18) 2de stukje, p. 4.
(43)　前掲(18) 2de stukje, p. 5.
(44)　前掲(18) 2de stukje, pp. 5-6.
(45)　前掲(18) 3de stukje, p. 5より作成した
(46)　この赤通しは、§12ではなく§13に対して貼られた可能性もあるので、§13の内容を以下に示す。
　「これまで述べられた状態というのは、軌道に影響を与えるものは何もないので、それにより、軌道を計算できるところの決まった法則で、いつも一つの曲線がかたちづくられる。これまで知られているほどは十分に正確に知られていないこと（例えば空気の抵抗）や変わりやすい量に関係していること（例えば、火薬の力により生み出される衝撃力のようなもの）のために、望ましい軌道を完全に生み出すことができなくなるか、あるいは、よく知られていない要素により、砲弾の軌道を予め示すことができなくなるからである」（前掲(18) 2 de stukje, p. 6. これは§13の最初の箇所である）。
　このように、§13の最初のところでは、実際の砲弾の軌道はさまざまな要因によってきちんと定まらないという趣旨の記述があり、象山には耳の痛い記述である。もっとも、この内容を象山が心得ていたとしても、そのようなことはとてもいえなかったのが、この「陳情草稿」を書いたときの状況であった。
(47)　前掲(18) 2de stukje, p. 13.
(48)　前掲(6)巻四、p. 230。なお、この書簡は、「詳証術」という言葉がはじめ

て出てくる書簡である。
(49)　前掲(6)巻三、p.592。
(50)　前掲(6)巻二・砲学図編の扉。
(51)　「用器」のうち、表6に記していないものは、以下に示すように、相当の部分を占める。しかし、全体的な比重からいえば、「弾」などの方がかなり多い。
獦龍砲薬嚢轆轤、薬斗、地砲薬嚢漏斗、結木、火筯模、火筯杵、火筯轆轤、火筯槌、火筯硯、火莢模、火莢模座、火莢杵、火莢轆轤、火莢漏斗、二十九拇及二十拇火管匕、十五拇以下火管匕、火管砧、二十九拇石榴弾火管杵、八十斤及六十斤石榴弾火管杵、十五拇石榴弾火管杵、十三拇以下石榴弾火管杵、火管槌、焼弾杵、焼弾簪、焼弾及光弾信薬杵、十三拇光弾砧、十三拇光弾杵、手擲光弾砧、手擲光弾杵、手擲光弾嚢式、手擲光弾漏斗、二十拇以下石榴弾爬、二十九拇老石榴弾爬、二十九拇及二十拇石榴弾漏斗、二十拇以下石榴弾漏斗、二十九拇老石榴弾火管冒、十三拇以下石榴弾火管冒、二十拇及十五拇石榴弾火管冒、火管木錐、薬匕。
(52)　それは、「各々の筒のための鉄板の長さ」「筒の鉄の厚さ」という項目である（前掲(18)3de stukje, p.38）。
(53)　「子弾の重量」については、『砲学図編』に掲載された値は、『海上砲術全書』に記されている値と近い。しかし、『海上砲術全書』では、表6に示したような各部の細かな数値は、当然のことながら、全く記載されていない。
(54)　前掲(6)巻二・上書、pp.86-87。
(55)　前掲(6)巻二・上書、p.85。
(56)　前掲(6)巻二・上書、p.83。
(57)　前掲(18)2de stukje, p.395.
(58)　前掲(18)2de stukje, pp.395-396.
(59)　前掲(18)2de stukje, p.397.
(60)　本島藤太夫『松之落葉』巻之一（杉本勲他編『幕末軍事技術の軌跡』思文閣出版、1987）p.53。
(61)　筆者が参照したのは、京都大学附属図書館所蔵のものである。
(62)　宮本仲『増訂　佐久間象山』（岩波書店、1936年）p.807。
(63)　前掲(6)巻三、p.320。
(63)　これは次のような書物である
　　　J.G. Tielke: *Onderricht voor de officieren die zig in den veld-dienst*, 2dln., Arnhem, 1793.
(65)　前掲(6)巻三、p.230。
(66)　前掲(6)巻三、p.322。
(67)　前掲(6)巻三、p.498。
(68)　前掲(6)巻三、p.516。

補論：『砲学図編』とベウセルの砲術書

『砲学図編』（巻二）のなかで記されている値と、ベウセルの砲術書(3de deel)に記載されている値とが一致している項目をとりあげ、そのなかで両者で一致している値を以下に掲載する。なお、『砲学図編』では各部の名称は記載されていないが、ベウセルの砲術書では各部の名称が記されているので、以下の表中にはその名称を示したことは本文と同様である。また重さの単位は「Ned. ポンド」、長さの単位は「ドイム」である。

Ⅰ―弾
（1）地砲弾（『砲術図編』p.9とベウセルの砲術書p.37――以下同）

		36p.	24p.	18p.	12p.	6p.	3p.
直径	大	17.2 (16.8)	14.88	13.46	11.72	9.34	7.38
	小	16.98(16.5)	14.66	13.24	11.5	9.12	7.16
重量		16.833	11.611	8.651	5.696	2.875	1.457

・36p.の( )は、ベウセルの砲術書での値であり、これだけが少し値が違っている。
・ベウセルの砲術書では、重量は、上の平均的なものとともに最小値も記されている。

（2）鉄殻焼弾（pp.17-18とp.37）

	36p.	24p.	18p.	60p.	30p.
直径	16.57	14.63	13.23	[19.62]	[15.57]
重量	13.09 (13.093)	9.14 (9.141)	6.87 (6.868)	[20.095]	[10.097]

・『砲学図編』ではその径と重さに加えて、厚さなどについても2カ所の寸法が記されている。ベウセルの砲術書では、60ポンド砲用と30ポンド砲用を除く他の3種類について、重さと径のみの値が記載されている。表中[ ]で示した値は、『砲学図編』に記されているものである。
・重量のところの( )は、ベウセルの砲術書での値である。

- ベウセルの砲術書には、上掲の空の重さとともに、一杯に詰めたときの重さも記されている。

(3) 石榴弾 (pp.14-15とp.39)

		29d.	20d.	15d.	13d.	spiegel	hand
全体の径＊		28.77	19.73	14.77	12.86	9.23	7.27
平均的な重量		56.621	18.047	7.682	4.891	1.778	0.72
導火管の穴の幅	上	3.93	2.84	2.07	1.96	1.83	1.57
	下	3.54	2.62	1.9	1.85	1.6	1.36
厚さ	上	4.2	2.84	2.29	1.53	1.42	1.14
	下	5.52	3.75	2.29	2.07	1.42	1.14

- 「石榴弾」は、29ドイム砲用から13ドイム砲用までの4種類と「8斤鉄石榴弾」「鏡版石榴弾」(spiegel)「手擲石榴弾」(hand) の合計7種類が『砲学図編』に記されている。
- ベウセルの砲術書には「8斤鉄石榴弾」はない。
- 20拇石榴弾については、『砲学図編』の方がより細かい部分のサイズが記されている。また、ベウセルの砲術書では、29d.の「平均的な重量」は56.622、20d.のそれは18.049となっている。
- 砲弾の径については、「地砲鉄奮弾」や「人砲鉄奮弾」の場合と同じく、ベウセルの砲術書では、上限と下限が示されており、それらを平均した値と『砲学図編』での値とがほぼ同じである。
- ベウセルの砲術書に記載されている数値の平均値が、『砲学図編』に記されているものは＊印を付して示した。

Ⅱ―鏡版

(1) 地砲弾鏡版 (pp.17-18とp.37)

	36p.	24p.	18p.	12p.	6p.	3p.
スピーゲルの径　大	16.42	14.41	13.02	11.60	9.23	(7.27)
小	16.00	14.02	12.64	11.26	8.88	(6.97)
スピーゲルの全体の高さ	11.08	9.16	8.50	7.20	5.89	4.68
弾が置かれる空洞の部分の厚さ	6.44	5.52	4.95	3.89	3.00	(2.42)

- 上部の端のところに残しておかねばならない木の厚さは、すべて0.0016エル (=0.16ドイム) である。
- 3斤地砲弾鏡版については、ベウセルの砲術書には項目はあるが、数値は記載されていない。表中( )で示した値は、『砲学図編』に記されている値である。

補論:『砲学図編』とベウセルの砲術書

・ベウセルの砲術書には重量が記載されているが、『砲学図編』には記載されていない。また『砲学図編』には、もう少し細かいところのサイズが記載されているが、それはベウセルの砲術書では記されていない。

(2) 鉄殻焼弾及石榴弾鏡版および人砲鉄殻焼弾及石榴弾鏡版 (pp.19-20とp.37)

	36p.	24p.	18p.	20d.	15d.(1827)
スピーゲルの径	16.42	14.41	13.02	19.35	14.41
スピーゲルの全体の高さ	10.45 (10.045)	9.17	8.26	12.26	8.0
弾ないしはグラナートが置かれるところの空洞の厚さ	6.19	5.29	4.73	7.32	5.5
底の平坦な部分の径	8.76	7.80	7.32	9.23	14.41*

・15d.(1827) は、1827年製の15ドイムのホーイッスル砲である。
・ベウセルの砲術書では、通常の15d.用と24p.用、および20d.用と60p.用の数値は同じなので、『砲学図編』でもまとめて記載されている。また、『砲学図編』では80斤石榴弾鏡版・30斤鉄殻焼弾及石榴弾鏡版が紹介されている。
・ベウセルの砲術書に記載されている「縁の厚さ」は、『砲学図編』にも記されており、15d.(1827) は0.10、それ以外は0.16ドイムである。
・表中( )で示したのは、『砲学図編』に記されている値である。
・＊印は、『砲学図編』には記されていない値である。

(3) 鉄弾天砲鏡版および石弾天砲鏡版 (pp.20-22と pp.39-40)

	29d.	39d.(1)	39d.(2)
スピーゲルの全体の厚さ	14.6	10.4 (10.04)	6.5
直径　上平面	38.8	38.8	37.14
下平面	16.4	10.45(10.045)	(10.045)*
縁の丸みの部分の半径＊＊	15.12	9.65	*
平均的な重さ	7.6	5.7	3

・＊はベウセルの砲術書には記載されていない。
・＊＊は『砲学図編』には記載されていない。
・表中の( )は、『砲学図編』に記載されている値である。
・ベウセルの砲術書では、「飾りのついていないモルチール砲に対するスピーゲル」のうち、砲口が29ドイムのものが、『砲学図編』の鉄弾天砲鏡版に対応している。
・ベウセルの砲術書では、「ステーン・モルチール (steenmortieren) に対するスピーゲル」のうち、砲口が39ドイムのものが、『砲学図編』の石弾天砲鏡版に対

応している。
- 鉄弾天砲鏡版に関しては、『砲学図編』では「不貼鉄者（オンベスラーゲネ）」と「貼鉄者（ベスラーゲネ）」の両方が寸法入りで紹介されているが、ベウセルの砲術書では、オンベスラーゲネ（onbeslagene）のみが記述されている。また、『砲学図編』に記述されている鉄弾天砲鏡版の「不貼鉄者」と「貼鉄者」は、重さが違うだけで、それ以外の直径や厚さなどのサイズは同じである。但し「貼鉄者」の方が、もう少し細かく寸法が書かれている。
- 「ステーン・モルチール（steenmortieren）に対するスピーゲル」は、ベウセルの砲術書では2種類紹介されている。(1)は「300エルの距離を飛ばすことが予定されているものである」のに対し、(2)は「より近い物体に到達するためのもの」とされ、『砲学図編』では(1)が「重者」、(2)が「軽者」とされている。
- 鉄弾天砲鏡版については、縁の丸みの部分の半径は『砲学図編』には記載がない。石弾天砲鏡版の「軽者」は『砲学図編』の方が1項目、記載が多い。

III―薬嚢

（1）地砲毛布薬嚢式および人砲毛布薬嚢式（pp.24-25とp.44）

	24p.	18p.	12p.	6p.	20d.	15d.(korte)	15(lange)
点の端から開いているところ、ないしはabまで測られたpatroonzakの高さ（通常の発射に対して）	58	58	39	32	32	25	21

- 20d.は「20拇人砲毛布薬嚢式」、15d.(korte)は「15拇人砲毛布薬嚢式」、15d.(lange)は「15拇長人砲毛布薬嚢式」に対応している。
- 『砲学図編』では30ポンド砲用から6ポンド砲用までの5種類と、20ドイム砲用と2種類の15ドイム砲用の計8種類についての高さと幅が記載されている。ベウセルの砲術書では30ポンド砲用を除く他の7種類がとりあげられ、高さのみが記載されている。高さの値は、両者で一致している。

（2）地砲躍射毛布薬嚢式および人砲躍射毛布薬嚢式（pp.27-28とp.44）

	24p.	18p.	12p.	20d.	15d.(korte)
点の端から開いているところ、ないしはabまで測られたpatroonzakの高さ(躍弾射撃に対して)	28	25	20	23	20

- 20d.は「20拇人砲躍射毛布薬嚢式」に、15d.(korte)は「15拇人砲躍射毛布薬嚢式」に対応している。
- 『砲学図編』では24ポンド砲用から12ポンド砲用までの3種類と、20ドイム砲用と15ドイム砲用の計5種類について高さと幅が記載されている。ベウセルの砲術書でもそれらは全てとりあげられており、「地砲毛布薬嚢式」や「人砲毛布薬

囊式」の場合と同じく、高さのみが記載されている。高さの値は、両者で一致している。

Ⅳ—火管

(1) 石榴弾火管 (p.29とp.43)

	29d.	20d.	15d.	13d.	spiegel	hand
全体の長さ	23.55	17.01	13.08	11.11	6.54	6.54
上部の厚さ	4.96	3.71	2.95	2.62	2.07	2.01
下部の厚さ	2.62	2.18	1.85	1.79	1.53	1.31
上から1/4のところの厚さ	3.93	2.84	2.07	1.96	1.74	1.53

・「石榴弾火管」は、80ポンド砲用および60ポンド砲用と29ドイム砲用から13ドイム砲用までの5種類、そして「鏡版石榴弾」用と「手擲石榴弾」用の計7種類について、各部の厚さが記されている。ベウセルの砲術書でも80ポンド砲用および60ポンド砲用を除く他の6種類についての各部のサイズが記されており、その値は、『砲学図編』の値と同じである。なお、この「石榴弾火管」については、ベウセルの砲術書でとりあげられている項目の方が多い。
・29d.は「29拇老石榴弾火管」に、spiegelは「鏡版石榴弾火管」に、handは「手擲拇石榴弾火管」にそれぞれ対応している。
・ベウセルの砲術書では、他に「内径ないしは、燃える穴の広さ」「罐の深さ」「上の縁に接している木の厚さ」「火管が中で燃えている時間」などの項目がある。

Ⅴ—用器

(1) 地砲薬嚢轒轤および人砲薬嚢轒轤 (pp.30-33とp.45)

	24p.	18p.	12p.	6p.	20d.	15d.(korte)
径の厚さ	14.33	12.94	11.30	8.85	8.77	7.41
軸を除いた部分の長さ	31.4	28.8	23.5	18.3	18.3	17.0
平均的な重さ	3.80	3.20	1.75	0.85	0.87	0.46

・「地砲薬嚢轒轤」および「人砲薬嚢轒轤」は、30ポンド砲用から6ポンド砲用までの5種類と20ドイム砲用、および長短2種類の15ドイム砲用の計8種類の各部の長さや重さが7項目にわたって記されている。一方、ベウセルの砲術書では、30ポンド砲用を除く他の7種類がとりあげられている。そこでは、径の厚さなど3種類の数値が記載されており、これらは『砲学図編』の値と一致している（なお、15ドイム長人砲薬嚢轒轤については、ベウセルの砲術書にも見えるが数値の記載はない）

- 15d.(korte)は「15拇人砲薬嚢轒轤」。15d.(lange)については、ベウセルの砲術書の表には項目としてあげられているが、具体的な数値の記載はない。
- 『砲学図編』では、軸についても数値が4カ所、記載されている。

（2）老石榴弾鈎（p.41とpp.30-31）

把手の大きい半径	10.7＊
把手の小さい半径	5.6
鈎と鈎の把手が一つになる部分	1.2
把手と鈎が一つになる部分の長さ	13.1
径の厚さ　鈎	1.3
径の厚さ　把手	1.4
鈎の径の厚さ(点から 0.7ドイムのところ)	0.8

- 「老石榴弾鈎」では、ベウセルの砲術書にとりあげられた項目の方が多く、『砲学図編』の記載の範囲内では、両者の数値は同じである
- 『砲学図編』では、＊印のところは10.07となっている。
- ベウセルの砲術書の方が、とりあげられている項目は多い。

第 2 章

殖産開発における科学技術の利用

第1節　ガラス作り

（1）はじめに

　「凡そ人の存じも付候はぬ国利を興し候には、西洋学を兼用ひざれば届かざる所有之(1)」と、物産の開発、殖産興業の振興に西洋の科学技術を利用することは、軍事技術の充実と並んで象山の主張の柱であった。

　天保14年（1843）、象山は藩主真田幸貫のはからいで、旧禄の100石高に復するとともに、郡中横目役に就任し、藩の殖産開発に携わることとなった。象山の基本的な方針は、志賀高原の沓野村・佐野村および湯田中村の三カ村の物産や産業の開発に、西洋の科学技術の知見を生かすことであった。そのため彼は幸貫に願い出て、殖産開発に役立つ蘭書、具体的にはショメル（M. N. Chomel）の百科事典を藩費により購入した。弘化元年（1844）の初め頃であり(2)、このとき購入されたショメルの百科事典は、「十六冊」とされていることから、オランダ語訳第2版の7冊、およびその続篇9冊の計16冊で(3)あった考えてよい。(4)

　その後、同年の終わり頃までに、ボイス（E. Buys）の百科事典やカステレイン（P. J. Kasteleijn）の土性書と呼ばれるものなど、殖産興業に役立ちそうな蘭書を立て続けに藩費により購入した(5)。「当時に在つては得易からざる所の洋書を購求して之に貸与し専ら其成業を督責せられける(6)」と、長年、幸貫のもとで藩政に携わった真田貫道が述べるように、幸貫の特別の配慮があったのである。また、この当時、蘭書の購入にあたっては、「佐久間象山も蘭書は英俊が勧誘に出るもの尠なからざりし(7)」と、真田幸教の生母の兄と

して、天保12年（1841）に松代に移り住み、『三語便覧』の著書として名高い村上英俊の指導のもとにすすめられたのであろう。

　これらの蘭書の購入と並行して、弘化元年の6月頃から4カ月間、また同年の12月から翌年の2月末までの3カ月と2度にわたって、黒川良安からオランダ語の指導を受けた。最初の4カ月間ほどは、科学技術の学習を兼ねて、カステレインの土性書などを黒川良安に解説してもらい、のちの3カ月間は本格的にオランダ語の文法を学んだ。

　黒川良安から蘭書の解説を受け始めた弘化元年7月の塚田源吾宛書簡では、「たとえば箇様に致し候へば水精の如き美事のビードロに出来候、箇様に致し候へば葡萄酒出来候、箇様に致候へば養蠶に敗れなし抔申事、一々精密に手に取る如く有之候。……(中略)……是は今春十六冊四十両にて御買上げに致し候蘭書中にて見出し候事にて候ひき。此書中には尚種々数へ難き程の有益の良法有之」と、さっそくショメルの百科事典の宣伝を行い、具体的な成果として、「先頃も試の為ギヤマンを製し候所、果して阿蘭陀渡りの通りにて、絶て是迄此国に無之別種の精品出来致候」と、これまでにない、西洋製のようなガラスを作ったことを紹介する。もちろん、この書簡は、藩の有力な商人から士分に取り立てられ、象山の有力な資金的スポンサーであった塚田源吾に対して、「手許に余計の金子無之、甚当惑の次第に候故、無拠此御無心に及び申候。何卒御都合被下、当時六十金御取替被下度千万希候」とする借金の申し込み状なので、必要以上に成果を誇る内容であるのは注意せねばならないが、ともかくも成果が出たらしいことは注目に値する。

　西洋の科学技術を殖産開発に適用する例として、なぜ象山はガラス作りをまず最初に手がけたのであろうか。筆者は、ガラスについて記載されている蘭書とその翻訳書が存在していたこと、そもそもガラス製造は、一応、確立していた技術として存在していたことなどが、その理由であると考えるものであり、以下にその論拠を示す。また、実際にガラス作りに成功したかどうかの判断はむずかしいが、推定する手段の一つとして、簡単なガラス化実験を行ったのでそれを紹介する。そして、その結果に基づき、象山のガラス作

りが持つ意味について考察を加える。

（２）ガラス作りの経緯

「近頃御勝手方へも申上候通り、其御地に於て西洋通りの堅強の玻璃を製し出し候て、上は邦家の利をおこし、下は細民の産業のたよりにも相成候様仕度」(10)と、ガラス作りの目的を鮮明に語ったのは、弘化元年（1844）3月のことである。わが国のそれまでのガラスが石粉に鉛と硝石を加えた珪酸（SiO_2）の比率の低い鉛ガラスであり、軟質で脆く、アルカリなどの薬品にも侵されやすいものであったのに対し、自分は西洋製のガラスのように、堅硬で耐薬品性の高いものを作りたいという。しかし、このときは「御凶変にて暫く遠慮仕り、日子を送り候」(11)と、世子真田幸良の死去のために、実際の作業は延期された。

実際に、ガラスを作り始めたのは弘化元年6月頃のことであり、「この印材、近日宅にて製させ候間、御慰みに入御覧候、これは西洋にてグルーンガラスと申候一種に御座候」(12)と、その成果を披露している。「この印材」と述べていることから考えれば、このとき作ったのはガラス製品ではなく、溶けてガラス状になったものを固まらせただけの、ガラス玉のようなものであったと思われる。

翌弘化2年3月には、「例の硝子も近日中煉立候を、序有之、御勝手方へも入御覧候。其節既に西洋にあまり劣り候はずと自負仕、申上候事にて候ひき。職人も参り候につき、細工にかゝらせ見候所、此表にて一通りギヤマン抔称し候ものとは格別の相違にて、其質堅剛に御座候。故に細工にも至て義剛にて、仕にくゝと申事に御座候」(13)と、象山の念願であった西洋製と同じ堅硬なガラスが製作できたことをうかがわせる内容の書簡を送っている。

また、同年5月に書かれた書簡においては、「さて玻璃に相成候石之事云々被仰下、委細奉領其意候。凡そ火打石之類にて少しく透き通り候気味合有之、其質堅剛にて鋼鉄にて打合せ候へば火光閃発致候石は、地方地味風土に拘はらず、灰汁塩消石蓬酸曹達等之薬物を加へ、法の如く烈火に焼き候へ

ば、皆通明之玻璃と相成候」と、原料についての具体的な記述も見られる。鉄とすり合わせたとき、火花がでるくらい堅い「火打石」に「灰汁塩」「消石」「蓬酸曹達」を混ぜ合わせて加熱すればガラスができるというのである。

さらに、「御内用筋を以阿蘭陀方のギヤマンを製し申候。蘭書中数十種其方御座候。その尤もよき法を数品製し申候。いづれも存じ候まゝに出来仕候。硝石精、緑礬油の類を貯へ候には至て堅剛の質に無之候ては、その納れ候砌何とも無之様にても、やがてひゞわれ損じ申候。蘭製のは幾年貯え置候ても聊損じ不申候。即その方に御座候。又硝石精等を取り候スランガに致し候て試み候に、何とも無之様」と、作ったガラス製品についても述べる。蘭書にある数十種類のガラス製法のなかから適当なものを選び、「ギヤマン」と呼べるような堅硬なガラスを作ることができたこと、このようなガラスで作った容器で硝石精（硝酸）や緑礬油（硫酸）を蓄えても、なんら支障がなかったという。さらに、硝石精などをとるための「スランガ」[slang：管ないしは螺旋管]というようなものも作ったとし、この品を持たせて店を回らせれば、きっと西洋製のものと間違えられるだろうという象山が自慢した有名な話が、この書簡では続く。

ここでいわれている「スランガ」とは蒸留に用いるレトルトの一種であり、ガラス問屋加賀屋の包装紙兼広告でもある「引札」にも記述されている。なお、文政（1818-30）末期頃の製作と推定される「引札」には「ランビキレト□」と記されており、天保（1830-44）中期から嘉永（1848-54）頃の製作とされる「引札」には、ほぼ同形のものが「レトルト」および「スランガ」として記されている。

また、「此程高覧にも入れ候スランガと申製薬の器、尤も試みの為め小なる窯にて煉立候故、火力弱く候て泡はぬけ切り不申候へども、其質の美に至り候ては西洋にても最上之品にて、且又本邦にては西洋の極堅剛の玻璃は決して出来不申と是迄人々申居候」と、炉が小さかったので、できあがった製品には泡が残っていたとの記述もある。

第1節　ガラス作り

（3）幕末期のガラス製造

　江戸時代のガラス製造については、棚橋淳二の一連の研究のなかで詳しく紹介されており、この項では棚橋の研究に基づいて、象山のガラス作りと関係のある事柄に絞って紹介する。

　金属鉛をまず溶かし、これに石粉を吸い取らせて粉末状にし、その上に硝石末を混合して溶融させるというのが、江戸時代における伝統的なガラス製法であった。[19]そして、「文化（1804-18）の頃までのガラスは、無色のものを意図しながら、不純物の鉄のために淡黄色ないし淡緑色を帯びているのが普通」という状況であり、総じて薄手で耐薬品性や耐熱性も劣っていた。[20]

　それに対し、西洋でのガラス製法は、酸化鉛・珪素・アルカリなどを最初から混合して溶融させるという方法であり、できあがった製品も透明で堅硬であった。この製法を最初にわが国に紹介したのが、文化7年（1810）、馬場左十郎により翻訳された『硝子製法集説』である。この『硝子製法集説』は、ショメルの百科事典だけではなく、ボイスの百科事典および、いまだ原著が不明な書物の3種類の書物から訳出されたものである。[21]当時の蘭学者が総動員されて著わされた訳本として有名な『厚生新編』のなかにガラス作りについてのまとまった記述がないのは、この部分が『硝子製法集説』としてすでに訳出されていたからである。そして「近時、其真法ヲ彼書ニ得テ、城西□官園ニ於テ始テ新製アリ」[22]と、実際にガラス製造も試みられたようである。

　その後、この『硝子製法集説』の影響を受けて著わされたのが、宇田川榕菴や渡辺崋山のもとへも出入りしていた花井一好による、文政12年（1829）序の『和硝子製作編』および『和硝子製作編附録』である。[23]それは、国産の原料をもとに、わが国の伝統的なガラスであるカリ鉛ガラスを作るときの各原料の調合の割合をはじめ、それらを使ってのガラスの作り方などを詳しく記したものである。また、これまでの知識を集大成するだけではなく、和製のガラスの欠点も指摘し、[24]その改善のためには、原料に硼砂を加えることの必要性を述べ、その調合法ついても紹介しているが、[25]現在のところ、十分、

堅硬なガラスは作られていないともいう。

『和硝子製作編』では、上のように欠点が指摘されているが、実際のガラス製造現場では、徐冷の必要性や方法も知られるようになるなど製造技術も向上し、在来の製法でもカットが可能な厚手のガラス製品も作られ、ガラス製品も少しずつ幅の拡がりをみせはじめていた。このような江戸の技術を土台に、薩摩藩において、殖産興業の一環としてガラス製造が開始されたとき、単に理化学用器具のためのガラスの製造だけでなく、板ガラスや紅ガラスなど多様な製品作りが目指され、「薩摩切子」として結実したことは、あまりにも有名である。

このように、一方では、ガラス作りは伝統技術として確立するとともに、さらなる発展の様相をも見せていた。しかし、同時に、その技術には軟質で脆いという大きな欠陥も潜んでおり、それを克服することも要請されていた。西洋の科学技術の有効性を示す材料は他にもあるなかで、象山があえてガラス作りを選んだのには、このような理由があったからである。事実、先のガラス作りに対する象山の主張と重ね合わせてみれば、彼が主張している内容は原料の調合に関するものだけであり、実際の製法についての言及は何もないことがわかる。これは、逆に考えれば、ガラス製造という伝統的技術がしっかりとあり、それに全面的に依存できるからこそガラス作りが可能であったことを示している。

上述のようなガラス作りは、これまでの研究では、どのようにとりあつかわれていたのであろうか。宮本仲の『佐久間象山』は、「和蘭百科全書ショメールに依りて硝子の製造を試み、之れに成功したので其後も屢々実験せられ、外国品にも劣らぬような玻璃が出来るやうになつた」と高く評価する。矢島祐利も「本邦に於ける窮理学の成立（二）」と題する論文のなかで、「それらの著者の中には実験的の研究を行つたものも多少あるけれども、それは比較的僅少であつた。かかる中にあつて実地研究の上で最も大きな仕事をしてゐるのは佐久間象山ではないかと思ふ。象山の研究は単に書物の上の勉強ではなくて実地の仕事を行つてゐるのであつて此の意味で特筆すべきもので

第1節　ガラス作り

ある」とし、その一例として「『ショメル』の百科辞典に頼つて硝子の製造を試みた」ことをあげている。このように、象山のガラス作りは、オランダの書籍を参考にしながら、実際に製造したという意味で高い評価が与えられてきた。大平喜間多も自著『佐久間象山』において、象山のガラス作りを紹介したのち、「これに依って一層自信を深めた象山は電気医療機や地震計を作る等、物に憑かれたように応用科学の実験に努力を傾けた」と位置づけている。

また、1917年にまとめられた『日本近世窯業史』では、「配合中に硼砂を混用するは、彼の佐久間象山が蘭書によりて知得し、之を嘉永安政の頃、ギヤマン屋として有名なりし加賀屋久兵衛に伝授せるを嚆矢とす」、あるいは「佐久間象山は強度の薬品を入るゝ故障を生ぜざる硬硝子と称するもの、即ち原料中に硼砂を和合するの術を授けたり」と、象山がガラス問屋加賀屋に硼砂を配合する硬質ガラスの製法を教示したとされている。なお、ガラス製造史に関する現在の研究においても、このことは否定されていない。

他方、佐藤昌介は、「ショメール辞典を字書をつかって読み、多少は文意が理解できるようになったということであるが、……(中略)……ショメール辞典そのものは、語学的にみて、そう難解なものではないにせよ、当時の不完全な蘭日辞典だけをたよりに、これをわずかでも読めたということは信じられない」と、象山のオランダ語読解力の観点から、ショメルの百科事典を参照したことに疑問を投げかけている。

（4）ショメルの百科事典の利用

○翻訳書の利用

　象山がガラス作りに取り組んだ理由の一つは、藩より買ってもらったばかりのショメルの百科事典の有用性をアピールする必要があったからである。しかし、オランダ語を習い始めたばかりの象山にとって、ショメルの百科事典を読むことが無理であったことは、佐藤昌介が指摘するように当然であった。ところが、実際には、ショメルの百科事典のガラスの項は、すでに翻訳

され写本として広まっていた。これを利用すれば、ショメルの百科事典を読まなくとも、西洋式のガラス製法の一端をうかがうことは可能であった。象山が翻訳書である『硝子製法集説』を利用したことは、次のようなことからもわかる。

先に紹介したように、象山は珪酸原料である火打ち石について、それは鉄とすり合わせたとき火花がでるくらいの硬さが必要なこと[35]、しかも、硬ければ硬いほど堅硬なガラスができること、それらを探すのはそれほど困難ではなく、郷里の河原で見られるような通常の火打ち石でも十分なことを主張する[36]。

これらの内容については、ショメルの百科事典、およびその翻訳である『硝子製法集説』巻之下の双方に紹介されている。しかし、いずれの書物においても触れられていないのが、火打ち石として秀れているのは「其質堅剛にて鋼鉄にて打合せ候へば火光閃発致候[37]」ものであるという内容である。他方、ボイスの百科事典では、アルカリ塩の精製についての記述の後、珪酸原料について説明するなかで、「ネリ (A. Neri) は実際、我々に次のように約束している。鉄で叩かれて火花を発するような石は全てガラスに成り得る[38]」と書簡と同様のことが記されている。

さらに、この少し後で、「本来の石はそんなに簡単に得られないので、白くて小さくて、実際に行う前によく洗った砂が用いられる。そのような砂は、通常、河口や川のそばで見つけられる[39]」と、やはり、象山が書簡で述べているのと全く同じ内容が記されている。もちろん、この箇所については、ほぼ同じ内容が『硝子製法集説』巻之上にも訳出されている[40]。もし象山が同じく藩より買ってもらったボイスの百科事典を参照したとすれば、ショメルの百科事典と同様、それをも参照したことを宣伝するはずであるから、逆に上の事実は、彼が『硝子製法集説』巻之上の内容を知っていた証拠であることを示していると考えた方がよい。

では、象山はショメルの百科事典を全く参照しなかったのであろうか。筆者は、このガラスの項はオランダ語学習のテキストとして、翻訳書を参照し

第1節　ガラス作り

つつ黒川良安に解説してもらっていたと考えている。

○テクニカル・タームの翻訳語
　象山がショメルの百科事典に目を通していたのかどうかを探る一つの糸口として、象山が使っているテクニカル・タームと翻訳書などで使われている訳語とを比較する。
　まず最初にいえることは、象山が使っている言葉と『硝子製法集説』で使われている訳語の多くが一致していないということである。ショメルの百科事典のガラスの項は「ラテン語でVitrumというガラスは、次のような物質である。それは硬くて、こわれやすく、かつ透明な物質であり、その生成は火のはたらきによる。それは砂やガラスに変わるところの石、つまり火打ち石（vuursteen）や灰汁塩（loogzout）から構成されている」[41]という説明から始まる。この箇所は、『硝子製法集説』巻之下では「瓦刺斯ハ羅甸語、呼テ微的尓模ト云フ。原ト砂石ト草塩トヲ調和シ、火力ヲ仮テ鎔化シタルモノナリ」[42]と訳されており、珪酸原料であるvuursteenは「火打石」とは訳されず「砂石」と訳されている。この訳語の使用は、ここだけではなく、巻之下の他の箇所でも見受けられる。また、『硝子製法集説』の巻之上や巻之中でも同じく、「火打石」という語は使われず「石」「石品」「砂石」などの語があてられている。しかし、このvuursteenに対して「火石」という訳語があてられるところもあり、最初に使われている箇所で「ヒウチイシ」とルビが打たれている以外は「火石」とだけ記されている[43]。ちなみに、当時のわが国では、珪酸原料となる材料は、一般に「石粉」と呼ばれており、『和硝子製作編』などでも、この言葉が使われている[44]。
　次に、わが国の伝統的なガラス製法では用いられなかった「灰汁塩」、つまりアルカリ原料である草木灰は、ショメルの百科事典ではzoutないしはalkalische zout, loogzoutあるいはsodaなどの言葉で表現されている[45]。そして、『硝子製法集説』ではzout, alkalische zout, sodaなどは「草塩」ないしは単に「塩」と訳されており、loogzoutは「鱗蓬塩」と訳されてい

る。また、象山がガラス原料としてあげる「消石」や「蓬酸曹達」は、『硝子製法集説』では「消石」「蓬砂」という言葉が使われている。

当時の蘭日辞書である『ヅーフ・ハルマ』では、vuursteen に対しては、象山が記したのと同じく「火打石」という訳語が、loog の訳語としては「灰汁」が、zout の訳としては「塩」が与えられている。loogzout に対して「灰汁塩」という訳語を与えるのは、いわば、辞書を見て、直訳したことに相当する。

象山が使うテクニカルタームは、『硝子製法集説』で使われているものとは異なっており、「灰汁塩」のように直訳した言葉を使っていることなどから判断すれば、象山がオランダ語で書かれた文章、つまりショメルの百科事典を参照していたのは確かであると考えてよい。

「消石」や「蓬砂」は、すでに知られた漢名であり、象山も目を通していた『遠西医方名物考』などでもこの言葉が使われている。他方、「蓬砂」に対し、宇田川榕菴が『舎密開宗』のなかで新たに命名した「蓬酸曹達」という訳語を象山が使っていることは注目に値する。硝石（KNO_3）については「硝酸カリ」とせず、硼砂（$Na_2B_4O_7・10H_2O$）だけをソーダと硼酸を結びつけて「蓬酸曹達」と呼ぶためには、化学的なバックグランドと、ある種の飛躍が必要であり、とても象山が独自に命名できるようなものではない。また、現在、真田宝物館において所蔵されている松代藩旧蔵和書のなかには『舎密開宗』も含まれていることから考えても、象山はこのときから『硝子製法集説』だけではなく『舎密開宗』をも傍らに置きながら、黒川良安の解説を聞き、ガラスや化学に関する知識を吸収していたことがわかる。

○「黒き火打石」

象山は珪酸原料である火打ち石を選ぶ基準についていくつか示した後、「その表、河原に御座候黒き火打石は、ラテン語にてクワルトスと申ものにて、最上堅剛のギヤマンに相成候と申事、蘭書中にて見出し候」と、「黒き火打石」「クワルトス」「最上堅剛のギヤマン」という三つの言葉を使って、

第1節　ガラス作り

　最もよい火打ち石について説明している。このような表現は、ショメルの百科事典にも『硝子製法集説』にも見られず、象山が独自に述べる内容であり、このなかにも、彼がショメルの百科事典を参照していたことを示す証拠がある。

　ショメルの百科事典には、宝石のようなガラスを作成する方法を述べた箇所があり、そこでは、まず、その材料となる硬いクリスタルガラスを作る方法が紹介され、続いて宝石のように見せるために着色する方法が説明されている。黒い火打ち石についての記述は、その硬いクリスタルガラスを作る方法が記された箇所にある。具体的には、この黒い火打ち石を精製する方法が説明された後に、「もし、黒い火打ち石を見つけることができなかったら、白い玉石を取り、前に述べた方法で粉末にする。しかし、黒い火打ち石は、いつも最もよい。なぜなら、一般的には、それらはよりよく磨かれることができる硬いガラスを与えるから」[52]と、「黒い火打ち石」と「硬いガラス」が関係づけて説明されている。

　また、この箇所は『硝子製法集説』では、「若シ、黒色ノ火石、絶ヘテナキニ遇ワハ、白色ノケイステーンヲ取テ、コレニ代ヘ、前法ノ如ク製シ、用フベシ。然レトモ、黒色ノ火石ニハ劣ルナリ。何トナレハ、黒色ノ火石ヲ以テ製シタル物ハ、其石、原ト、甚堅硬ヲナス故ニ、製成リ琢磨ヲ施シテ後、其光沢ヲ発スル事、最モ常ニ異ナリ」[53]とほぼ忠実に訳されているが、「黒色の火石」は元来、硬いものであるという意味の「其石、原ト、甚堅硬ヲナス故ニ」とするオランダ語原文にはない言葉が付け加えられている。そして、この黒い火打石に関する箇所では、ショメルの百科事典および、その翻訳である『硝子製法集説』のいずれにおいても、「クワルトス」という言葉は見いだされない。

　一方、「クワルトス」という言葉がショメルの百科事典に出てくるのは、通常のガラスを作るための説明が終わった後、硬いガラスを作るための材料について、一般的に説明されている箇所である。そこでは、「硬いガラスには、火縄銃で用いられているようなもの、ないしは、やすりに対しても丈夫

な"quart"のような硬い火打ち石が選ばれねばならない」と、「硬いガラス」とquartが関係づけて記されている。ここは『硝子製法集説』では、「堅硬ナル硝子ヲ製スルニハ、火石モ、其最モ硬キヲ選ム可シ。其石鳥銃ニ用ユル鑢子ヲ受ケサル程ノ硬キヲ、良シトス」と訳され、quartという語はどういうわけか訳されていない。

　象山が書簡のなかで述べていることは、「黒い火打ち石はもともと硬い」という翻訳の過程で付け加えられた内容と、「硬いガラスを作るためには"quart"のような硬い素材が必要である」という翻訳書では述べられていないが「ショメル」の百科事典の他の部分で述べられている内容とを足して2で割ったような内容となっている。このことは、象山が『硝子製法集説』という翻訳書と、その原本であるショメルの百科事典の双方に目を通していた証拠であるといえる。

（5）実際に作ったガラス

○象山が作ったガラスの再現

　象山は、自身が語るように、本当にガラス作りに成功したのであろうか。このことを明らかにするためには、実際に炉を作って製品を作り、そのできばえを調べる必要があるが、そのような実験は今のところできないので、とりあえず象山が試みたと思われるものと同じ調合を行い、それを小さなるつぼに入れて加熱し、実際にガラス化するかどうかを確かめた。

　ショメルの百科事典に記載されている種々のガラスのうち、象山が試したと思われるガラスの原料構成を表8の②～⑥に示す。②は「通常のガラス」として、ショメルの百科事典の最初に掲載されているガラスである。続く「クリスタルガラスをいかに製造するか」というセクションで紹介されている9種類の調合のうち、硼砂や硝石が原料に用いられているのが③と④である。また、象山は黒い火打ち石が特によいと述べているので、ショメルの百科事典において、黒い火打ち石を記載した箇所で紹介されているガラスのうち、硼砂が使われているガラスをピックアップした。それが⑤と⑥である。

第1節　ガラス作り

表8　主なガラスの重量成分比

	①和製義屋満	②通常ガラス	③製法—2	④製法—3	⑤宝石用ガラス	⑥宝石用ガラス
石粉	1000	3	3	3	3	2
灰汁塩		2	1	1.5		1
硼砂	800		1	1.5	0.25	0.5
硝石	350			2	2	
SiO_2	50.9(％)	71.9(％)	65.4(％)	47.6(％)	71.8(％)	64.8(％)
Na_2O	12.5(％)	28.1(％)	19.5(％)	21.2(％)	1.8(％)	23.9(％)
B_2O_3	28.2(％)		15.1(％)	16.5(％)	4.2(％)	11.2(％)
K_2O	8.3(％)			14.7(％)	22.2(％)	

注1：①は『和硝子製作編』に記載されているガラス
　2：②はショメルの百科事典に掲載されている通常のガラス
　3：③～④は、ショメルの百科事典の「クリスタルガラスをいかに作りするか」という節に列挙されているガラスから選んだもの
　4：⑤～⑥は、ショメルの百科事典において、「黒い火打石」が叙述されている箇所で紹介されているガラス

　また、『和硝子製作編』には、伝統的な材料である鉛を使わないガラスも和製のギヤマンとして紹介されており、それらを参考のため①に示した。表中の重量比の算出にあたっては、棚橋淳二の方法にならった。(57)石粉は全てSiO_2、灰汁塩は全てNa_2CO_3、硝石はKNO_3、また硼砂はショメルの百科事典ではgebrande boraxと、『硝子製法集説』では「煆キタル硼砂」、『和硝子製作編』では「蓬砂ハ煆キタル物を以て細末となし」とあるので、無水の$Na_2B_4O_7$とした。

　次に、この表中の調合に従って原料を乳鉢のなかで混ぜ合わせ、るつぼに移し、マッフルを用いて、空気を送り込んだガラス細工用バーナーで加熱し、原料が溶けガラスになるかどうかを調べた。原料は、どの調合も総計を6ｇとし、①から⑥まで連続して調べた。つまり、①から始め、⑥の実験を終えるまでの間、バーナーに送るガスと空気は止めることなく一定量を送り続けた。このことにより、ほぼ同一条件で①から⑥までの加熱を行ったとみなすことができる。なお、加熱時間は15分から1時間とした。

結果は、全てガラス化したが、その様子はかなり違っていた。④の調合は、15分程度加熱すると溶けて流動性を持ち、マッフルからるつぼを取り出して傾けると、ガラスが流れ出し、直径1cm程度のガラス玉を作ることができた。もっとも、15分程度の加熱であったので、できたガラス玉は泡だらけであったが、泡のない部分はまずまずの透明度であった。

①③⑥の調合は、20分前後の加熱で溶けてガラス化したが、軟らかさは④の調合には及ばず、マッフルからるつぼを取り出して傾けると、少しなかのガラスは流れるが、外に取り出す前に固まってしまった。もっとも、これらの調合でも、原料を6gより多くして、同様の方法で行ったときには、ガラス玉を作ることはできた。また、①③⑥のなかでは、③や⑥に比べて①の方が流動性は勝っていたが、この程度の実験では、この3つの調合の間で優劣をつけることはできなかった。

②と⑤の調合は、30分程度加熱しても溶けず、1時間ほどでようやくガラス化する程度だった。以上の実験から、ガラス化の度合いは、およそ次のようであると推定できる。

④＞①③⑥＞②⑤

これは、①や③⑥の調合に比べて④の方がガラス化しやすいことを、また②と⑤とでは、どちらがガラス化しやすいか判定できなかった、ということを意味している。

本実験では、原料には全て純粋な試薬を用いたので、江戸時代と同じというわけではなく、草木灰にカリを含めるかどうか、また石粉・草木灰の処理の仕方などによって結果は影響を受ける。しかし、とりあえずショメルの百科事典に掲載されている調合で象山がガラス作りを試みさせたとき、④の調合のガラスは容易にガラス化し、「スランガ」というレトルトを作ったとすれば、この④の調合であった可能性が高かったということはいえる。ちなみに、それまで筆者は、馬場佐十郎が『硝子製法集説』を訳した後、実際に同書に基づいてガラスを作ることに成功したとする『蘭学梯航』の叙述に疑問を持っていたが、今回の実験により、原料がガラス化したという意味であれ

第 1 節　ガラス作り

ば、この記載は事実であったろうと改めて納得した。

　象山はガラスの原料として「火打石……(中略)……、灰汁塩、消石、蓬酸曹達」[58]の四つの原料を無造作に並べているように見えるが、実はこの四つの成分を原料とするガラスが、ショメルの百科事典で紹介されているもののなかでは最もガラス化しやすく、それ故製品への加工も可能だったのである。原料に関する象山のこの言葉は、実際に行った結果に基づいて生まれたものだったのである。

　筆者も、るつぼのふたを取りガラス化しているのをはじめて見たとき、うれしくなった記憶があるが、象山も同じであっただろう。ましてや、西洋の科学技術を殖産興業に利用すべきであるする主張に基づいた初めての実践において、蘭書に記されている通りの調合によってガラスができたのを確認したのであるから、なおさらである。あちこちに宣伝する象山の姿が目に浮かぶようである。

○象山とガラス作り

　ガラス作りを行うにあたって、象山が付け加えた知識は、原料に鉛ではなく硼砂やアルカリを用いること、鉛を先に溶かした後に他の原料を加えるのではなく、原料を最初に全部混ぜ合わせ、その後に溶融を行うということの２点であった。出典は大部分が翻訳書である『硝子製法集説』であり、そのオリジナル本であるショメルの百科事典はオランダ語の学習を兼ねて参照し、あわせて調合の具体的数値の確認などを行うために利用したのであろう。

　この時期は、第２節で詳しく述べるように、カステレインの著わした化学書について黒川良安から解説してもらっており、「蓬酸曹達」という物質名には、そのときの参考書である『舎密開宗』からの知識が反映しているといえる。実際のガラス作りにあたっては、原料の配合と溶かせ方以外には、伝統的なガラス製作技術が用いられ、ガラスの溶融には成功した。この事実は、伝統的な技術の存在と、それを基に新たな知識を付け加えることの重要性を再認識させるものがある。しかし、できあがった製品には泡が多く残ってい

たということからみて、象山の言に反し、製品としては十分満足いくものではなかったはずである。なお、幕末から明治の初めに作られたガラス製品全体との兼ね合いのなかで、その耐熱性や耐薬品性を明らかにすることは今後の課題として残った。

最後に、象山が新しい製法をガラス問屋加賀屋に伝授したという『日本近世窯業史』の記述について考える。これについては確定する史料はなく、以下はあくまでも筆者の推定である。加賀屋分家の2代目皆川久兵衛がガラス製品を出品した明治14年（1881）の『第二回内国勧業博覧会報告書』には、「皆川久兵衛ハ其父、嘗テ杉田成卿ニ就キテ、西洋ノ器械ヲ製スル事ヲ学ヒ、業成テ模成スル事年アリ[59]」と、杉田成卿から西洋式のガラス製品を作る方法の伝授を受けたことが記されている。もともと、原料やその加工も特別であり、ガラス職人も貴重であったということなどから考えても、ガラス製造業を兼ねていたガラス問屋との関係抜きには象山のガラス作りは考えられない[60]。その上、象山と杉田成卿とはお互いよく知った間柄であり、天保10年（1839）に初代久兵衛が本家から独立し、理化学製品も手がけ始めた時期と、象山がガラス作りを行った弘化の始め頃（1844-45）との間に時間的なずれがそれほどないことなどを考えれば、杉田成卿と加賀屋との情報交換の過程に象山が関与していた可能性は十分に考えられる。

幕末から明治にかけて、理化学用のガラス製品がどのように作られたかについては、未解明の部分も多いが、技術的にみても過渡期であったことはまちがいない。例えば、先の内国博覧会に出品された理化学器具用のガラスの主原料は石粉と硼砂であり、江戸期のガラスとは異なっていたが、製法そのものは鉛を先に溶かす伝統的な技法であった。また、『和硝子製作編』に記されている「和製義屋満」の製法は、西洋の知識の影響下にあるが、それらは「酒酩の器或は笄掃枝等」作る物であり、硼砂を原料に使っているにもかかわらず、理化学用の製品向けとはされていなかった[61]。上述の④の調合は、この「和製義屋満」とされる①の調合と似ているが、④は堅硬なガラスを生み出した西洋の書物に記されている調合法である。象山の主導のもと蘭書に

第1節　ガラス作り

基づいた調合で実際にガラスができた事実は、改めて久兵衛にインパクトを与え、理化学製品のためのガラス作りに新たな視点を与えた可能性は十分にある。

　西洋式のガラス製法は『硝子製法集説』の翻訳や『和硝子製作編』の公刊などにより知られていた。しかし、それは職人層にはなかなか伝わらずに数十年も経過した。翻訳から30年以上経て、改めてこの書物に光をあてたのが杉田成卿らであり、そこに記されている方法をもとに実際に作らせ、うまくいくかもしれないことを職人達に示したのが象山であったのではないだろうか。その後、1年足らずで象山は松代に戻ることになる。もともと藩内にガラス作りを行うべしとの意見があるなかで始めたわけではなく、どちらかといえば、殖産興業に西洋の科学技術を応用する例として、象山が勝手にガラスを作ることの意義を掲げ、独自に製造にとりかかつた事業である。松代ではガラス職人を得ることもできなくなり、再び江戸にでたときには砲術家としての名声も高まり、とてもガラスの方にまで手がまわらなくなったはずである。加えて、象山が行おうとしたことは、すでに加賀屋など職人達の手によっても試みられ、象山が関与する場面もなくなり、結果として、弘化2年以降は、象山の口からガラスの話がでなくなったのであろう。

（1）　信濃教育会編『増訂　象山全集』（信濃毎日新聞社、193-35）巻三、p.281。
（2）　前掲(1)p.251。
（3）　前掲(1)p.261。
（4）　現在、真田宝物館には M. N. Chomel : *Huishoudelyk woordenboek, vervattende veele middelen om zijn goed te vermeerderen, en zijne gezondheid te behouden*, 2de druk,7dln.,Lyden,1768-1777（第4巻は欠）、および続篇である *Vervolg op M. Noël Chomel. algemeen huishoudelyk-, natuur-, zedekundig-en konst woordenboek, vervattende veele middelen om zyn goed te vermeerderen, en zyne gezondheid te behouden*, 9 dln. Campen en Amsterdam, 1786-1793 が所蔵されている（第7巻は欠）。さらに、真田宝物館では、オランダ訳の初版本（1743）の2巻本も所蔵されている。
（5）　ボイスの百科事典とは、E.Buys : *Nieuw en volkomen woordenboek van konsten en weetenschappen*, 10dln., Amsterdam, 1769-78 であり、この第5巻

(1773) のみが、現在、真田宝物館において所蔵されている。また、カステレインの土性書については、本章第2節で詳述する。
(6)　真田貫山『一誠齋紀実』(1887、北信郷土叢書第7巻所収、1935) p.5。
(7)　前掲(6) p.5。
(8)　前掲(1)巻三、p.261。
(9)　前掲(1)巻三、p.262。
(10)　前掲(1)巻三、p.250。
(11)　前掲(1)巻三、p.251。
(12)　前掲(1)巻三、p.256。
(13)　前掲(1)巻三、p.304。
(14)　前掲(1)巻三、pp.313-314。
(15)　前掲(1)巻三、p.328。
(16)　前掲(1)巻三、p.315・330。
(17)　棚橋淳二「ガラス問屋加賀屋久兵衛」(『松蔭女子学院大学研究紀要』第23号、1981) pp.47-48。
(18)　前掲(1)巻三、p.315。
(19)　棚橋淳二「江戸時代の技法によるガラス素地の製造」(『松蔭女子学院大学研究紀要』第31号、1989) p.15。また、成瀬省『ガラス工学』(共立出版、1958) によれば、珪砂に含まれる鉄分は Fe_2O_3 であり、「ガラスに不快な青緑色を与える」ので、「他の原料のそれよりも一層厳格に監視される」(p.10) とされている。
(20)　棚橋淳二「ギヤマン」(『講座・日本技術の社会史』第4巻、日本評論社、1984) p.290。
(21)　馬場左十郎貞由訳の『硝子製法集説』(上・中・下の三巻) は、静嘉堂文庫所蔵のものを利用した。「文化庚午ノ秋、西洋硝子製造法ヲ彼書中ニ索メテ訳呈スベキノ命ヲ奉ス。法眼渋江君令ヲ伝フ。貞由謹テ其旨ヲ承テ、退テ蘭籍中所載ノ硝子製造法ヲ遍ク捜索シ、勃乙斯、縮墨爾、郭礼尓枯三士ノ選スル書中ニ於テ此諸法ヲ得タリ」(凡例) と、幕府の命によって彼が翻訳を開始したことがわかる。
(22)　大槻玄沢『蘭学梯航』(文化13年＝1816、日本思想体系64『洋学上』所収、岩波書店、1976)。なお、ここでは、「硝子、元ト玲瓏光徹ナリトイヘドモ、徒ニ玩弄ノ具トナスベキモノニアラス。壺缾ニ作リ、物ヲ貯ヘ、固封スルトキハ、久キニ耐ヘテ其本性ヲ存シ、諸薬品ノ風化スベキ、香気アルモノニテモ、能ク久遠ニ伝フベシ。コレ、硝子ノ本徳ナリト、彼書ニ説ケリ。従来、和製ニ成ル所ノモノハ其用ニ当ラズ」(pp.379-380) と、日本製のガラスでは、薬品などを蓄えておくことができないことが、やはり指摘されている。
(23)　『和硝子製作編』(32枚) および『和硝子製作編附録』(20枚) は、前田育

第1節　ガラス作り

徳会尊経閣文庫所蔵『覃思叢録』巻三十五に収録されているものを利用した。なお、同巻には、『硝子製法集説』の上巻と下巻の一部も収録されている。

(24) 前掲(23)23オ。「硝子性質の事」の箇所。そこでは、「和製の硝子は、其性質、尤も軟にして脆く破れ易き物にして、火焰の上にて速に軟きこと自在になすべく、器となして油薬、火酒、薬精の類等を入れ置くに、腐敗して久しく貯へ難し。自然と其硝子の質に含有する所の塩気を吹き出して白霜を生じ、暗濁となり、年月を経るに従ひて、尤も甚しき白霜の害をなすに及んでは破裂に至る」と指摘されている。

(25) 前掲(23)20オ。「和製義屋満の法」の箇所。なお、由水常雄は、『硝子製法集説』は翻訳書ゆえに「実践書としてはあまり実用的では」なかったとする一方、『和硝子製作編』および『和硝子製作編附録』は、「徹底的な実践書で……そのまま製造の虎の巻として使う」ことができる書物であるという(『ガラスと文化』、日本放送協会、1996、pp.160-161)。しかし、筆者は、この『和硝子製作編』は、確かにより実践的であるが、同時に原料調合法の根本的変革など、むしろ『硝子製法集説』の影響を受けた書物として評価するべきであると考える。

(26) 前掲(23)20オ。「和製義屋満の法」の箇所では、「今世間に専ら流行なす偽製の義屋満と酒酪の器或は箒掃枝等に造れる物は、皆此法に依て製するものなり。絶て本製の硝子を作る者なし。故に其色は白しといへども破れ易し。実用の器となし難きものなり」と、作られているものが不十分であるとの指摘がなされている。

(27) 鹿児島県維新史料編纂所編『鹿児島県史料　斉彬公史料』第二巻（巌南堂書店、1981）pp.804-805。
(28) 宮本仲『佐久間象山』（岩波書店、1932）p.110。
(29) 矢島祐利「本邦に於ける窮理学の成立(二)」(『科学史研究』8号、1944)p.46。
(30) 大平喜間多『佐久間象山』（吉川弘文館、1959）p.81。
(31) 大日本窯業協会編纂『日本近世窯業史』第四編（1917）p.211。
(32) 前掲(31)p.8。
(33) 土屋良雄「日本のガラス小史」(『日本のガラス』、紫紅社、1987)p.182。
(34) 佐藤昌介『洋学史の研究』（中央公論社、1980）p.204。
(35) 前掲(1)巻三、p.313。
(36) 前掲(1)巻三、p.314。
(37) 前掲(1)巻三、p.313。
(38) E. Buys : *Nieuw en volkomen woordenboek van konsten en weetenschappen*, 4de deel, te Amsterdam, 1772, p.536.
(39) 前掲(38) 4de deel, p.537.

(40) 前掲(21)巻之上・15ウ。
(41) M. N. Chomel : *Algemeen huishoudelijk-, natuur-, zedekundig-en konst woordenboek*, 2de druk, 2de deel,1778, p.878. 筆者は、現在、国立国会図書館で所蔵されている第2版の再刷を利用した。
(42) 前掲(21)巻之下・1オ。
(43) 前掲(21)巻之下・3オ。なお、ショメルの百科事典では珪酸原料をあらわす言葉としては多くの場合 vuursteen が使われているが、zand という言葉が使われている場合もある。そのような箇所が翻訳される場合、「火石」という言葉と「砂石」という言葉は、必ずしも区別して使われているわけではない。例えば、この「ヒウチイシ」とルビが打たれた箇所から少し後の「たいへんきれいにした vuursteen ないしは zand を3の割り合いでとる」というところは、翻訳書の方では、まとめて「火石」とだけ記されている（前掲(41)p.879、前掲(21)巻之下では5ウ）。一方、その次の段落でも vuursteen と zand の二つの言葉が並んで使用されているが、そこでは「砂石」という訳語で対応している。また、節の見出しでも「vuursteen や zand をどのようにして得るか」は、「製砂石法」と訳されている（前掲(41)p.880、前掲(21)巻之下では8オ）。
(44) 『和硝子製作編』は21項目からなるが、そのうちの第三番は「石粉の事」という項目となっている。また、『硝子製法集説』巻之下でも「石粉」という言葉が使われている箇所があるが（6ウ）、その箇所はショメルの百科事典では vuursteen や zand などの言葉は使われておらず（p.879）、訳者の馬場が付け加えたところである。
(45) 本文でも示したように、ショメルの百科事典では、ガラスが出てくる最初のところでは loogzout が使われているが、次の「透けて見える普通のガラスを作るために」（前掲(41)p.879）の節では、alkalische zout が2カ所使われている以外は zout である。それに対し、「クリスタル・ガラスを作るためにはどのようにして塩を用意するか」（p.880）の節では、potasch という表現も使われる。さらに、ガラス原料のさまざまな調合法を記した「クリスタル・ガラスはどのようにして作るか」（p.880）の節では、再び loogzout という言葉が使われている。そして、フランスやイタリア、さらにはイギリスでは soda なども用いられるとしている。
(46) 前掲(21)巻之下・7ウ。なお、そこでは gemeene potasch は「尋常製法ノ繍蓬塩」と訳されている。
(47) 前掲(21)巻之下・7ウ。
(48) ヘンドリック・ドーフ等編『和蘭辞書和解』（大阪府立中之島図書館蔵）第27分冊。また、桂川甫周『和蘭字彙』（早稲田大学出版部復刻、1974）p.1592・3486・3741でも同様の訳語である。
(49) 宇田川榛斎『遠西医方名物考』（大阪府立中之島図書館蔵）の巻四には

第1節　ガラス作り

「蓬砂」が、巻二十八には「消石」が記されている。また前掲(1)巻三（p.439）には、「沓野山中にて、テレメンテイナを見出し申候。是は、宇田川榛斎が名物考などにも、和漢産詳かならずとしるし候ものに御座候」と記されていることからも、象山はこの本を読んでいたことがわかる。
(50)　宇田川榕菴『舎密開宗内編』（『舎密開宗　復刻と現代語訳』、講談社、1975）巻七、p.181。ここでは、硼酸ソーダがガラスの原料になることも記されている。
(51)　前掲(1)巻三、p.331。
(52)　前掲(41) p.882.
(53)　前掲(21)巻之下・23ウ-24オ。
(54)　前掲(41) p.880.
(55)　前掲(21)巻之下・8ウ。
(56)　なお、④の調合については、ショメルの百科事典と『硝子製法集説』とで値が異なっているので、ここではオランダ語原本であるショメルの百科事典の値に従った。
(57)　棚橋淳二「近世日本におけるガラス製法の発展とその限界（六）」（『松蔭女子学院大学研究紀要』第13号、1971) pp.22-23。
(58)　前掲(1)巻三、pp.313-314。
(59)　前掲(17) p.55。
(60)　井上暁子『薩摩切子』（びいどろ史料庫、1982) pp.30-32では、一部ではあるが、優遇されたガラス職人について紹介されている。
(61)　前掲(23) 20オ。「和製義屋満の法」の箇所。

第2節　カステレインの化学書と殖産開発

(1) はじめに

○志賀高原の殖産開発

　郡中横目役として、志賀高原の殖産開発のために沓野村・佐野村・湯田中村の三カ村の調査に初めて着手したのは、弘化元年（1844）10月のことであった。このときの調査は2週間にも及び、調査直後の11月、三村利用掛にも任命された象山は、藩に対し「藩老に差出せる興利袪弊目安箱」として知らる意見書を藩に提出した。そこでは、「興利之事」として26箇条、「袪弊之事」として「役人への供応の規制」など8箇条が提案されている。「興利之事」と名付けられた殖産興業案のうち、14箇条は「鉄鉱石、緑礬および緑礬油、明礬および礬石、灰汁塩、青御影石、石墨、代赭石、硫黄、石塩、蠟石、結麗土（ケレイト）、ゲイプス、磨砂」などの鉱石の採掘と加工についてであり、硝石の製造も含めれば16箇条にもなる。残る10箇条は、土地の開墾、材木の切り出しや植林、および平常原の開墾とそこでの馬鈴薯の栽培や、火薬の材料であり医薬品ともなる接骨木の栽培などの物産関係である。

　松代に戻った弘化3年（1846）以降の三カ村における象山の足跡を、白石國男による論考に従いながら振り返る。帰国した5月には、さっそく沓野村に馬鈴薯の播種を試みるとともに、利用方に命じて植林の現地調査を行わせ、9月には実際に植林を行った。また、同年の7月には硝石を作るための候補地である沓野村の大日向渡に検分に出かけ、10月にはブドウの採取と灰汁塩の製造を現地で行った。翌弘化4年には、佐野村に出向き、蠟石と硫黄の採

第2節　カステレインの化学書と殖産開発

取を行う。そして、嘉永元年（1848）3月には沓野村に人参の植え付けを行わせるとともに、6月から1カ月間にわたって志賀高原の調査を行う。このときの様子を著わしたものが有名な『沓野日記』であり、温泉の泉源発見などを行ったのもこの調査においてである。そして、直後の7月の終りには、はやくも職人に鉱山の試掘を行わせ、8月に再び入山するために役人を沓野村に派遣し、物品と人足の徴用を命じた。村民の既得権を無視し、矢継ぎ早に物品と人足の徴用を行う象山に対し、村民が反発して起こしたのが「佐久間騒動」と呼ばれるものである。村民の側から見て、象山のプランや行動がいかに受け入れ難いものであったかについては、北條浩の論考に詳しい。(3) しかし、この騒動にも懲りず、騒動が一段落した9月には上信の境まで鉱山検分のために出向き、12月の終りには藩費による試掘にこぎつけた。

翌嘉永2年の3月と6月の2回にわたって現地の検分に出向くが、結果は思わしくなく、同年の8月には藩より「沓野銀鉛山引払」を命ぜられ、三カ村に対する象山の関与はこれをもって終わる。弘化4年におきた善光寺地震からの復旧のため藩財政は急速に悪化し、御用商人の八田家が破産に瀕するという状況であり、もう少し資金をつぎ込んで試掘をすすめる余裕は藩財政にはなかったのである。(4)

これら一連の事業は、実際に成功したものは少なかったけれども、多くが西洋の知識を活用したものとして高く評価されてきた。そして、これらの知識の裏付けとなった書物が、前節で紹介したショメル（M. N. Choml）の百科事典や本節で取り扱う「カステレイン」と呼ばれる書物であるとされてきたのである。(5)

○「カステレイン」の「口授」

象山が黒川良安から蘭書の解説を受け始めたのは弘化元年（1844）6月頃からであり、同年の10月に象山が帰藩するまで行われた。象山は「初めて口授を得候て、洋文の法を以て原書を読候所に、大に益を得申候。此節、カステレインと申書の、土類の吟味に係り候所を、日々三枚位宛読候て、受口授

101

候、中々訳書とは致相違、其間、別に味有之候⁽⁶⁾」と、「カステレイン」の「土類の吟味」に関する内容を解説してもらったことに対し、感銘を受けた様子を書き残している。それは、「口授」という言葉からもわかるように、手元にあったいくつかの蘭書を対象に、象山が必要とする箇所の解説を聞くというスタイルであった。

　これまでの象山に関する論考のなかでは、「カステレインの土性書」と呼ばれているように、地質学的な色彩の濃い書物であると見なされてきた⁽⁷⁾。しかし、他方では、『舎密開宗』が著わされるための参考文献の一つであった『葛氏舎密』がカステレイン（P. J. Kasteleijn）の著わした書物に対応することから、化学書であるとも見なされてきた。象山と蘭学との関係を調査した池田哲郎は、「その師黒川良安から始めて口授を受けた本がこれである」とし、現在、真田宝物館に所蔵されている3冊からなる次の書籍がそれにあたるとしている⁽⁸⁾。

　　P. J. Kasteleijn : *Chemische en physische oefeningen, voor de beminnaars der schei- en natuurkunde in 't algemeen, ter bevordering van industrie en oeconomiekunde, en ten nutte der apothekers, fabrikanten en trafikanten in 't bijzonder*, 3 dln., Leyden, 1793-1797.
　　（本節では、何種類かのカステレイン著の本を扱うので、以下、『一般的には、化学や自然学の愛好者のための、特別には産業や経済、そして薬剤師や工場主、貿易家の利益の促進のための化学、自然学実践』と題されたこの書物を、『化学・自然学実践』と略記する）

　タイトルからみれば、この書物は地質学書というよりは化学書と呼ぶにふさわしいようであるが、これまでの象山に関する論考では、この「カステレイン」という書物が地質学書なのか化学書なのか、また仮に「口授」を受けた書物が『化学・自然学実践』とすれば、「土類の吟味に係り候所」とはそのなかのどの箇所に該当するのか、そして象山はどのような内容に感銘を受けたのか等、この書物に関することはほとんど明らかにされてこなかった。さらに、カステレインが著わした蘭書は『舎密開宗』の参考文献となったよ

第2節 カステレインの化学書と殖産開発

うに、この時代、比較的よく利用された書物であるが、一口に「カステレイン」といっても、カステレインが著わした書物はいくつかあり、これまでの洋学史研究のなかではそれらが区別されてきたとはいえず、混同して取り扱われてきた例も見受けられる。

そこで、本節では、次の二つの課題を取り扱う。まず、(2)〜(4)では、カステレインという人物についての簡単なスケッチを行うとともに、舶載された彼の著書の内容と国内での利用状況を述べ、幕末の洋学におけるカステレインの位置を述べる。続く(5)以降では、殖産開発に関わる知識を象山が形成する上で、カステレインが著わした書物の寄与を明らかにし、化学的な知識が象山の思想におよぼした影響について考察する。

（2） カステレインの生涯

『オランダ伝記事典』[9](1918) に基づいて、カステレインの生涯の概略を紹介する。カステレインは、1746年、ユトレヒト近くのブレーケレン（Breukelen）に生まれ、1794年、アムステルダムで亡くなった。早くに父と死別し、12歳のときユトレヒトで薬剤師の徒弟となった。その後、南米のスリナムに渡り、1765年、プランテーションの書記となったが、不幸にも友人を銃で撃ってしまい、すぐに故国に戻らざるをえなくなった。このとき（20歳）以降、アムステルダムに居を定め、薬剤師として生涯を過ごした。1772年には妻を娶り2人の娘をもうけたが、1778年には妻を亡くし、自身も病気のために片方の視力を失った。さらに、1789年には再婚したが、1791年には娘を喪うという不幸にみまわれた。

しかし、彼はこのような惨事と不幸にもかかわらず、戯曲の執筆や翻訳を行うなど文芸家として活動する一方、薬剤師という職業をベースに化学に関するさまざまな活動も行った。

化学分野における彼の活動について、上記の伝記事典およびスネルダース（H. A. M. Snelders）に従って紹介する[10]。化学の分野で彼の名が広く知られるようになったのは、1784年、ユトレヒト地方学芸・科学協会による「なぜ

我々の近隣の諸国とくにドイツでは、わが国よりも化学が重んぜられ、多くの他の学問と関連づけられるかということに関して、真の原因は何か」という課題の懸賞論文において、銀賞をとったことにある。1791年にはアムステルダムの公会堂において「商業における化学の重要性」というタイトルで演説を行い、「一般社会においても、専門的な化学的知識を欠くことのできない製造業や商業のさまざまな部門にとっても化学の知識が重要であること」を主張するなど、カステレインはオランダにおける化学の実用的な面からの振興を訴え続けた。その一環として、彼は、化学の分野ではオランダ国内で最初となる雑誌を発行し、以下に記すような3巻の書籍としてまとめられた。

P. J. Kasteleijn : *Chemische oefeningen, voor de beminnaars der scheikunst in 't algemeen, en de apothekers, fabriekanten en trafiekanten in 't bijzonder*, 3dln., Amsteldam, 1785-1788.[11]

その後も同様の雑誌を刊行し続け、それらをまとめたのが真田宝物館所蔵の『化学・自然学実践』である。カステレインが編集したこれらの雑誌は、「フロギストン主義者と反フロギストン主義者との論争に関する国外の文献の翻訳やコメントが含まれているので、影響力があった」という。なお、『化学・自然学実践』の第3巻の編者は、カステレインの死去のため、編者は彼のほかに、アムステルダムの植物学の教授で医学博士であるボント（N. Bondt）と同じく医学博士であるデイマン（J. R. Deiman）が加わっている。

また、雑誌の編集だけではなく、カステレイン自身も3巻からなる以下のような化学書の出版も行った。

P. J. Kasteleijn : *Beschouwende en werkende pharmaceutische-oeconomische, en natuurkundige chemie*, 3dln, Amsterdam, 1786-1794. （『薬学や経済および自然学のための理論的かつ実用的な化学』と題されたこの書物を『理論的・実用的化学』と略記する）

さらに、「学芸と手仕事の完全な叙述」と題する内容についても1788年以来、少しずつまとめはじめたようである。[12]

第2節　カステレインの化学書と殖産開発

（3）『化学・自然学実践』と『舎密開宗』

○『化学・自然学実践』の概要

　真田宝物館所蔵の『化学・自然学実践』は、各巻とも470ページから480ページにわたる大部のものである。象山はこの本を「スコールブック」と呼んでおり[13]、これまでの研究でも通常の書物として扱われてきたが、先に示したようにこれは論文集である[14]。

　このことは、その内容を見れば、よりはっきりする。序文では、「煩雑な仕事の最中にも、私は少なくない時間を有益な記事や成果を集めることに費やした[15]」と、カステレイン自身により「有益な論文」を集めることの必要性が述べられ、実際に第1巻を見ると、そこでは、56項目の記事や論文が掲載されている。そのうちの5項目は「発表」という数行から数十行程度の短いものであり、残る51項目のうち40項目については、さまざまな人々の署名入りの論文となっている。それらは、無署名のものも含めて、量的には大半は数ページ程度のものであるが、なかには数十ページにおよぶものまであり、内容的にはお互い独立している。このような体裁と構成は、第2巻や第3巻でも共通である。

○『舎密開宗』の参考文献『葛氏舎密』

　次に、この『化学・自然学実践』の国内での利用状況を述べる。わが国における化学導入の魁(さきがけ)となったものとして名高い『舎密開宗』は、坂口正男が明らかにしたように、イペイ（A. Ypey）によるヘンリー（W. Henry）の化学書の蘭訳本をベースに、多くの蘭書を参考にして著わされたものである[16]。そして、「意旨淵深ニシテ、往々初学ニ在テハ解シ易カラザル者アリ。故ニ釈義ヲ他書ニ採リ……附録ハ皆予ガ増註ニ係ル。夫ノ援引スル書ハ即」[17]として、挙げられている書籍の一つに「葛氏舎密（葛斯的列印(カステレイン)著、千七百八十八年刻）」がある。坂口正男は、この『葛氏舎密』とは、上で紹介した『理論的・実用的化学』であるという[18]。しかし、筆者の調査の結果、これは

105

『理論的・実用的化学』ではなく、『化学・自然学実践』であることが判明したので、その根拠について以下に記す。

『葛氏舎密』は『舎密開宗』のなかでは十数箇所で引用されている。『舎密開宗』の『復刻と現代語訳』の索引では、カステレインによる引用箇所として13箇所が紹介されているが、ほかに『葛氏舎密』という本からの引用という形ではなく、カステレイン自身の名がでてくる箇所があり、例えば、それは蓚酸の製法や性質について説明されている箇所である。この引用されている『葛氏舎密』が、坂口正男が指摘するように『理論的・実用的化学』なのか、筆者が主張するように『化学・自然学実践』なのかを明らかにするため、引用箇所のなかで当該の実験や製法などが発表された年代や、それを行った人名が記されている箇所に注目したので、それについて述べる。

年代も含めて紹介されているのは、次の3箇所である。

① 「ケイル」による銀を溶かす液について[19]
　「葛氏舎密ニ、千七百九十一年、龍動府、伊・圭爾ノ説ヲ引テ云」（イ ケイル）

② 「ギアベルト」による燐の作り方[20]
　「葛氏舎密ニ、千七百九十二年（寛政四年）、義阿別爾多氏製燐法ヲ引テ曰」（ギアベルト）（カッコ内は原文割書）

③ 「ペルレチール」による燐酸の作り方[21]
　「燐酸ヲ為ス法ハ、燐片ヲ漏斗ニ納レ……。葛氏舎密ヲ按ニ、此レ仏蘭西ノ百爾列智児（ペルレチール）、千七百八十五年（天明五年）、先賢沙業氏（サーグ）ノ法ニ基テ発明スル処ナリ」（同上）

また、年代は記されず、その実験を行った人物名だけが記載されているのが次の2箇所である。

④ 「ヒルデルブランド」による酸化水銀の作り方[22]
　「葛氏舎密ニ、費爾徳爾貌蘭度（ヒルデルブランド）ガ赤溂論ヲ引テ云」

⑤ 「ビンドヘイム」による吐酒石の作り方[23]
　「葛氏舎密ニ、並度歇乙撲（ビンドヘイム）ガ韃爾答製法論ヲ引テ云」

さらに、蓚酸について説明されているのは、次の箇所である。

第2節　カステレインの化学書と殖産開発

⑥「カステレイン」による蓚酸の作り方[24]
　「葛氏ハ……蓚酸……ヲ得タリト記ス」

　上の引用からすぐにわかるように、上の①と②は、各々、1791年および1792年に発表されたものとして紹介されているのに対し、この『葛氏舎密』が上記の『理論的・実用的化学』であるとすれば、その発行は1786-1788年であり、年代については矛盾がある。②では寛政4年と元号もあわせて示されており、『舎密開宗』の西暦が誤っているとは考えられない。また、③については、「第十七図ニ出」と実験の様子を示した図版が掲載されているが、今のところ、これと同じ図を『理論的・実用的化学』のなかに見いだすことはできない。

　それに対し、上の①~⑥の内容の原本に該当すると考えられる箇所は、いずれも、もう一方の『化学・自然学実践』のなかに見いだすことができる。①のもとになった論文を(1)という表現形式で、①~⑥の原論文を列挙すると以下のようになる。なお、各論文が掲載されている巻およびページを(　)内に示しておいた。

(1) Proeven en waarneemingen wegens de oplossing der metaalen in zuuren en derzelver nederplofsels; benevens een merkwaardig bericht, aangaande een nieuw zaamgesteld zuur oplosmiddel, 't welke bij eenige bewerkingen, ter scheiding des zilvers van andere metaalen, dienstigis; door den Ridder J. Keir, te London 1791. (2de. deel, pp.238-256)

(2) Aanleiding, om phosphorus uit urin spoediger en onkostbaarer te bereiden, dan uit beenderen;door den heer Giobert. 1792. (2de. deel, pp.359-363)

(3) Verhandeling over de bereidingen van het acidum phosphoricum en phosphoreum, met waarneemingen over de soda phosphoata; door den heer B. Pelletier. 1792.(2de. deel, pp.347-358)

(4) Bereiding der roode praecipitaat,door salpeterzuur;door den hoog-

leeräar Hildebrandt. 1792. (2de. deel, pp.460-464)

(5) Proeven en waarneemingen, ingericht ter verkrijging van zekere gronden voor het gebruik en de bereiding van den tartarus emeticus. door den heer J. J. Bindheim, apotheker te Moskou., 1788. (1ste. deel, pp.125-133)

(6) Verhandeling over, en beredeneerde bereiding wijze van het suikerzuur; deszelfs verbinding met loogzoutige- en metaalachtige ligchaamen tot middenzoutige zelfstandigheden; enz.,1789. (1ste. deel, pp.1-44)

〇『葛氏舎密』と『化学・自然学実践』との内容比較

　以下、実際に『葛氏舎密』が『化学・自然学実践』に対応することを、上の(1)～(6)の各論文の内容を検討することを通して確かめる。以下の記述では、まず『舎密開宗』での記述を紹介し、次にそれに対応する『化学・自然学実践』中での記述を紹介する。なお、『舎密開宗』からの引用については先のものと一部重複するが、比較の便宜のために再掲する。また、宇田川榕菴が『化学・自然学実践』のどの範囲をどの程度、参考にしているかの目安を得るため、筆者による訳出箇所の『化学・自然学実践』での掲載ページを（　）内に示しておいた。なお重量単位については、『舎密開宗』では作字されているので、引用にあたっては、わかりやすいように単位名を［　］内に示した。

(1)の論文について

『舎密開宗』における記述内容

　「葛氏舎密ニ千七百九十一年、龍動府、伊・圭爾ノ説ヲ引テ云。硫酸・消酸ノ和剤ハ特リ銀ヲ溶シテ、銅、鉄、鉛、格抜爾多、黄金、白金ヲ溶サズ。故ニ権リニ之ヲ妃水ト名ク（黄金ヲ金王ト号スルニ対シテ、銀ヲ金妃ト名ク）。〇此酸ハ舎密家、工匠家、銀ノ他金ニ混雑スルヲ分ツニ用フベシ。〇製法ハ

第2節　カステレインの化学書と殖産開発

硫酸（水ニ比シテ一千ト一千八百四十四トノ如キ者）八［ポンド］或十［ポンド］ニ消石一［ポンド］ヲ和匀ス。○銅ト銀ト混雑スル者ヲ屑トシ、磁堝ニ納レ、此酸ヲ注キ、攪セ、一百度自リ二百度ニ至ル火ヲ以テ煮溶シ、海塩ヲ和スレバ、銀分ハ塩酸銀ト為テ沈ム。之ヲ甘堝ニ納レ、多量ノ剝篤亜斯ヲ加ヘ、鑠化スルヲ候ヒ、頻ニ消石末ヲ撒下スレハ精銀ト為ル。……○英国、別爾泯倔法譓（ベルミングハム）ニ大銀工家アリ。銀ニ銅ヲ胎夾シテ薄葉ニ錘成シ、筒匣、饌器（カグ）ヲ造ル。声名甚籍ク。故ニ鉎屑（ヤスリコ）、鏃花截片（ヒキクズキリクズ）、塵積シテ山ノ如シ。従来灰池ヲ以其銀ヲ分ツト雖モ、鉛ノ費多ク、銅モ亦減耗スルニ苦ム。前年、予、此法ヲ彼工家ニ伝フ。今彼ノ常法ト為リ、大ニ利ヲ獲ト云フ」（丸カッコ内は原文割書）

『化学・自然学実践』のなかでの対応箇所

「ビトリオールの酸（硫酸）のなかに溶けた硝石が入っている混合物は、銀をたやすく、かつ十分に溶かすことができる。それに対し、その混合物は、銅、鉄、鉛、コバルト、金、およびプラチナを冒すことはない」[25]（p.239）

「ふつうイギリスで用いられる100グレインの硫酸は、水に対するその重さの割合が、1に対して1.844のものである」（p.240）

「バーミンガムの工場では銀を使った銅の容器の製造が盛んである。巻かれたり、延ばされたりされた金属の切断の際には、互いに分離し、そこから再び金属を得ることができないような小さなくずが得られる。2つの金属を失うことなく、互いに分離するための容易で費用の少ない方法は、工場主にとってもたいへん重要な問題である。この目的のためには2つの方法が用いられてきた。1つは、金属のくずに鉛を加えて熔かすことにより、両者を分離する方法である」（pp.246-247）

「2～3年前に、私は硫酸と硝石の上述の混合物により、銅から銀を分離する方法を伝えた。そして、私が確実にしたこの方法は、現在、バーミンガムの工場主に一般的に受け入れられており、その他の方法のなかで最も費用の少ない方法であることを私は疑っていない」（p.247）

「平らにした金属の断片を皿の上に置き、——8ないし10ポンドの硫酸に1ポンドの硝石を加えた——酸の液体を注ぎ、しばしばその表面を新しい液にさらすために金属をかき混ぜ、100度から200度——華氏——の暖かさにしてその働きを促進する。その後、塩酸を加えることにより、銀を沈殿させる。これは角銀（塩化銀——筆者）なので、十分な量のポットアスをるつぼに入れ、最後に必要なら硝石を上からまくことにより銀に戻す」(pp.247-248)

「錬金術師が、金を溶かす特有の溶液に王水という名を与えるのと同じように、これの特質から妃水の名があたえられている」(p.248)

(2)の論文について
『舎密開宗』における記述内容
「葛氏舎密ニ、千七百九十二年（寛政四年）、義阿別爾多氏(ギアベルト)製燐法ヲ引テ曰。燐ハ前賢裙結爾氏(キュンケル)、人尿ヲ以テ製シ、其後、悉胚列(シケーレ)等獣骨ヨリ取タル燐酸ヲ以テ製ス。……余ハ古ニ溯リ、尿ヲ以テ燐ヲ製スル簡法ヲ発明ス。多量ハ一日、少量ハ少時ニ製スベシ。〇其法、人尿或馬溲（新鮮ノ者ヲ佳トス）ニ消酸鉛、或ハ醋酸鉛(ロードソイクル)ヲ加ヘ、沈降スル物（燐酸鉛）無キニ至リ、上清ヲ傾ケ去リ、水ヲ以テ其沈澱ヲ洗ヒ、此ヲ綿布上ニ置テ淋シ、法ノ如ク浮炭末(ケシズミ)ヲ和匀シ、銅銕ノ鍋ニテ炎リ乾シ、列篤爾多ニテ餾スレバ、初ニ油ノ如キ尿精出。次ニ黒キ焦油ヲ瀝ス。二物出尽ルヲ候ヒ、受器ニ水ヲ盛テ列篤爾多ノ嘴ヲ浸シ、烈火ヲ以テ餾スルコト四分時ニシテ燐出ッ。古法ノ如ク猛烈ノ火ヲ要セズ。〇燐酸鉛百分ヲ餾シテ、燐十四分自リ十八分ニ至ルヲ得ベシ。〇消酸鉛ハ価貴シ。故ニ醋酸鉛ヲ用フ。但シ醋酸鉛ヲ用ルトキハ、尚醋酸少許ヲ添テ燐酸鉛ヲ製スベシ」（丸カッコ内は原文割書）

『化学・自然学実践』のなかでの対応箇所
「シェーレ（K. W. Scheele）やガーン（J. G. Gahn）の方法によれば、リンは尿からよりも、簡単に得ることができる。しかし、彼らの仕事によっても完全なものはなお尽くされていない。……多くのリンを一日で、少量の場合

第2節　カステレインの化学書と殖産開発

は僅かな時間で、安価にかつ簡単に、そしてたいへん早く作ることができる新しい方法を私の論文のなかで紹介する」(p.359)

「任意の量の尿を取る。尿は人のものよりはむしろ馬のものからのものがよい。病気のものからでも健康なものからでもそれほど問題はない。……沈殿がなくなるまで、用意した硝酸鉛を注ぐ。——尿から抽出した物質からなる——混合物を十分に薄め、それをリンネルの布の上に注ぐ。残ったものに炭の粉——ペルティエ（B. Pelletier）によればパン屋の炭が最もよいという——を混ぜ、鉄製ないしは、より好ましいのは銅製のなべで乾かし、その後乾留する。尿から完全にはリン酸鉛を分離することはできないので、初めは油のような尿の精が、次に燃えた油のようなものが出てくる。まもなく油は来なくなり、受け口を水で満たされた他の容器の先に移し、火を強くする。$\frac{1}{2}$時間もすれば、ときどきリンが現れてくる。そして、8時間もすれば容易に12ないしは14オンスのリンを得ることができる。私には、骨からよりもより少ない火力で得られるようにみえる。硝酸鉛の代わりに、価格がたいへん安い鉛糖（酢酸鉛——筆者）を利用することができる。混ぜたものを尿に浸し、さらに僅かの酢酸を加える。(27)これらの量と得られるリンの量とはかならずしも対応しない。それは、尿の質や方法の注意深さにも左右される。もしこれらが完全に行われ、十分な量のリン酸鉛が存在するならば、100のリン酸鉛から14ないし18のリンが得られる」(pp.360-362)

(3)について
『舎密開宗』における記述内容

「燐酸ヲ為ス法ハ燐片ヲ漏斗ニ納レ、斗嘴ヲ壜ニ挿シ置バ、其燐、気中ノ酸素ヲ禀テ酸化シ流動シテ燐酸（按ニ亜燐酸）ト為リ壜中ニ滴瀝ス。〇葛氏舎密ヲ按ニ、此レ仏蘭西ノ百爾列智児、千七百八十五年（天明五年）、先賢沙業氏ノ法ニ基テ発明スル処ナリ。燐少許宛、長キ玻璃ノ小漏斗四十個ニ納レ、之ヲ一個ノ大漏斗ニ攢シテ挿シテ、麦酒盞ニ載セ、水ヲ盛リタル皿上ニ置キ、孔アル玻璃鐘ヲ覆ヒ、鐘孔ヨリ大気ヲ招テ燐ヲ酸化ス。若シ其酸化過

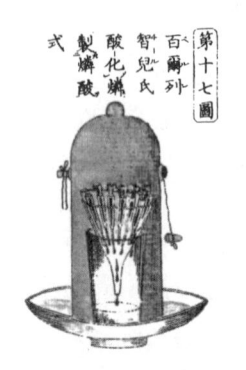

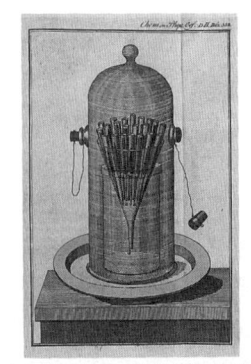

図2 『舎密開宗』(左)と『化学・自然学実践』(真田宝物館蔵)に掲載の図

ハタ進ムトキハ、鐘孔ヲ塞テ宜キニ適ハシム。皿中ノ水モ亦水霧ヲ蒸騰シテ、自ラ燐ノ酸化ヲ扶ク。第十七図ニ出ツ。刺暉西爾曰、燐百分ヲ酸素瓦斯或ハ大気内ニテ蒸セバ、酸化シテ燐酸百五十分ヲ生ス（葛氏舎密ヲ按ニ、此ハ刺先生千七百八十年第三月ノ発明ニシテ、全燐酸ヲ製スル法ナリ）」（丸カッコ内は原文割書）

『化学・自然学実践』のなかでの対応箇所

「1777年3月、アカデミーのラボアジェ（A. L. Lavoisier）氏によるリンの燃焼について、つまり、その酸の生成についての論文——燃えたリンというのは、周囲の空気の一部である精製空気（酸素——筆者）と結びついたものであり、1グレインのリンに対し、$1\frac{1}{2}$グレインの精製空気が結びついたものであることを我々に教える論文である」(p.348)

「1780年3月、ラボアジェ氏は、リンから硝酸を使って、最も少ない費用で、かつ、たいへん巧みに、リン酸を得ることができることを示した」(p.350)

「私は、サージ（B. G. Sage）氏の方法に従って、大量のリン酸をうまく得ることができた。相違点は次の通りである。円筒状のリンを小さなガラス管に入れ、その最下部の先端は漏斗状にして閉じてられているが、生み出されたリン酸の滴りを通過させるための非常に小さな穴は開いている装置を使っ

第2節　カステレインの化学書と殖産開発

たことである。私は、その中に円筒状のリンが入れられているおよそ40個の小さな管を一つの大きな漏斗のように束ね、大きなコップの上に置いた。リンの分解、ないしは目に見えない燃焼を促す湿った空気を準備するために、その中に水が入っている皿の上にコップを置いた。装置はその状態を保つために、鐘形のガラス容器で覆われている。しかし、その状態を保ち、更新しないと、部分的にある精製空気が奪われるので、外の空気を取り入れるために、その鐘形容器にはパイプを通す穴が開けられている。もし、リンの分解が早く進むときには、実験の始めにはそのようなことがときどき起こるが、そのときには容器の横にある穴を閉じる」(pp.351-352)

(4)について
『舎密開宗』における記述内容
　「葛氏舎密ニ、費用爾徳爾貌蘭度(ヒルデルブランド)ガ赤降澒論ヲ引テ云。赤降澒ハ通常、黄赤、若クハ黯赤ノ者多シ。和蘭ニ専匠有テ製スル所ノ者、特リ紅色鮮明ナリ。独乙人竊カニ其秘蘊ヲ窺ヒ倣製スレトモ、其色遂ニ和蘭ノ製ニ及バズ。必竟、消酸ノ醇疵(醇厚ノ消酸二分ニ餾水一分ヲ和スル)ト解澒ノ冷燠(七十度ヨリ八十度温ニ至ル)火神ノ剛柔、焇煆ノ永短ニ係ルノミ、大概煆クコト不及ナレバ黄色去ラズ、過レバ黯色ヲ生ス」(丸カッコ内は原文割書)

『化学・自然学実践』のなかでの対応箇所
　「赤い水銀灰(赤降汞——筆者)を作るには、硝酸の中に水銀が溶けた酸を十分に加熱して蒸発させ、最後には水銀灰(酸化水銀——筆者)を残す。しかし、この水銀灰の赤い色は、作り方によりさまざまな色になる。それは、どんなものでも美しい淡い赤色というわけではない。あるときは、やや黄色がかった赤色であったり、またあるときは赤っぽい黄色や茶色のときもある。オランダ人が得たような特によいものが、いつも得られるとはかぎらない」(p.460)
　「さまざまなドイツの化学者が次のことを証言している。我々の工場で見

いだされるような、たいへん美しい赤降汞を作成するための処方を得ようと多くの人が試みたが、誰も成功しなかった」(p.460の注)

「赤降汞の色は、一部は酸の強さに、一部は溶けているものが分離されるところの温かさの程度に、一部は酸を追い出す早さに、一部は水銀灰を加熱する時間により左右される。美しくて、淡い赤色の輝く水銀灰を、たとえ少量でも得るためには、次のような方法を私は推奨することができる。濃硝酸2に蒸溜された水1を加えた硝酸をガラスの容器に入れ、70度から80度——華氏——の穏やかな温かさに保ち、酸によってそれ以上損なわれなくなるまで、水銀を徐々にいれる」(p.462.)

(5)について
『舎密開宗』における記述内容
「葛氏舎密ニ、並度歇乙摸(ビンドヘイム)ガ韃爾答製法論ヲ引テ云。亜爾瓦琭知散九銭[ダラクマ]ニ酒石英二［オンス］半ヲ和シ、餾水七十二［オンス］ニ煮テ、密ノ稠トシ、之ヲ餾水ノ沸湯三十六［オンス］ニ溶シテ澄ヲ取リ、其垽ヲ餾水ノ湯十二［オンス］ニテ洗ヒ、洗水ヲ本澄ニ合シ、煮テ乾セバ韃爾答二［オンス］六銭［ダラクマ］ト為ル。如此、多量ノ韃爾答ヲ製シ得ルハ、餾水ノ徳ナリ。常水ハ甘冽ノ泉ト雖モ、必ス加爾基分アリ。此加爾基、酒石酸ニ和シテ大ニ酸性ヲ敗リ、且ツ無用ノ酒酸加爾基ヲ生ス。○此韃爾答一［オンス］ニ精製消酸加里等量ヲ研和シテ、熾紅ノ甘堝内ニ投スレバ、曄〻吼(パチパチスル)声ヲ発シテ焼灰トヰル。之ヲ他ノ浄楚ナル甘堝ニ移シ、炭末ヲ滲ケ瓦坯(カハラケ)ヲ覆テ通紅ニ煆ケバ泡漲シテ竟ニ流動ス。是ニ於テ洊リニ炭末ヲ滲ケ八分時、烈火ニ爍シ、火ヨリ出セバ精美ノ私知彪母一銭［ダラクマ］ヲ得」

『化学・自然学実践』のなかでの対応箇所
「精製した酒石英を使用したにもかかわらず、石灰質土が含まれている通常の水に溶かしたときには、吐酒石の作成において正しい方向とはずれる。その場合には、石灰質土が含まれる水のなかでは、水に溶けない酒石酸とセ

第 2 節　カステレインの化学書と殖産開発

レナイトの化合物となり、酒石酸とは化合しなくなる。それを避け、多くの良質の吐酒石を得るには、よく蒸留された水を用いることである」(p.127)

「9 ダラクマのアルガロッチの粉と 2 オンス半の酒石英の混合物に72オンスの蒸留水を加え、蜜のような濃さにまで煮詰める。その後、36オンスの沸騰した蒸留水に溶かし、さらに残ったものは12オンスの沸騰した蒸留水で洗えば、2 オンス 6 ダラクマの吐酒石が得られる」(p.128)

「1 オンスの吐酒石と多量の清澄な硝石とをよく混ぜ、さらに新しいきれいなるつぼに入れ、少しの木炭の粉末をふりかけ、タイルのようなもので覆う。るつぼが赤熱し、粉末が上の方に泡立つまで徐々に火を強くする。その後、粉末は再び沈み液体のようになる。そして、再び少しの木炭をふりかけ、$\frac{1}{4}$ 時間後に火をとる。そして冷やすと、十分に清澄ではないが、76グレインのアンチモン（スチビウム）が得られる。これを清澄にするためには、もう一度黒色融剤で洗うと、60グレイン（1 ダラクマ——筆者）の清澄なアンチモン（スチビウム）が得られる」(p.130)

(6)について

『舎密開宗』における記述内容

「蓚酸ハ価貴シ。之ヲ製スルニ多分ノ消酸ヲ費ス故ナリ。葛氏ハ糖一［オンス］消酸七［オンス］ヲ以テ、蓚酸三銭［ダラクマ］十［グレイン］半ヲ得タリト記ス。……蓚酸ハ酸味極テ酷裂ナリ。七［グレイン］ヲ以テ二［ポンド］ノ水ヲ酸味ナラシム。葛氏云。一［グレイン］ヲ水二［オンス］ニ溶ス者ハ其酸味常用ノ葡萄醋ニ匹儔スベシ。晶形四面駢胎柱其二面ハ狭ク二面ハ闊シ」

『化学・自然学実践』のなかでの対応箇所

「その結果、2 オンスの糖と14オンスの硝酸により、6 ダラクマ21グレインの清澄な蓚酸を作成した」(p.16)

「それは、プリズムの少し上の方を切ったような角柱の結晶である。この

結晶は、たいていの酸と同じく空気中の水分を吸収し、酒石酸にもよく溶ける。温度が高く乾燥した空気中では結晶形を失い、アルカリ・ミネラル（炭酸ソーダ——筆者）と同じく粉末状となる。水に溶けると酸っぱい味がする。2オンスの水に1グレインの蓚酸を溶かしたものは、通常の酢と同じくらい、かなり酸っぱい味のする液体となる」(p.21)

　以上、六つの例で見たように、『舎密開宗』の参考文献である『葛氏舎密』とは、これまでいわれてきた『理論的・実用的化学』ではなく、真田宝物館所蔵の『化学・自然学実践』であることは明らかである。

　(2)のリンの製法に関する内容のように、『化学・自然学実践』掲載論文の叙述順序に従って、その半分弱程度が訳されているものもあれば、(6)の蓚酸に関する内容のように、論文全体のごく一部だけが訳されている場合もある。また、(1)の銀の分離に関する内容のように、『化学・自然学実践』で叙述されている内容を要約し、その順序が変更して記されている場合や、(4)の赤降汞に関する内容のように、注に記されている内容が紹介されている場合もある。また、(3)のリン酸の製法に関する論文に掲載されている装置の図と『舎密開宗』の図とは同一である。なお、この論文の紹介において、ラボアジェが発見したリンと酸素との比率については榕菴の誤解であり、年月についても、p.350の文章との混同がみられる。

　全体を通して、内容的には、物質の製造方法や収量に関する事柄などを中心に、翻訳ないしは内容の要約が行われており、「化学的知識を欠くことができない製造業」のために有益な内容の提供を意図した『化学・自然学実践』の特徴を榕菴はよく見抜いていたことがわかる。

（4）『理論的・実用的化学』と『カステレイン硝子製造篇』

○『理論的・実用的化学』の概要

　『理論的・実用的化学』の第1巻は1786年、第2巻は1788年、第3巻は1794年に刊行された。「この書物の第1巻ではさらなる研究や実践により、

第2節　カステレインの化学書と殖産開発

理論的な化学についてのかなりの知識や、実用的な化学についての実り豊かな知識に達するための基礎を、私は築いた。……(中略)……第2巻では、私は薬学に関する化学を取り扱った。……(中略)……続く第3巻では、私は経済と関わる化学を述べようと思う」(28)と著者が語る言葉が、この書物の内容を端的に表現している。

　10章で構成される第1巻の最初の第1章から第3章においては、化学の歴史や現在の簡単な情況、化学的な用語や化学全体についての簡単な解説がなされる。そして、第4章以降で、実際の物質や生成方法についての具体的な説明が行われる。

　第4章では、自然界に存在するさまざまな物質が、鉱物や植物・動物に起因するものに分類され、さらに、鉱物に起因するものは、土類・酸・アルカリ・塩・可燃性物質・金属などに細かく分類して紹介される。続く章では、三つの原質からなるパラケルスス（Paracelsus）の説なども紹介しながら、さまざまな物質を構成する成分や基本的な物質についての考察が展開される。そして親和力についての解説に二つの章があてられ、最後に化学で使われる道具の説明で終わるという構成である。

　第2巻では、先に紹介したカステレインの言葉通り、薬学との関係を中心に、蒸留により得られる物質、多くの種類の酒精・酸・アルカリ・塩などが紹介されている。第3巻では、実際の経済活動との関連で、金属や酸・アルカリ・塩・ガラスなどの加工や製造が紹介されている。さらに、「私は第4巻では、自然学と関係の深い化学について述べるように努力する」と第2巻の序文でカステレインは語ったが、第3巻の発行が彼の死去と同じ1794年となってしまい、結局、第4巻は刊行されなかった。

〇国内での所蔵と利用状況

　現在、筆者の知る範囲では、『理論的・実用的化学』の第1巻と第2巻が、金沢大学医学部において所蔵されており、それには「壮猶館文庫」「養生所医局蔵」「金沢藩医学館」等、幕末期に金沢藩で次々に作られた洋学関係の

学校印が残されている。象山の蘭学の師であるとともに、安政元年（1854）、壮猶館の開設に際してはその翻訳方となり、慶応3年（1867）開設の卯辰山養生所にも積極的にかかわり、明治3年（1870）開設の金沢藩医学館の総督医として諸事を統括した黒川良安と関係の深い本であったことがわかる。[29]

前述したように、『理論的・実用的化学』が『舎密開宗』の参考文献ではなかったとすると、この書物は金沢藩以外では利用されなかったのだろうか。現在、鹿児島大学附属図書館所蔵の玉里文庫には、島津斉彬所蔵と推定される「春藪文庫」と印記のある『カステレイン硝子製造篇』という25枚の訳者不明の稿本が存在する。この稿本を最初に紹介した棚橋淳二は、その原書は不明であるとしているが[30]、しかし、筆者が調査した結果、この稿本の原本は『理論的・実用的化学』第3巻であることが判明した。なお、前述したように第3巻は国内には現存しないので、筆者はブール・ハーヴェ博物館所蔵のものを参照した。

『理論的・実用的化学』第3巻の第38章は「ガラスの製造について」となっており、§.1393-1438まで46の節からなっている（pp.246-306）。『カステレイン硝子製造篇』の書き出しは、「硝子ハ凡テ其質堅ク破砕シ易ク、透明ニシテ光沢アリテ、猛火ヲ以テスルノ外ハ溶解スルコトナク、又猛勢ノ諸液モ浸透スルコトナク、又其質モ猛液ニ感スルコト少シ。又此硝子ヲ猛火ヲ以テ鎔解シ、無量ノ器物及飾具ニ作スコトヲ得ベシ。実ニ今日ノ諸用ヲ助クルノ妙器ナリ」[31]となっている。一方、『理論的・実用的化学』の§.1393の最初は、「ガラスというのは、一般的には硬いが、こわれやすく、透明で輝いており、非常に強い火以外では溶けない。強い液体でもあまり溶けず、それらを浸透させない素材である。種々の形の容器や器具、装飾品に加工する上で不可欠でかつ有用な素材でもあり、非常に多様な方法で利用される」[32]と、ほぼ忠実に訳されていることがわかる。

また、§.1394のガラスの歴史も忠実に訳されており、§.1395のガラスの分類についても「緑色硝子」「白硝子」「水晶硝子」「鏡硝子」の4種類と両者で共通である[33]。このように、『理論的・実用的化学』の§.1393から§.1419まで

第2節　カステレインの化学書と殖産開発

を順に、ほぼ全訳されたものが『カステレイン硝子製造篇』である。

　翻訳された箇所に相当する『理論的・実用的化学』の節のタイトルを示す。但し、『カステレイン硝子製造篇』では、このタイトルは訳されていないので、以下では、目次のところに掲載されているタイトルを示す。また、本文中には、通常はタイトルは入っていないが、ところどころ、いくつかの節をまとめるような表題が入っている箇所もあるので、それについては※で示した。

　§.1393　ガラスの定義
　§.1394　ガラス製造の歴史的なスケッチ
　§.1395　ガラスのさまざまな種類（『カステレイン硝子製造篇』ではガラスの分類のところが一部、訳されていない）
　§.1396　ガラスの一般的な構成要素
※ガラス製造の一般的な規則
　§.1397　ガラス製造の一般的な規則
　§.1398　ガラス製造の理論、砂について
※緑ガラス及び黒緑色のガラスの製造
　§.1399　緑ガラス及び黒緑色のガラスの製造
　§.1400　フリッタ
　§.1401　フリッタをガラスに入れること
　§.1402　緑ガラスを造るための他の方法
※白ガラスの製造
　§.1403　白ガラス
※水晶ガラスの製造
　§.1404　水晶ガラス
　　（『カステレイン硝子製造篇』では最後の補足のところが訳されていない）
※ガラスを造る炉
　§.1405　ガラスを造る炉
※鏡のためのガラス

§.1406 鏡のためのガラス
§.1407 鏡ガラスを溶かすための炉
§.1408 ガラスを溶融するためのるつぼ
§.1409 溶融時間について
　　　　　　　（『カステレイン硝子製造篇』では訳されていない）
§.1410-1411 溶融
§.1412-1413 溶融したガラスの冷却
　　　　（『カステレイン硝子製造篇』では§.1413は一部しか訳されていない）
§.1414 その検査
§.1415 その研磨
§.1416 鏡ガラスの値段
　　　　　　　（『カステレイン硝子製造篇』では訳されていない）
§.1417 色のついたガラスに変化させること、および人造の宝石
§.1418 黒いガラス、青いガラス、サファイア・ブルーのガラス、アメジストブルーのガラス、エメラルド・グリーンのガラス、（鉛ガラス）、血赤色のガラス、パープル赤のガラス、黄色のガラス、トパーズ色のガラス、黄金色のガラス（目次では鉛ガラスは記されているが、本文中には記されていない）
§.1419 宝石の材料

　この『理論的・実用的化学』は、現在、金沢大学医学部で所蔵されている第1巻と第2巻の2冊だけではなく、第3巻も舶載されていたことが明らかとなった。また、鹿児島藩でこの本が利用されていたとすれば、「然は所持之書物三部入貴覧候……（中略）……スマルレンヒユルグ五冊、カステレイン三冊、ヘルハンデリンゲ一冊」と、弘化2年（1845）島津斉彬が水戸の徳川斉昭に貸出した「カステレイン」という書物は、真田宝物館において所蔵されている『化学・自然学実践』ではなく、この『理論的・実用的化学』と考えた方がよい。

第2節　カステレインの化学書と殖産開発

（5）黒川良安から口授を受けた蘭書

○真田宝物館所蔵の『化学・自然学実践』

　現在、真田宝物館において所蔵されている『化学・自然学実践』の目次や本文中のところどころには赤通しが残されており、それらの論文を以下に示す。なお、第1巻と第2巻の扉には「平啓印章」「象山氏」、巻末には「裏貞亭長」の印が残されているが、第3巻にはどの印もない。

第1巻

「アルカリや金属と結びついて、中性塩の構成要素となる蓚酸について、及びその作成方法についての論文」　　　（pp.1-44、赤通しは p.32・38）

「氷植物の構成要素を明確にするために、それを使った実験」
　　　　　　　　　　　　　　　　　　　（pp.56-64、赤通しは p.62）

「鎮痛剤の液を蒸溜した残りをきれいなビトリオールの酸に戻す方法」
　　　　　　　　　　　　　　　　　　　（pp.68-69、赤通しは p.69）

「鉱物アルカリ、ソーダ、硫酸カリウム、塩酸、マグネシア・アルバという五つの重要な素材の有利で互いに関連する工場規模での作り方についての紹介」[35]　　　（pp.95-114、赤通しは目次および p.101・108）

「吐酒石の利用と作成の確かな基礎を得るための実験と観察」
　　　　　　　　　　　　　（pp.125-133、赤通しは目次および p.127・133）

「白降汞、赤降汞、昇汞や甘汞の最も有利な作り方についての観察と実験」　　（pp.191-205、赤通しは目次および p.196・199・201・205）

「リンネルや綿を美しく丈夫に染める方法」
　　　　　　　　　　　　　　　　　　（pp.234-238、赤通しは目次のみ）

「赤の白檀で染める方法」　　　　　　（pp.239-244、赤通しは目次のみ）

「サクソン青の染色について」　　　　（pp.266-286、赤通しは目次のみ）

「明礬と食塩からグラウバー塩を得ることについて」
　　　　　　　　　　　　　　　　　　（pp.476-478、赤通しは目次のみ）

第2巻

「商業に対する化学の影響についての演説」(pp.1-30、赤通しは目次のみ)
　「精製された酒石酸の新たな作り方についての実験」
　　　　　　　　　　　　　　　　　(pp.41-49、赤通しは目次のみ)
　「こわれた鉄の道具をつなぐ方法」　　　(p.185、赤通しは目次のみ)
　「塩酸重土の利用と作り方に関する必要な報告」
　　　　　　　　　　　　(pp.281-286、赤通しは目次および p.282・283)
　「毛織物や羊毛製品を染めるための、いくつかの経験された実験に基づく染色についての新しい観察」(pp.375-392、赤通しは目次および p.377)
　「ハーネマンの水銀を溶かす溶液の作り方」
　　　　　　　　　　　　　　　(pp.473-476、赤通しは目次および p.473)
　「酢をつくるための新しい発見」　　　　(p.477、赤通しは p.477)
　第3巻
　「農耕のための肥料の性質とはたらきについての論文」
　　　　　　　　　　　　　　　　　(pp.125-146、赤通しは目次のみ)
　「群青の作り方」　　　　　　　　　　(p.162、赤通しは目次のみ)
　黒川良安が金沢に戻った直後の弘化2年(1845)、象山が彼に送った書簡のなかでは、「カステレインスコールブック一日に三四枚位は辞書に便り何とか可也に読得候様罷成候。偏に御厚賜と御礼申尽し難く候」と、「カステレイン」と呼ばれる書物を少しずつ読みすすめている旨を記している。第1巻の初めの方の論文に、本文中を含めて比較的、多くの赤通しが残されていることも考えあわせれば、象山はおそらくこの書物を最初から順に読んでいくとともに、第2巻以降の関心のある項目については、目次のところに赤通しを付したのであろう。

○『化学・自然学実践』と土類
　象山という人物は、これまでから多くの論者によって指摘されているように、まず目的を明確にし、その上で具体的な行動を起こすというタイプの人物である。砲術やガラス作りで見たように、科学技術に関わる課題において

第2節　カステレインの化学書と殖産開発

もこのことはあてはまる。黒川良安から蘭書の口授を受けるにあたって、近々、郡中横目として松代に戻り三カ村の殖産開発事業に携わることは当然、象山の頭のなかにあったはずであり、それ故「土類」に関する内容の口授を象山の方から希望したということは十分に考えられる。だからこそ黒川良安も、オランダ語を教えるにあたって、自分の得意な医学分野の蘭書や象山の手元にあったショメルの百科事典ではなく、「土類」の内容が記されているカステレインの著わした書物を選んだのであろう。

では、実際に象山は『化学・自然学実践』のどの部分の解説を受けたのであろうか。実際にカステレインの著わした書物が真田宝物館に所蔵されているにもかかわらず、この問題に答えることは意外とむずかしい。「土類」とは、『舎密開宗』や象山が愛用した宇田川榛斎の『遠西医方名物考』などからも推し量れるように、石灰土や苦土など、いわゆる○○土と呼ばれるものを指すと考えるのがふつうである。[38] ところが、『化学・自然学実践』のなかには、この「土類」を中心課題として扱ったような論文がない。タイトルに「土」のつく論文は塩酸重土についての二つの論文だけである。それらは、後述するように、一つは塩酸重土の合成法に関するもの、もう一つは医学的な内容に関するものであり、どちらも「土類」を直接扱った内容ではなく、また第2巻と第3巻のなかほどにあるこれらの論文を、オランダ語の学習開始にあたって象山がわざわざ黒川良安に読んでもらう必要があったとも思えない。だとすれば、おそらく第1巻の最初から順に解説を受けたと考えるのが自然である。1ページ目から始まる蓚酸に関する論文や、95ページから始まる鉱物アルカリなどに関する論文には、鉱物などから得られる物質、また、それらをもとに生成される物質がいくつか記述されているので、象山はそのような内容を指して「土類の吟味に係り候所」と呼んだのであろうか。このことをもう少しはっきりさせるために、以下では、この二つの論文の内容を検討し、それらが本当に「土類の吟味に係り候」箇所と断定してよいかどうかを考える。

第1ページから始まる「アルカリや金属と結びついて、中性塩の構成要素

となる蓚酸とその作成方法について」と題された蓚酸についての論文は、シェーレがさまざまな有機酸の塩をつくり、これに硫酸などを加えて有機酸の単離を行っていた当時の状況を反映したものである。さらに、カステレイン自身が、糖と硝酸から蓚酸を得る方法を提案していたこともあって、このカステレイン自身の手になる論文が第1巻の巻頭にきているのであろう。この論文では、蓚酸の作り方をはじめとして全体が次の7項目にわかれて記述されている。

1．蓚酸の新しい作成方法の発見者は誰かについての短い調査
2．砂糖の構成要素について明らかになったこと
3．硝酸を使って砂糖から蓚酸を得るための最もよい方法と根拠
4．調査され、説明されている蓚酸の外観上の、および内的な特質
5．蓚酸の親和力について
6．種々の結合
7．他の材料から蓚酸をどのようにして得るか

先に示したように、『舎密開宗』で訳出されているのは、この第3項と第4項の一部である。また、第6項の蓚酸と22種類の物質との結合を示した「種々の結合」のところに赤通しが残されており、そこには石灰土・重土・苦土・礬土という4種類の土類も含まれている[39]。そのうち、最も化合しやすい石灰土については、砂糖工業での応用なども含めて3ページほどがあてられている。それ以外の物質との結合については半ページ程度にすぎない。このように、「土類」についての記述もあるが、そこでは「土類」そのものの説明というよりは蓚酸との結合の度合いが示されるだけであり、論文全体の内容は蓚酸の性質や合成法に重点を置いたものとなっている。

次に、同じく第1巻の「鉱物アルカリ、ソーダ、硫酸カリウム、塩酸、マグネシア・アルバという五つの重要な素材の有利で互いに関連する工場規模での作り方についての紹介」と題された論文を見る。これもカステレイン自身の手になる論文である。18世紀半ば以降、ソーダの工業的製法は大きな問題であり、それ応えて、いろいろな方法が開発されてきた。その背景の下に、

第2節　カステレインの化学書と殖産開発

　この論文では、ソーダについての解説と当時のソーダ製法についての紹介に大部分のスペースが割かれている。

　「鉱物アルカリ（Na_2CO_3）はたいへん重要な物質であり、それは治療にも用いられるいくつかの塩の構成要素でもある。それはグラウバー塩（$Na_2SO_4 \cdot 10H_2O$）、セニュエット塩（ロッシェル塩：$C_4H_4O_6KNa \cdot 4H_2O$）などに必要である。それだけではなく、多くの化学の実験にも不可欠であり、さらに、染色や捺染、石鹸、ガラス吹き工場などにおいてもかなり多く用いられている」とソーダの有用性について述べられている。[40]さらに、鉱物アルカリの成分が食塩やグラウバー塩の成分ともなっているというデュアメル・デュモンソー（H. L. Duhmel du Monceau）が明らかにした事実が述べられている。そして、グラウバー塩と木炭とを加熱してソーダを合成する方法、食塩と硝酸及び木炭を材料としたソーダの合成法の記述もあるなど、その成分（ナトリウム）を含むものからソーダの合成法を述べた内容が続く。[41]

　以上二つの論文は、○○土と呼ばれる各種土類の解説に重点を置いたような論文ではなく、むしろ化学的合成や分解を実例で示した内容となっており、象山が「土類の吟味に係り候所」と呼んだと考えるには少し無理があるように思われる。

○『理論的・実用的化学』と土類

　「土類の吟味に係り候所」に該当する内容を含む「カステレイン」という書物が『化学・自然学実践』とは考えにくいとすれば、象山が口授を受けたのはどのような書物なのであろうか。カステレインが著わしたもう一冊の、黒川良安と関係の深い『理論的・実用的化学』がそれに相当するという可能性もある。そこで、以下ではこの『理論的・実用的化学』の内容についてもう少し詳しく検討する。

　先にも示したように、第1巻の第1章から第3章までは化学の歴史などの解説であり、本論は第4章から始まる。「天然の物質についての説明」という標題が与えられているこの第4章では、自然界の物質全体を分類し、それ

ぞれについての簡単な説明が加えられている。それによれば、「天然の物質」(natuurlike ligchaamen)は、大きく3種類に分類できるという。その第一は鉱物であり、第二は植物で作られる物質であり、その第三は動物から得られる物質であるが、鉱物についての説明には89ページも割かれているのに対し、植物性の物質の説明には35ページ、動物性の物質にいたってはわずか9ページしか割かれていない。それ故、全体的には、この章は、最初に説明が開始される鉱物に重点が置かれた内容となっている。この章の鉱物についての記述を概観するためにその項目を示す。また、見通しをよくするために、それぞれの項目で取り扱われている主な物質もあわせて示しておいた。

(A)土類 (aardachtige ligchaam)[42]
  (a)石灰土 (kalkaarde) ……石灰石、石灰のスパー、白亜、大理石
  (b)苦土 (bitterzoutaarde)
  (c)粘土ないしは明礬土 (klai-of aluinaarde)[43]
  (d)重土 (zwaareaarde)
  (e)珪土 (keisteenaarde) ……水晶、玉、火打ち石[44]

(B)塩類 (zoutige ligchaam)
  (a)アルカリ (loogzoutige ligchaam) ……鉱物アルカリ (Na_2CO_3)、植物アルカリ (K_2CO_3)[45]
  (b)酸 (zuurzoutige ligchaam) ……硫酸、硝酸、塩酸、フッ酸、ヒ酸など[46]
  (c)アルカリと酸とが結びついた中性塩 (loogzoutige middenzout) ……グラウバー塩 (芒硝、$Na_2SO_4 \cdot 10H_2O$)、硝石 (KNO_3)、海塩ないしは食塩 ($NaCl$)、硫酸と結びついた酒石 (覇王塩、K_2SO_4)
  (d)土類と酸とが結びついた中性塩 (aardachtige middenzout) ……エプソン塩 (硫酸苦土、$MgSO_4 \cdot 7H_2O$)、塩酸苦土 ($MgCl_2 \cdot 6H_2O$)、明礬 (カリ明礬、$K_2SO_4 \cdot Al_2(SO_4)_3 \cdot 24H_2O$)、硝酸と結びついた石灰土 ($Ca(NO_3)_2$)
  (e)金属と酸とが結びついた中性塩 (metaalachtige middenzout) ……緑礬 ($FeSO_4 \cdot 7H_2O$)、胆礬 ($CuSO_4 \cdot 5H_2O$)、皓礬 ($ZnSO_4 \cdot 7H_2O$)

第2節　カステレインの化学書と殖産開発

　(C)可燃性物質（brandbaare ligchaam）
　　(a)液体状物質……油など
　　(b)固体状物質……硫黄など
　(D)金属（metaalachtige ligchaam）
　　(a)完全金属……金、銀、銅、錫、鉛、鉄
　　(b)半金属……プラチナ、水銀、亜鉛、コバルト、ビスマス、砒素、ニッケル、アンチモンなど

　このように、大半の化学物質がきちんと分類して説明されており、これを読む者にとっては、土類をはじめとするさまざまな物質についての鳥瞰図が描けそうな内容となっている。そして、例えば、石灰土は「ビトリオールの酸（硫酸）と結びついて石膏（gyps、$CaSO_4・2H_2O$）ないしはセレナイトとなる」[47]、あるいは苦土（MgO）は「ビトリオールの酸（硫酸）と結びついてエプソン塩（$MgSO_4・7H_2O$）となる」[48]など、土類と他の物質とが結びついたときにできる物質についての簡単な紹介もある。

　そして、これらの物質は、上の例でいえば、エプソン塩は、「(d)土類と酸とが結びついた中性塩」の箇所で、同様にグラウバー塩はソーダを解説した「(a)アルカリ」や「(c)アルカリと酸とが結びついた中性塩」の箇所で再びとりあげられる。つまり、$MgSO_4$は苦土（MgO）と硫酸（H_2SO_4）の項目で、Na_2SO_4はソーダ（Na_2CO_3）と硫酸の項目で重複してとりあげられることにより、それらの物質がどのような成分から構成されているかが把握しやすくなるように構成されている。また、この「(a)アルカリ」の項目などは、先に紹介した『化学・自然学実践』の鉱物アルカリに関する論文の内容と共通する部分も少なくない。

　土類についての総括的な分類やそれらをもとに作られる物質についの説明など、『理論的・実用的化学』の第4章の最初は、象山が「土類の吟味に係り候所」と呼んだとしても不思議ではない内容となっており、もしこの書物がそれに該当するならば、象山が感銘を受けたのもうなずけるような気もするが、そのことを示す直接的な史料は今のところ存在しない。ただ、この

『理論的・実用的化学』が松代藩関係者にも知られていたのではないかと思わせる史料が存在する。嘉永年間と時代は少し下るが、真田家文書「政典」によれば、当時、江戸の藩邸で確認されていた洋書のリストのなかでは、「分析術　シケーキュンデ　但千七百八十六年之板　三本　カステレリン著」と記されているという。もしこれが、現在、真田宝物館で所蔵されているカステレインの本であれば、その出版年は1793-97年であり、ここでの記載は誤りである。逆に、この1786年という出版年が正しいとすれば、それは『理論的・実用的化学』に該当する。1786年というピッタリの出版年にわざわざ間違えるとは考えにくいので、このことは、松代藩の蘭書を扱う関係者のなかでは、1786年出版のカステレインの手になる書物が知られていたことを意味している。

　想像をたくましくすれば、象山から「土類」について記されている書物の解説を頼まれた黒川良安は、自分が所有していた『理論的・実用的化学』の第4章以下を象山に解説した。その後、この本は良安とともに金沢に戻り、現在にいたっている。一方、象山は良安から手ほどきをうけたカステレインの本が欲しくなり、八方手を尽くして手に入れたのが1793-97年刊行の『化学・自然学実践』であり、その後、象山はこれを第1巻の最初から読み進め、それが現在、真田宝物館に所蔵されていると。また、嘉永当時、実際に藩で所蔵し、象山に貸し与えていたのは、1793-97年版の『化学・自然学実践』であったが、1786年版の「カステレイン」という書物も存在することを象山から聞いていたので、藩所蔵の書物を1786年版としてしまったと。

○殖産興業案と『理論的・実用的化学』

　このとき口授を受けた書物が『理論的・実用的化学』とすれば、「口授」の数カ月後に提出した、前述の「藩老に差出せる興利袪弊目安箱」の殖産興業案の内容も無理なく理解できる。というのは、鉄鉱石、緑礬および緑礬油、明礬および礬石、灰汁塩、硝石、青御影石、石墨、代赭石、硫黄、石塩、蠟石、結麗土（ケレイト）、ゲイプス、磨砂など16項目の物質の大半が、そこで取り扱われ

第2節 カステレインの化学書と殖産開発

ているのである。

　同書、第4章の鉱物の最初のところでとりあげられている(A)土類の(a)石灰土の項では、さっそく、「ケレイト（kreit）」についての紹介がある。さらに、その少し後の「石膏土」の箇所では、gyps（ゲイプス）と「蠟石」が、次の(B)塩類では「灰汁塩」「石塩」「硝石」「明礬」「緑礬」が、(C)可燃性物質では「硫黄」が紹介されている。また(D)金属では、一応「鉄」も紹介されている。このように、象山が提出した殖産興業案に示されている14項目の物質のうち、10項目は、この本の第4章でとりあげられている物質である。

　白土ではなく「ケレイト」と、石膏ではなく「ゲイプス」というように、蘭音のままの表現を象山が用いている理由は、当時の象山の置かれた状況から考えて、藩当局に蘭学の有用性を示し、さらなる蘭書購入の必要を示すためであるとも考えられるが、他方では、象山が蘭書から影響を受けていたこともまた示すものである。この kreit という語については、『厚生新編』や『舎密開宗』でも「結麗土」と記されており、必ずしも蘭書そのものからの知識とは断定できないが、一方、gyps（ゲイプス）という語については、『厚生新編』では「義布斯」、『舎密開宗』でも「ギプス」というように、翻訳書関係では「ゲイプス」とは記されていない。また、当時、象山が所有していたボイスの百科事典では、gyps という項目はなく、gypsum という項目として説明されている。象山が「ギプス」と記さず、わざわざ「ゲイプス」と記しているのは、『理論的・実用的化学』のなかで gyps と記されているからであると考えることもできる。

（6）『化学・自然学実践』と三カ村の温泉の水質分析

　前項では、象山が黒川良安から口授を受けたのは、真田宝物館所蔵の『化学・自然学実践』ではなく、金沢大学医学部所蔵の『理論的・実用的化学』である可能性を指摘した。しかし、弘化2年（1845）の春に黒川良安が金沢に戻って以降、象山が入手し、読みすすめたのは『化学・自然学実践』であることもまた事実である。そこで、以下では、この『化学・自然学実践』と

象山の化学的知識との関係について検討を加える。

　書簡や上書のなかで象山が化学的内容に言及する例はいくつか見いだされるが、それらの知識がカステレインの著わした書物に基づくと特定できる例を指摘することは、それほど容易ではない。それらの大半は、当時における最高の化学書であった『舎密開宗』にも記載されていることが確認できるものばかりである。例えば、本項で対象とする湯田中村・佐野村・沓野村など領内三カ村の温泉の水質分析は、これまでの象山に関する論考では、蘭書から得た知識に基づく科学的事蹟を示す事柄として高く評価されてきた。[62] しかし、佐藤昌介は、この水質分析についての報告、とくに、そこに紹介されている化学に固有の物質名については『舎密開宗』に記されていることを指摘し、それらが蘭書に基づいたものであるという考えを否定した。[63] この点については筆者も同意見である。

　また、藤浪剛一が発見した宇田川榕菴の『温泉試説』は、わが国で温泉の水質分析を化学的に行った最初の成果として知られており、[64] そこでの分析の方法についても『舎密開宗』に具体的に記されている。しかし、他方では、蟄居中の万延元年（1860）3月の温泉についての報告には、『舎密開宗』に記載されていない内容も含まれており、それが『化学・自然学実践』からの知識に基づいていると推定できる箇所もある。さらに、この報告内容は、自然界の物質をとらえる上で、象山が西洋の化学から受けた影響をさぐるためも好都合な事例と考えられるので、以下では、この報告をもう少し詳しく検討する。

〇象山の報告の内容

　象山は水質分析の結果として、いずれの温泉においても「硝石の気」つまり硝酸塩は含まれていないこと、渋湯は「緑礬」を、一本瀧は「硫酸に灰汁塩の和」を、湯田中の湯は「硫黄分」を、さらに角間の湯は「芒硝」を含んでいることを見いだした。どのような方法で水質の分析を行ったかは述べていないが、硫黄の有無や硝酸塩・硫酸塩・鉄分の存在の確認、そしてソーダ

第2節　カステレインの化学書と殖産開発

やカリウムの確認などを行ったのである。

温泉の薬効については、緑礬（$FeSO_4・7H_2O$）を含む渋湯は「皮膚を収斂し、強壮にするの効」があること、「硫酸に灰汁塩」つまり硫酸カリウム（K_2SO_4）を含む一本瀧の湯は「解凝之効」があること、硫黄を含む湯田中の湯は「皮膚病」にもよいこと、芒硝（$Na_2SO_4・10H_2O$）を含む角間の湯は「其性、清涼にて腹部の多血より生ずる諸病、肝病の僻あるもの、眩暈等」に対する効能があることなどを報告している。

そして、最後に明礬について、「明礬は硫酸と粘土と灰汁塩との三味より成り候ものに御座候。但し、粘土分多くして灰汁塩の分少く候時は、明礬にして其味酸く、灰汁塩の分多くして粘土分少く候時は、其性覇王塩と申すものに近く、明礬の味と大に相違致し候」と述べている。[65]

○『化学・自然学実践』と水質分析との関連

まず、先の書簡のなかの明礬についての説明から見てゆく。明礬（カリ明礬、$K_2SO_4・Al_2(SO_4)_3・24H_2O$）が硫酸（$H_2SO_4$）と粘土（粘土ないしは礬土の主成分は Al_2O_3）と灰汁塩（ここでは K_2CO_3）の三つの要素から成るという内容は『舎密開宗』にも記されているが、その成分の割合に応じて明礬の味覚が異なり、性質が違うというようなことはどこにも記されていない。[66] 物質の成分比は決まっており、それを求めることによって物質の成り立ちを理解しようとするのが化学であり、事実、『舎密開宗』でも明礬の成分比はきちんと示されている。では、象山は、なぜ一見誤りとも思える言明を行ったのであろうか。その謎は『化学・自然学実践』のなかに見いだされる。

『化学・自然学実践』に赤通しが残されている箇所の一つに、第1巻に掲載の「明礬と食塩からグラウバー塩を得ることについて」という論文がある。この論文には、食塩と明礬をるつぼに入れて加熱し、その後、濾過を行って、グラウバー塩（$Na_2SO_4・10H_2O$）を得る方法が記されている。そこでは、「いくらか明礬のような味がするが、正真正銘のグラウバー塩が得られる」とか、「そのような味を持っている残ったアルカリを、そのために蒸発させ

てしまうのはよくない」などのように、合成の過程で残ってしまう礬土やアルカリが味覚との関連で述べられている。そして、最後の「考察」のところでも、「私は上述の実験を繰り返し行った。そして、8オンスの食塩と6オンスの明礬から9オンスのグラウバー塩と2オンス以上の礬土を得た。前の実験においては、余分の量のものは分解されずに残っている。それは、最初の明礬の結晶や、残っているアルカリの味を生みだす」と味覚のことが述べられ、「明礬のビトリオールの酸（硫酸）が他の物質と結びついたときには別の物質」となり、「植物アルカリ（K_2CO_3）と結びつくと、硫酸カリウム（覇王塩：K_2SO_4）となる」とその例が示される。[67]

　赤通しが残されているこの論文では、グラウバー塩つまり芒硝や覇王塩（K_2SO_4）、[68]さらに明礬がとりあげられ、合成の過程で残ってしまう物質による味覚の影響についても記述されており、象山が述べている内容とよく似ていることがわかる。象山が芒硝について述べた後、わざわざ明礬の味について触れているのは、明礬から芒硝を合成する方法を説明したこの論文に触発されてのことではないかと筆者は推定するものである。

　『舎密開宗』では硫酸塩の有無を確認するのに重土（主成分はBaO）を使って硫酸バリウムの沈殿を得る方法が紹介されている。[69]興味深いことに、『化学・自然学実践』の塩酸重土に関する論文には赤通しが残されており、象山の分析方法をさぐる一端となるかもしれないので、これらの論文の内容を紹介する。

　赤通しが残されているのは、第2巻に掲載されている「塩酸重土の利用と作り方に関する必要な報告」と題された論文である。塩酸重土に関するもう一つの論文である第3巻の「ファン・デア・コルク（Van der Kolk）による塩酸重土についての論文」には、赤通しは残されていない。[70]

　第2巻の論文には、最初に、細かく砕いた重晶石（主成分は$BaSO_4$）に植物アルカリ（K_2CO_3）を加えて加熱して重土を得、それに塩酸を加えて塩酸重土（$BaCl_2$）を作る方法が、ごく簡単に紹介されている。それから、「この薬は、むしや腺病や他の皮膚疾患などに対する優れた薬としてクロフォード

第2節　カステレインの化学書と殖産開発

(A. Crawford) 博士により、最近、発見された」と、薬としての利用の説明に重点がおかれている。例えば、「その実験の結果は、歳をとった人にも子供にもたいへん有効であった。彼はフーフェラント (C. W. Hufeland) 博士にその薬を知らせた。そして、しばらくの後、この新しい治療薬の可能性について、好意的な発言が与えられた」とし、参考文献として「塩酸重土の力と使用についての経験」と題するワイマールの宮廷医フーフェラントの1792年の論文があげられ、人名のところに赤通しが残されている。フーフェラントの名は、象山の他の書簡でもとりあげられており、この赤通しは塩酸重土の問題に限らぬフーフェラント自体への関心とも考えられる。

　第3巻の論文は、第2巻のものよりも、化学的な内容である。まず最初に、「塩酸重土とは、重土と塩酸が一つになることにより作られた中性の塩である」にはじまり、以下、重晶石や重土について解説されている。そこでは、1774年のシェーレによる重土の発見や、1784年のウィザリング (W. Withering) の毒重土石 ($BaCO_3$) の発見などが記されている。参考文献も、ストロンチウムの発見につながった論文として有名なクロフォードの「海酸化バライタ ($BaCl$) の医学的性質や、先の『化学・自然学実践』の第2巻の塩酸重土についての論文などがあげられている。この論文では、「この土と硫酸との親和力はたいへん強い」というような記述もあるが、分析に使うということには触れられておらず、全体として、重土について概観した内容となっている。

　温泉に含まれる硫酸塩を確認する上で必要な重土を主題とした論文に象山は関心を示し、赤通しも残しているが、上で見たように論文の内容は、水質分析には役立つものではなかった。

○『窮篤児薬性論』との関係

　象山は、温泉の効能について、含有成分と結びつけながら非常に単純化して書いており、その知識の源は別にあるように思われる。象山が目を通した医学書はいくつかあるが、その代表的なものの一つに『窮篤児薬性論』があ

る。これは、象山にはなじみの本であり、嘉永6年(1853)林洞海が増補して上木したとき、象山が序を依頼されたものである。また、実際にこの本を参照していることをうかがわせる書簡も残っており、例えば、安政5年(1858)村上誠之丞にあてた書簡のなかでは、「白障黒障ともに初起に候へば、ワートルの薬論中にも有之候甘汞を主薬に致したる嗅薬、到て効御座候」と記されている。そして、現在、真田宝物館においては、この『窊篤児薬性論』が所蔵されている(医学の部・8-1-134)。この『窊篤児薬性論』では、薬用物質とその主な効用が述べられており、書簡における温泉の効能についての叙述は、この本を基にして書かれたと筆者は考えており、それについて述べる。

　『窊篤児薬性論』と象山が述べる内容とが対応しているとみてよいのは、次の箇所である。『窊篤児薬性論』では、鉄は「強壮剤」として、また「剛鉄泉」の箇所でも「鉄ハ真ニ山物ノ幾那ニシテ、保固強壮薬中ノ絶品ナリ」と同様の効能が記されている。他方、硫酸は「収斂止血防腐剤」として分類されている。硫酸鉄を含む渋湯に対し、象山が「皮膚を収斂し強壮にするの効」があると述べているのは、鉄の「強壮」という効能と硫酸の「収斂」という効能とを結びつけたものであることがわかる。『窊篤児薬性論』では「剌篤亜斯ト曹達」、つまり灰汁塩などは「解凝剤」のなかに分類されており、「硫酸に灰汁塩」を含む一本瀧の湯は「解凝之効」があると象山が述べていることと同じである。また、「硫黄泉」のところでは、「硫黄泉ヲ称用スル所ノ諸病ヲ把テ、左ニ掲ク」として、まず第一にあげられているのが皮膚病であり、硫黄を含む湯田中の湯が「皮膚病」にもよいとする象山の説明と同じである。『窊篤児薬性論』では、芒硝は「清涼下泄剤」に分類されており、「芒硝泉」の箇所では「腸ノ運営、怠慢、及ヒ閉塞、粘凝ヲ治ス、又腹部多血、及ヒ、之ニ由テ発スル所ノ諸病、即チ昏暈、中風ノ僻アル者、肝病脾病ノ僻アル者」に効くとされており、芒硝を含む角間の湯は「其の性、清涼にて腹部の多血より生ずる諸病、肝病の僻あるもの、眩暈等」に対する効能があるいう象山の記述と非常によく似ている。

第 2 節　カステレインの化学書と殖産開発

このように、象山は三カ村の泉質の分析報告を行うにあたって、『舎密開宗』や『化学・自然学実践』とともに『窊篤児薬性論』をも参照するなど、彼が持っていた化学関係の知識を総動員していたことがわかる。

（7）化学が与えた影響

前節までの砲術やガラス作りにおいては、象山が獲得した科学技術に関する「知識」は、具体的な物の製造など、実際の「物」や「事」に結びつくものも少なからずあったが、他方、化学に関する「知識」は、「物」や「事」にそれほど結びついたとはいえない。化学的な知識に基づく数少ない実践例の一つである泉質分析についても、象山が実際にどのように準備をし、どのように行ったのか、またそのときの苦労はどのようなものであったかなどについては、象山がほとんど語っていないこともあり、その実際の様子をうかがうことはそれほど容易ではない。それに対し、一連の化学書を通して得た知識は、むしろ、身の回りにある物質をどうとらえるかという、いわば物質観に関して象山に影響を与えたように思われる。

温泉の泉質分析に関する報告に限らず、化学に関わる象山の知識の多くは、『舎密開宗』に記載されているものとよく符合する。二、三の例をあげれば、弘化から嘉永の初め頃と推定される兒玉元兆宛の書簡では「アルセンエンの事御尋ねに候。右は茵蒢蒿を焼き、其灰にて製し候所のポットアスにて候」[87]と述べるが、これは、「木ヲ焼テ得ルヲ剌篤亜斯ト名ケ、草ヲ焼テ製スルヲ亜爾鮮塩」[88]という『舎密開宗』における表現と同じである。また、この書簡と同じ頃と推定される倉田左高宛の書簡では、「安質没尼に硝石と生酒石を和し（生酒石を和し候へば木炭は自から其内にあり）、烈火に熾き、流動する時に□型の土型によく蠟を塗り置き、其内に注げば下底に安質王下り申候。其上一段は酒石中の炭分に有之候。分量安質没母二、硝石一、生酒石三の法に有之候」[89]（カッコ内は原文割書）とするが、これも「安質没尼ヨリ私知彪母ヲ分ツ法ハ、安質没母二分ニ、消酸加里一分、生酒石三分ヲ和シ、烈火ニ焼キ、流動スルヲ候ヒ、上寬ク下窄キ尖圓ノ型ニ脂蠟ヲ塗リタルニ注ケバ、下底ハ

私知㲦母」という『舎密開宗』の内容と同じである。さらに、「西洋諸国一般に用ひ候墨汁は、定て御承知も可有御座候。彼の没食子の煎汁に緑礬を和し候ものにて、此方常用の墨の如く用ひ候(91)」と、没食子と緑礬からインクが作られることを述べるが、これも「硫酸鉄ニ没食ヲ和スレバ、……黒色ヲ発ス。即チ墨汁ナリ(92)」という『舎密開宗』の内容と同じである。

『舎密開宗』は、現在、真田宝物館において所蔵されており(93)、象山がこの書物をよく利用したことはこれまでの記述からも明らかである。砲術書にある表中のデータを利用するような場合には、実際の経験もあった象山にとっては、蘭書から得た知識をそのままのかたちで人々に知らせることも可能であった。しかし、化学の場合には、物質名ひとつをとってもその理解のためには前提となる知識が不可欠であり、内容的にも砲術より抽象度が高く、実際の経験も乏しい象山のような専門外の人間にとっては日本語で書かれた解説書がどうしても必要となる。しかも象山が利用した『舎密開宗』という書物は、質、量ともにわが国の蘭学史上、群を抜く存在であり、大半の化学的知識はそこに記載されている。象山が述べる化学的知識の大半が、『舎密開宗』に見いだされることは、ある意味では当然ともいえる。

では、蘭書の存在は彼に何の影響も与えなかったのであろうか。その答えをさぐる手がかりの一つが、先の泉質分析の報告のなかに見いだされる。緑礬つまり硫酸鉄を含む温泉の効能として、鉄分を含む温泉の効能である「強壮」と、硫酸塩を含む温泉の効能である「収斂」とを結びつけ、「皮膚を収斂し、強壮にするの効」があるとするような記述は、『窮篤児薬性論』などにはなく、象山独自の発想である。二つの物質が結びついて、それぞれの成分を有する一つの物質が生まれるという考え方を、その薬効にまで拡大解釈した考え方であり、原子や分子の離合集散によって物質を理解する近代化学の考え方になじんだ現代の我々にとっても、漢方療法の「協力作用」などにとらわれることなく、単純に効能を足し合わせるような発想は、事の真偽はともかく、ある意味では受け入れやすい考え方である(94)。そこには、カリないしソーダが「ビトリオールの酸（H_2SO_4）と結びつけばグラウバー塩

第2節　カステレインの化学書と殖産開発

($Na_2SO_4 \cdot 10H_2O$)に、硝酸と結合すれば硝石(KNO_3)に、塩酸と結びつけば食塩($NaCl$)に、酒石酸($C_4H_4O_6$)と結びつけばセニュエット塩(酒石酸カリウム・ナトリウム：$C_4H_4O_6KNa \cdot 4H_2O$)に」[95]というような考え方の影響を感じざるをえない。

　多くの物質を製法と絡めながら分類していく『理論的・実用的化学』をはじめとするカステレインの著わした書物を通して象山が垣間見たのは、個々の物質や反応の様子というよりはむしろ、物質をどうとらえるかという見方ではないだろうか。

　象山の朱子学思想を考察する上でよく問題とされるのが、弘化4年(1847)10月、川路聖謨宛の書簡のなかで、朱子学と陽明学の違いにふれたのちに述べられている次の言葉である。

　　西洋の窮理の科などもやはり程朱之意に符合し候へば、実に程朱二先生之格致之説は、之を東海西海北海に於て皆準ずるの至説と存候義に御座候。程朱之意に従ひ候へば、西洋の学術迄も皆吾学中之一端にて、本より外のものにては無御座

と西洋の学問に対する朱子学の優位性が語られた後、

　　集註或問にも有之候、五行より人をも生じ、人之五性も五行の道理と申事などは、西説明かに相成り、五行之事精しく分り候て見候へば、程朱も漢儒の巣窟を免れずして此謬見を成され候へども、程朱の学に随ひ西人説迄をも広く用ひ、斯理を講明し候時、程朱之誤迄を弁じ候に到り申候[96]

と、今度は西洋の学問の優位性が語られるのである。これまでの象山に関する論考では、上記の書簡のうち、朱子学の優位性を述べた前半部を重視するか、西洋の学問の優位性を述べた後半部を重視するかで、象山に対する評価は大きく違ったものになっていた。

　朱子学における「格物窮理」が読み替えられ、それが西洋の科学を受け入れるための思想的準備となったことは、すでに先学の指摘するところである[97]。象山は、「朱子、大学、格致の訓に従ひ修業仕候義、聖学の正脈と奉存

候」とし、物についてその理を窮めることに重きをおく正当派の朱子学者であった。そして、象山にとってその「理を窮める」ことの動機は、なによりも、迫り来る外敵に対処するためであった。攻撃を仕掛けてくる敵を打ち負かすためには、敵と同じ水準の武器を持たねばならず、そのためには敵が有している武器やその製造のための「理を窮める」必要があるというものであった。このような考え方を採る象山にとって、先の書簡の前半部のような内容は、当然の主張であるといえる。

それよりも我々の興味を惹くのは、書簡の後半部の主張である。蘭学の専門家ではない象山が獲得した西洋の科学技術に対する知識はそれほど多くはなく、断片的なものであった。事実、この書簡がしたためられた頃の科学技術に関する象山の知識は、第1章や第2章で述べた程度、ないしは弘化4年という時期を考えれば、それをも下回る程度のものであり、それらの知識を生み出し、その活用を保証するような社会制度についての認識は、ほとんど無いに等しい状況であった。にもかかわらず、朱子学の物質観である「五行」の考えには痛烈な批判を加えるのである。

「西説明かに相成、五行之事精しく分り候て見候へば」と象山が語るのは、西洋の化学に基づいた物質の解釈である。もともと化学に関する蘭書への関心は、三カ村の殖産開発に利用したいというところから生み出されたものであり、それ故、「土類」に関する事項が記されている蘭書の解説を黒川良安に依頼したのであった。しかし、その内容は難しく、日本語で著わされた『舎密開宗』の助けなしにはほとんど理解できず、実際の殖産興業に役立つ知識はそれほど得られなかったけれども、その過程で象山は自然物に対する新たな認識を垣間見たことは確かであった。

『舎密開宗』やカステレインの著書を通して得た西洋化学の物のとらえ方、つまり物質Aと物質Bが結びつくとその両方の成分からなる物質Cとなり、物質Aが物質Dと結びつくと今度は別の物質Eになるというような自然物に対するとらえ方は、象山に強い印象を与え、軍事技術だけではなく自然科学に関わることについてもその適用範囲を広げた、いわゆる「東洋道徳、西

第2節　カステレインの化学書と殖産開発

洋芸術」と呼ばれる考え方の形成にも大きく寄与したのである。

（1）　信濃教育会編『増訂　象山全集』（信濃毎日新聞社、1934-35）巻三、p. 264。
（2）　白石國男「佐久間象山の真田領郡内三ケ村開発に関する若干の考察」（『国史学』第55号、1951）「佐久間象山の殖産開発について」（『信濃』第5巻第11・12合併号、1953）「佐久間象山の殖産開発について（続）」（『信濃』第21巻第12号、1969）などがある。
（3）　北條浩他編『志賀高原と佐久間象山』（財団法人　和合会、1994）pp.157-190。
（4）　大平喜間多編『松代町史』上（松代町役場、1929）p.406。
（5）　例えば、象山先生遺跡表彰会編『佐久間象山』（実業之日本社、1916）p. 134。
（6）　前掲(1)巻三、p.259。
（7）　例えば、宮本璋「佐久間象山の洋学に就いて（下）」（『日本医事新報』648号、1935）p.333。そこでは、象山の殖産開発について「銅と硝石に対する必要、更にその探索の欲求が象山を駆って横目役に就任せしめ、そして領内でも僻地である沓野村に赴かせたのではないだらうか」（p.334）とし、象山と蘭書との関係について、「第一にカステレインの土性書」を読んだのは、この「カステレイン」が一種の地質学書に近いようなものであったからと推論している。
（8）　池田哲郎「佐久間象山と蘭学——象山書志——」（『福島大学学芸学部論集』第10号、1959）。同氏は「象山が良安に読んで貰ったKasteleijnから内容への興味が湧くようになり一層蘭語学習の必要を悟ったと見る方が順序であろう」（p.73）との指摘を行っている。
（9）　P. C. Molhuysen, P. J. Blok ed.: *Nieuw Nederlandsch biografisch woordenboek*, 4 deel, Leiden, 1918, p.825.
（10）　H. A. M. Snelders: The new chemistry in the Netherlands, *Osiris*, 2nd series, 1988, 4, pp.121-126.
（11）　カステレインが最初に刊行したこの雑誌は、国内では国立国会図書館において所蔵されている。これは、各巻とも
　　1．薬学に対しての化学の効用
　　2．純粋なものや混ぜ物が入っている天然物や合成物のための実験
　　3．経済や工場、貿易のための化学の効用
　　4．化学における新しい発見
という四つの章から構成されており、それぞれの各章にはいくつかの論文が掲載されている。
（12）　"Volledige beschrijving van konsten en ambachten" と題されたリーフ

レットは、ブール・ハーヴェ博物館などでも所蔵されているが、筆者は、今のところこれらの検討にまではおよんでいない。なお、これらは、現在のところ、わが国では見つかっていない。
(13) 宮本仲『佐久間象山』増訂版（岩波書店、1936）p.807。
(14) 吉田忠「一八世紀オランダにおける科学の大衆化と蘭学」（『東アジアの科学』、勁草書房、1982）p.96によれば、この『化学・自然学実践』は、18世紀末のオランダにおける科学の普及と大衆化のなかで登場してきた、いわゆる「科学専門雑誌」と呼ばれるジャンルに属するものであるという。
(15) P. J. Kasteleijn : *Chemische en physische oefeningen, voor de beminnaars der schei-en natuurkunde in 't algemeen, ter bevordering van industrie en oeconomiekunde, en ten nutte der apothekers, fabrikanten en trafikanten in 't bijzonder*, 1ste deel, Leyden, 1793, p.i. なお、この序文の署名は1791年である。また、そこでの Kasteleijn は、同書の扉のところでアムステルダムの薬剤師ないしは化学者であると同時に、当時オランダで続々と誕生してきた地方学会であるホランド科学協会、バタヴィア実験哲学協会、ゼーランド科学協会、ユトレヒト地方学芸・科学協会およびベルリンとパリの協会のメンバーである人物として紹介されている（なお、ここにあげた地方学会の訳は前掲(14)pp.68-69によった）。
(16) 坂口正男「舎密開宗攷」（『舎密開宗研究』、講談社、1975）pp.2-29。
(17) 宇田川榕菴（田中実校注）『舎密開宗　復刻と現代語訳』（講談社、1975）p.14。
(18) 前掲(16)p.24。
(19) 前掲(17)pp.151-152。
(20) 前掲(17)pp.154-155。
(21) 前掲(17)p.171。
(22) 前掲(17)p.288。
(23) 前掲(17)p.361。
(24) 前掲(17)p.407。
(25) vitrioolzuur は zwavelzuur と区別するために、「硫酸」と訳さず、本文のように音訳のままにしておいた。なお、この項の『化学・自然学実践』からの引用箇所では、すべて vitrioolzuur となっているが、音訳のままにしておくのは煩雑なので、以下この項では「硫酸」と訳しておいた。
(26) 原文では、この後に「reduceeren：還元」と記されている。
(27) 前掲(17)『復刻と現代語訳』では、現代語訳の際、「燐酸（原文は醋酸）」（ここでいう原文とは『舎密開宗』のこと——筆者）とされているが、この箇所のもとになったカステレインの『化学・自然学実践』でも「酢酸」となっており、榕菴は蘭文に忠実に訳していたことがわかる。

第2節　カステレインの化学書と殖産開発

(28) P. J. Kasteleijn : *Beschouwende en werkende pharmaceutische-oeconomische, en natuurkundige chemie*, 2de deel, Amsterdam, 1788, p.v.
(29) 黒川良安については、寺畑喜朔・津田進三「黒川良安に関する資料集成」(『北陸医史』第12巻第1号、1991) を参照した。
(30) 棚橋淳二「鉛丹ガラスと金属鉛ガラス」(『松蔭女子学院大学研究紀要』17号、1975) p.4。
(31) 『カステレイン硝子製造篇』1ウ。
(32) 前掲 (28) 3de deel, 1794, p.246.
(33) 前掲 (31) 4オ、および前掲 (28) 3de deel, 1794, pp.248-249.
(34) 鹿児島県維新史料編さん所編『鹿児島県史料　斉彬公史料』第一巻、pp. 729-730。
(35) mineraal loogzout は、使われた語を明確にしておくために「炭酸ナトリウム」ではなく「鉱物アルカリ」と訳した。また、gevitrioliseerden wijn-steen については、本節で取り扱う書物のなかでは、それ以外の表現が見あたらないので「硫酸カリウム」と訳しておいた。
(36) 前掲 (13) p.807。
(37) 例えば、松本健一『評伝　佐久間象山』上 (中央公論社、2000) p.206。
(38) 自然物の分類の基準を示す最も基本的な書物は、江戸時代においては、明の李時珍の著書『本草綱目』である。『本草綱目』には、動植物以外に「水部」「火部」「土部」「金石部 (金類・玉類)」「石部 (石類・鹵石類)」などがあり、「土部」では「白亜」をはじめ「白土」「赤土」「黄土」などさまざまな土壌、さらには「自然灰」なども取り扱われている。「金類」では主に金属が、「玉類」では「宝石」や「玻璃」などが、「石類」では「丹砂」などを含むさまざまな鉱物が、「鹵石類」では「食塩」「消石」「蓬砂」などが取り扱われている (木村康一校訂『新注校定　国訳本草綱目』、春陽堂、1979)。この鉱物関係に関する分類は、後のオランダの書物からの翻訳にも影響を及ぼしており、例えば『厚生新編』では、この領域の物質は「金石土部」あるいは「金石部」「土石部」と分類されている (菊池俊彦編『厚生新編』5、恒和出版、1979復刻)。また『遠西医方名物考』では、「地上ニ産スル者ヲ分テ三類トス。即チ動物。植物。山物ナリ」(巻一) とし、「山物」とは「金石土塩ノ類ヲ総称ス」とある (大阪府立中之島図書館蔵のものを利用)。
(39) ここでとりあげられている物質は、石灰土、重土、苦土、植物アルカリ、鉱物アルカリ、揮発性アルカリ、礬土、亜鉛、マンガン、鉄、コバルト、銅、鉛、スズ、ニッケル、ビスマス、ヒ素、アンチモン、水銀、銀、プラチナ、水の22種類であり、カステレインはこれらを化合しやすい順にあげたという (前掲 (15) 1ste deel, p.25)。
(40) 前掲 (15) 1ste deel, 1793, pp.98-99.

(41) 前掲(15)1ste deel, 1793, pp.102-103.
(42) ここでは「土類」というのが特別な意味合いを持つのでこのような訳は不適切かもしれないが、現在でも「アルカリ土類」という言葉があることから考えて「土類」と訳しておいた。また、この箇所では補足として、石膏 (gypsaartige)・滑石 (talkaartige)・スパー (spaataartige) を含む 3 種類も土類として説明されている。
(43) 『舎密開宗』(前掲(17) p.205) や『厚生新編』(前掲(38) p.457) では aluinaarde は「礬土」と訳されている。
(44) 「純粋なものは水晶や玉、火打ち石などの名で呼ばれる」と紹介されている (前掲(28)1ste deel, p.138)。
(45) 「鉱物アルカリ」と同様、"loogzout der planten"は「炭酸カリウム」ではなく「植物アルカリ」と訳しておいた。
(46) その他に、ここであげられている酸には、次のようなものがある。ホウ酸・琥珀酸・リン酸・モリブデン酸・タングステン酸・炭酸などである。
(47) 前掲(28)1ste deel, 1786, p.135.
(48) 前掲(28)1ste deel, 1786, p.136.
(49) 田中貞夫「松代藩と村上英俊――英俊の仏語学習の動機をめぐって――」(『松代』第 2 号、真田宝物館、1989) p.18。
(50) クレイトは次のように紹介されている。「白亜 (kreit) は白く、もろい土であり、主として石灰土 (kalkaarde) と僅かの玉石土 (keisteen) および、ごくわずかの粘土 (klaiaarde) からなる。それは、酸には、その石灰土の構成分量に応じて溶ける」(前掲(28)1ste deel, 1786, p.135)。しかし、象山が述べているような用途 (瀬戸物や薬に使われる) については、この箇所では述べられていない。
(51) 蠟石にあたるオランダ語はどのようなものかは、必ずしも定まっているとはいえないが、『厚生新編』では「蠟石　和蘭『アルバスト』　羅甸『アルバストリューム』」(前掲(43)『厚生新編』p.106) となっている。つまり albast であると考えられている。今日、石膏の一種で、「雲花石膏」と呼ばれているこの石は、『理論的・実用的化学』では、いくつかの種類の石膏を紹介するなかで、「アルバストは、美しく、半透明の外観をもった石膏の種類である」(前掲(28)1ste deel, 1786, p.141) と解説されている。
(52) 「植物からの灰汁塩 (loogzout)」という言葉は、この箇所でも紹介されている (前掲(28)1ste deel, 1786, p.151)。また、あとの「植物の成長で生み出される物質」という項目のところで、「植物から得られる塩」として、「北の地方で、大量に燃やされた木から生み出される、いわゆるポットアス (potas) は、通常のよく知られた灰汁塩」(同上 p.250) と紹介されている。
(53) ここでは、「通常の海からの、ないしは台所の塩」が説明された後、「これ

第2節　カステレインの化学書と殖産開発

は、結晶化した形で、大地の中に大きな塊としてあり、steenzout の名のもとによく知られている」（前掲(28) 1ste deel, 1786, pp.156-157）と説明されている。

(54)　硝石は「その構成要素は、硝酸と一定の植物の灰汁塩である」（前掲(28) 1ste deel, 1786, p.171）と簡単に説明されており、ここでは、火薬などについては、触れられていない。

(55)　明礬については、(A)土類のところの(c)粘土ないしは礬土の箇所でも、「Argilla と名付けられた粘土ないしは礬土は、黄色ないしは灰色または白みがかった色をしており、苦土よりも水に熔けやすく、厄介なものであり、……明礬のもとになるものである」（前掲(28) 1ste deel, 1786, p.136）と紹介されている。また、この(B)塩類のところでも同じような説明がなされた後、「明礬はいくぶん甘い味がし、大きな透明な結晶を示す」（同上 p.179）と説明されているが、その医療などへの応用については述べられていない。

(56)　硫酸を説明した箇所では、「ビトリオールの酸は緑礬（ijzervitriool）や硫黄を蒸溜することによって取り出される」（前掲(28) 1ste deel, 1786, p.153）とされる。また(B)塩類のところでは、「緑礬（ijzervitriool, groene vitriool）は十分な鉄とビトリオールの酸よりなる。それは、鉄鉱石や石炭の坑道にある銅と亜鉛を含んだいわゆる atrament-steen のなかで見い出される」（前掲(28) 1ste deel, 1786, p.182）と紹介されている。

(57)　「硫黄は黄緑色で、乾燥しており、硬く、壊れやすく、たいへん燃えやすく、電気を帯び、また、全く味のない物質である」（前掲(28) 1ste deel, 1786, p.186）と紹介されている。

(58)　前掲(38)『厚生新編』5、p.639。

(59)　前掲(17) p.184。

(60)　前掲(38)『厚生新編』5、p.639。

(61)　前掲(17) p.190。

(62)　白石國男「佐久間象山の殖産開発について」（『信濃』第5巻第11・12合併号、1953）p.497。

(63)　佐藤昌介『洋学史の研究』（中央公論社、1980）pp.216-217および pp.223-224。

(64)　藤浪剛一「宇田川榕菴の温泉試説(中)」（『日本医事週報』1735号、1929）。「当時、我が国に於て泉質の離合親和を明にする計画は破天荒の事業なり、唯舎密加に精通する榕菴に於て独り行るゝのみ。榕菴の温泉々質試説は我が理学的治療学史上および化学史上に特筆すべき事柄とす」（p.621）とある。

(65)　前掲(1)巻五、pp.206-207。

(66)　前掲(17) p.207。

(67)　前掲(15) 1ste deel, 1793, pp.476-478.

(68) 『舎密開宗』では、硫酸カリウムと亜硫酸カリウムとは、孕礬酒石と覇王塩として区別されている場合もあれば（前掲(17)p.12）、逆に区別されていない場合もある（p.20・111）。覇王塩については、象山が読んだことが確かな『遠西医方名物考』にも記されており、象山も両者を区別しているとは思えないので、ここでは覇王塩を硫酸カリウムとしておいた。

(69) 前掲(17)p.500。なお、ここでは、榕菴が青木弼助より送られた塩化バリウムの瓶が割れてしまったが、それでも反応は鋭敏で、数年で使ってしまったという有名な話が掲載されており、そのような貴重な試薬を象山がわけてもらったのかどうかはわからない。また510ページには、ソーダとカリウムを区別する方法が記載されている。

(70) 第2巻の論文では"zoutzuure zwaaraarde"と、第3巻の論文では"terra ponderosa salita"と表記されているものを、ここでは、ともに「塩酸重土」と訳した。

(71) 前掲(15) 2de deel, 1793, p.282.

(72) 前掲(15) 2de deel, 1793, p.282.

(73) 前掲(1)巻三、p.502。

(74) 前掲(15) 3de deel, 1797, p.189.

(75) 前掲(15) 3de deel, 1797, p.190.

(76) 前掲(15) 3de deel, 1797, p.203. なお"muriated Barytes"は、この論文が紹介されているウィークス（大沼正則監訳）『元素発見の歴史 2 』（朝倉書店、1989）p.537の訳に従った。

(77) 前掲(15) 3de deel, 1797, p.193.

(78) 服部敏良『江戸時代医学史の研究』（吉川弘文館、1978) pp.478-484。この『窊篤児薬性論』は、従来の薬物書の配列がABC順や化学的ないしは植物学的分類であったのに対し、薬効による分類を採用した最初のものであった。また、日本学士院日本科学史刊行会編『明治前日本薬物学史』第一巻（丸善、1957）では、この『窊篤児薬性論』は「諸種薬物を主治によりて分類し、その生理的作用を説き、医治的効用を論じ、以て薬物学的記載の端緒をなすに至った」(p.110) と評価されている。

(79) 前掲(13)p.518。林洞海は、佐倉順天堂の創始者、佐藤泰然の長女と結婚し、その後、小倉藩医・幕府奥医師となった人物である。

(80) 前掲(1)巻五、p.82。

(81) 林洞海訳著『窊篤児薬性論』（安政3年＝1856）巻四で「保固強壮薬」として紹介されている。なお、筆者は、京都府立総合資料館蔵のものを利用した。

(82) 前掲(81)巻二十一、9オ。

(83) 前掲(81)巻二では「収斂酸性薬ノ山物ニ出ル者」の一つとして紹介されている。

第2節　カステレインの化学書と殖産開発

(84) 前掲(81)巻九ではポットアスとソーダが紹介されている。
(85) 前掲(81)巻二十一、4オ、ウ。
(86) 前掲(81)巻二十一、11ウ。なお、芒硝は巻十二で「清涼下泄剤」とされている。
(87) 前掲(1)巻三、p.650。
(88) 前掲(17) p.94。
(89) 前掲(1)巻三、p.656。
(90) 前掲(17) p.358。
(91) 前掲(1)巻四、p.426。
(92) 前掲(17) p.306。
(93) 真田宝物館においては、「医学の部・8-1-7」という分類番号で保管されており、全部で12冊、「内編」の巻一から巻十二までが現存している。前述のインクの例のように、巻十三からの引用もあるので、当時は巻十三以降も存在していたと思われる。
(94) 漢方療法の「協力作用」については、例えば、清水藤太郎「薬物需給史」(『明治前日本薬物学史』第一巻、1956) p.341。
(95) 前掲(28) 1ste deel, 1786, p.152.
(96) 前掲(1)巻三、pp.408-409。
(97) 例えば、源了圓「朱子学と科学――『理』の観念の問題を中心として――」(『講座 科学史4 日本科学史の射程』、培風館、1989) pp.64-89。
(98) 前掲(1)巻二・上書、p.181。

第 3 章

蟄居中における科学技術との関わり

第1節　入手を希望した蘭書

（1）蟄居中の関わりをさぐる理由

差当り兵書火術の書等何分御手に入候様仕度、又其書を読候には夫々辞書（即字引）も御座候はねば差支も御座候に付、是も備へ申度、又窮理書分析術等の書、水利等の書も、医書も、何も無之候ては其学を盛に興し候に不足候(1)（カッコ内は原文割書）

これは、象山が江川英龍のもとで西洋砲術を学び始めてから2年余りのちの、あるいは黒川良安からオランダ語の教授を受け始めてから半年ほど経過したときの書簡である。当時、象山は、百科事典を除けばベウセル（W. F. Beuscher）の砲術書やカステレイン（P. J. Kasteleijn）の化学書など限られた分野しか入手していなかったが、すでに科学技術のさまざまな分野にわたる蘭書を入手する必要を感じていたのである。その後、嘉永2年（1849）頃にはデッケル（C. von Decker）の三兵戦術書を(2)、同5年にはソンメル（J. G. Sommer）の窮理書を入手し(3)、それらを読み始めた。しかし、デッケルの三兵戦術書を繰り返し読んだと友人に語り、ソンメルの窮理書記載の内容を紹介するのは、いずれも蟄居中のことである。

蟄居前の象山は、海防思想についてはいうまでもないが、科学技術に関わる知識の獲得とその利用に関しても、いわば先頭集団を走っていた人物の1人であった。第2章までにおいては、砲術やガラス・化学などの題材を通して、象山はどのようにして科学技術に関わる知識を得たのか、また、それらの知識を生かして何を作り、何を行ったのか、そして、そのことは人々にど

のように受け止められたのか、さらに、それらの知識は彼の思想にどのような影響を与えたのかなどについて述べた。それらは、わが国の人々が西洋の科学技術と対面したときの有り様を映す鏡であり、蘭学者や西南雄藩での事跡が映し出す像とは、また異なったものがあった。しかし、象山が蟄居させられていた時期、それは外国から教師を招き、機械を購入し、日本人に科学技術の伝習を行わせるという彼が一環して主張してきたことが、長崎での海軍や医学の伝習などの例に見られるように、ようやく実現の緒につきはじめたときでもあった。蟄居という条件のもとで、その過程に直接、参加できなかった象山の活動と、開国以降のわが国の科学技術の歩みとのリンクは大きく減少せざるをえなかった。

　しかし、現実の象山は、この蟄居中、西洋の科学技術に対しても旺盛な関心を示し、多岐にわたる分野の蘭書を手に入れようとする。蟄居中に注文された蘭書は、兵学をはじめ窮理学や工学など、先に紹介した書簡において象山が入手を希望した分野とよく符合する。その上、電気治療機の製作をはじめ、物作りにも精力的に取り組んでいる。このような事実をみれば、蟄居中における象山と科学技術との関わりを明らかにすることは、科学技術が象山という人物の思想に与えた影響をさぐる上で不可欠な事柄であるだけではなく、むしろ、この時期の様子を明らかにすることで、天保13年（1842）以降、科学技術と向き合った象山の姿を、これまでの考察では見えなかったものも含めて、より鮮明に浮かびあがらせる可能性があるともいえる。

　本章の第1節では、彼の知識の拡がりや深まりを考える前提として、蟄居中、象山が入手を希望したのは、どのような分野のどの蘭書であるかを可能な限り明らかにする。続いて、そのためのケーススタディとして、ソンメルの窮理書との関係を第2節で、電気治療機との関係を第3節で考察する。なお、蟄居中の科学技術にふれた書簡には、蘭音のまま表記されている箇所が少なからず存在するが、池田哲郎による研究により、それらのかなりの部分はオランダ語との対応がつけられているので、本節でもその成果を利用する。[4]しかし、科学技術関係については、いまだ対応がつけられていないもの

第 1 節　入手を希望した蘭書

も少なからずあり、それらについては可能な限り対応づけを行った。また、これまでの研究では、個々の書簡のなかで象山が述べる蘭書のうち、いくつかについては、その書名が明らかにされてきたが、不明なものもあり、それらについても可能な限り推定を行った。さらに、述べられた時期も意味があるので、引用にあたっては書簡の年月もあわせて示した。

（2）自然科学や工学に関する分野

まず、兵学や砲術など軍事以外の分野について、象山がどのような蘭書を希望したかを紹介する。

○事典および語学関係

ボイスの百科事典は手許になかったと見えて、蟄居後まもなく、「A, D, M, S, R」のところを貸してくれるように村上誠之丞に頼んでおり（安政 2 年 5 月）、2 年後には「ボイス残本六本免てもの事に御恵借被下候様希ひ申候。此方に全部有之候へば夫は〳〵重宝の限りに候」（安政 4 年 7 月）と残りの 6 巻も貸してほしい旨、依頼する。そして、蘭書を読むため「マーリン（P. Marin）詞書……格別ニ―ウエ（nieuw：新しい）にて無之候て宜しく第五版位に候はゞ随分可然と存候」（安政 3 年 6 月）「マーリンの事何分御遺忘なく御頼申候」（安政 4 年 10 月）「マーリン詞書六七版位の所、此節其表の通貨何程に候や」（安政 5 年 5 月）と辞書の購入依頼を行う。そして、「葛臘墨児斯（J. Kramers, Jz.）の詞書一巻……拝戴仕」（安政 6 年 2 月）とクラマース（Kramers）の辞書を入手した。

また、「テーケン（teken：記号）のフルカラーリンク（verklaring：説明）等、ちと行支へ可申かと気遣ひ存候所、……和蘭独逸詞書候故さがし〳〵読み候へば大抵には埒もあき候」（文久 2 年 12 月）と、独蘭辞書も所有していたことがわかる。なお、このとき独蘭辞書を使って読もうとしたのは、「ハントアトラス（handatlas：地図）に至り候ては……天体にもネプチュニュス（Neptunus：海王星）の両月を始として是迄伝聞のみにて名を弁へ候はぬ新

151

惑星廿箇に及び、五世界の山嶽高低、列国の分界、鉄道の條理、アウスタラリア（Australië：オーストラリア）の金穴に至る迄これを掌上に視候が如く」(12)
（同上）と、入手した地図に記載されている種々の説明であった。

○窮理学関係

　物質に対する見方の変更を促す化学に続いて、象山が関心を寄せたのは窮理学であり、ソンメルの窮理書を手に入れたのは、蟄居前の嘉永5年(1852)のことである。このソンメルの窮理書についての考察は次節に譲るが、「拙蔵のソムメルなどの内にも、人の学問才知の上古に開け候拠と致し有之候」(13)（安政2年3月）と、蟄居中もひき続き利用していたようである。

　ところが、その後、「ソムメルなども高値（三十余万銭──原文割書）を以て取入れ候へども、追々渉猟候へば、畢竟フォルクスブック（volksboek：大衆書）の大なる者にてホーゲスコール（hogeschool：大学）の者にては無御座候。此節、ホーゲスコールにて用ひ候ナチュールキュンデ（natuurkunde：窮理学）の最も有名な書何と申もの有之候や、其名のみにても御序に御尋ね置可被成下候」(14)（安政3年3月）と、ソンメルの窮理書ではもの足りず、もっと本格的なものを捜して欲しいと長崎の海軍伝習所にいた勝海舟に頼む。

　これに対し、勝からは、「ソムメルの事承り申候ひしが、別段これぞと申ものも心得不申赴に御座候。同人はシケー（scheikunde：化学）、ナチュール（natuurkunde：窮理学）の学は左のみ得意之様子には無之、此二学は在留の外科ハン、デル、ブルック（J. H. van den Broek）と申者、博覧に御座候」(15)（安政3年5月）との返事が届く。

　そこで象山も「其内御出会も御座候はゞ、御序に善書の名目だけでも御記し置かれ其内御誨示可被成下候」(16)（安政3年7月）と再び依頼を行うが、これについての勝からの返答の有無は不明である。その後、電池についての知識が必要となったとき、「癸丑の夏、薩藩の本と申事にて、杉田の宅にて瞥覧」(17)した「ハンデルビュルグの書も大部のものと其撮要と二種有之趣に候。

第1節　入手を希望した蘭書

至て初学の窮理書のよしに承候。いづれにても壱部ほしきものと存候」[18]（安政5年11月）と、ファン・デア・ブルグ（P. van der Burg）の著わした窮理書を希望する。嘉永6年（1853）に象山が見たときには、「テレガラフ（telegraaf：電信）ヂアマクネート（magneet：磁石）の事など始て承知」[19]というものであり、電池についても記載されていた記憶があったのであろう。

その後、勝や村上誠之丞に書簡を送るたびごとにこの書物の購入を希望し[20]、1年ほど経った安政6年（1859）11月頃、ようやく入手したのである[21]。しかも、それは「第三版にて大慶無此上」[22]と以下に示す最新の1854年刊行の第3版であった[23]。そして、この書物の入手以降、窮理書についての購入希望は見られなくなる。

  P. van der Burg : *Eerste grondbeginselen der natuurkunde*, 3de geheel omgewerkte druk, Gouda, 1854.

また、窮理学への関心と関連して、蟄居後、それほど経過していない安政2年8月の書簡では、「此閑時を空しく致し申まじくと存候て、ウキスキュンデ（wiskunde：数学）に取りかゝり申候。砲学、軍術いづれも此詳証術に根基候はでは叶はぬ事と被存候」[24]（安政2年8月）と、この「詳証術」に関わる書物についても読み始めたという。

〇化学関係

「ギラルヂン（J. Girardin）の分析術も望なきにあらず」[25]（安政6年2月）とその入手を希望する。これ以後、化学書の調査依頼や購入希望が頻繁に書簡のなかに見られる。

「シケイキュンデ（scheikunde：化学）に評判宜しき新敷書、有之まじきか」[26]（同年5月）「近来のシケイキュンデ無之何かと不都合に御座候。依てギラルヂン只今に無之候はゞ……ワクネル（R. Wagner）デシケイキュンデ（de scheikunde）……御調御送り可被下候」[27]（同年8月）「ギラルヂンのシケイキュンデ……右乍御手数御尋ね便宜被仰下度候」[28]（同年9月）と希望を伝え、「ギラルヂン短簡のものに候へども新着にて候」[29]（同年11月）と、下記の

ギラルヂンの化学書を入手したのである。なお、「ワクネル」と呼ばれた化学書についても、あわせて記しておく。

　　J. Girardin : *Algemeene scheikunde*, Amsterdam, 1854.

　　R. Wagner : *De scheikunde*, Utrecht, 1856.

　しかし、このギラルヂンの化学書では不満だったようで、「火薬製造書ギラルヂンシケイキュンデ（Girardin, scheikunde）、右は何分御心がけ可被下候」（万延元年5月）「火薬製造書……ギラルヂンの分析術書、右の書御座候はゞ御代市奉願候」（同年8月）「洋書の事何分宜しく御頼申置候所のギラルヂンシケイキュンデ」（同年12月）という。そして、「ギラルヂンのファブリーキウェース（fabriekswezen：生産業）……手に入れ候所、是は大に宜しきものと存候」（文久元年3月）と、ようやく以下に示したGiraldinの「短簡」でない方の化学書を入手したが、「フレセニウス（C. R. Fresenius）のクワリタチフエ（qualitatief：定性的な）……をも蔵弄仕候……其外火薬製造に全備の書御座候はゞ必ず手に入れ申度」（同年3月）と、さらに化学書や火薬の解説書の入手を希望する。なお、このフレセニウスの化学書も以下に示す。

　　J. Girardin : *Scheikunde voor den beschaafden stand en het fabriekwezen*, 2dln, Gouda, 1851.

　　C. R. Fresenius : *Handleiding tot de qualitatieve chemische analyse*, Delft, 1857.

　火薬については、「奉願候は、火薬はブリーキの全書に御座候。当年も千八百五十七年版の火薬のフルハンデリング（verhandeling：論文）と題し候書取入見候所、図等も無之、小冊子にて其法に依て火薬局を開き候様には至り不申」（文久2年9月）と、以下のような書物は手に入れていたようであるが、図もなく象山には不満だったようであり、適当な書物の購入を依頼している。象山は、「元来火薬は砲のブルート（broeder：兄弟）にて候所、火薬の製作を彼邦の通に致し、夫より砲の事に及び候はん」（安政3年3月）とし、また上の文久2年の書簡では「火薬局を開き」と述べるなど、藩内での火薬製造所の開設を目指していたようであり、度重なる化学書の入手希望も火薬

第1節　入手を希望した蘭書

製造と関係していた可能性が高い。

　van Hoey Schilthouwer van Oostée : *Verhandering over het buskruid*, 2de druk, Amsterdam, 1857.

○工学関係

　「ケルキウェーキ（G. A. van Kerkwijk）がフルステルキユンスト（versterkingskunst：築城術）の書に出居候と申ガルハニスミユス（galvanisme：ガルバニ電気）を以て、地雷火之火を伝へ候法、或人の口授にて承り」と、象山は電流を用いた火薬の発火（地雷火）に挑戦した。まず、「法の如くガルハニ機を製し候て試み候所、機力一向に発し不申」(38)（安政5年8月）という状況だったので「ケルキウェーキ抄図とも御廻し被下、御手数之至千萬辱不勝感謝候」(39)（同年11月）と図を送ってもらったが、やはりうまくいかなかった。その結果、上述のように、ファン・デア・ブルグの窮理書を要求することになる。この「地雷火」およびそれと関係する電気治療機に関しては、第3節で詳しく述べる。このときの「ケルキウェーキ抄図」とは、以下の図版集から書き写されたものである。

　G. A. van Kerkwijk : *Krijgskundige leercursus, ten gebruike der koninklijke militaire akademie. Atlas van XL platen, behoorende bij de handleiding tot de kennis van den vestingbouw*, Breda, 1846.

「ウエルトイグキユンデ（werktuigkunde：機械学）致長進、諸器械のマーケラール（makelij：製作）に富み候はでは航海の術は別して行つかへ可申」(40)（安政3年3月）と機械工学や機械製作の必要性を述べ、「崎港にはプレットモーレン（pletmolen：圧延機）の既に献貢の記に上りたるが有之候趣兼承居候」(41)（同上）と建設されようとする長崎製鉄所の様子を勝に尋ねる。これに対し、勝からは「ホークヲーヘン（hoogoven：溶鉱炉）……当秋は多分参り不申、……フレットモーレン（pletmolen：圧延機）も……一見不仕、残念之事に御座候」(42)（安政3年5月）との返答があった。

　また、洋書が思うように入手できないことに対して「其表にて愈ドリュッ

ケレイ（drukkerij：印刷所）にても盛に相成候義に候はゞ、何様の書にても手軽に手に入可申」(43)（安政4年8月）と出版事業の必要性を述べたりもする。

「ワートルボウキュンデ（waterbouwkunde：水力学）も書物を見候へばスロイスワートルボウキュンデ（sluis waterbouwkunde：水門の水力学）にて至て狭きものに候ひき、乍去水門などの普請には随分用を成し候ものに御座候。急流を治め候ワートルボウキュンデを望居候」(44)（安政6年12月）と水力学に関する書物を入手するとともに、河川工学に関する書物も希望する。これについては、「ストルムボイヂング（D. J. Storm Buysing）ハンドレイヂングワートルボウキュンデ（handleiding waterbouwkunde：水力学の手引き）……右之書有之候。昨年来千曲犀河とも出水、両岸大荒に候。……箇様閉居の間に彼邦水利の書を熟読、ゆく〳〵は国の為に致し度と存じ、……就ては図を（八十枚添候とか申事――原文割書）御一覧被下河の両岸などの手入の図にても多く御座候様子に候はゞ後便早速に被仰下」(45)（万延元年5月）と、以下に記す書物において、図が多ければ知らせてほしい旨、依頼する。先の火薬の場合と同様、理工学関係の蘭書を購入するにあたって、象山は図の有無を重視していたことがわかる。

 D.J.Storm Buysing:*Bouwkundige leercursus, ten gebruike der koninklijke militaire akademie. handleiding tot de kennis der waterbouwkunde*, Breda, 2dln, 1844-45.

「メカニカ（mechanica：力学・機械学）無之」(46)（安政6年12月）「ハフリーケンウエルキトイゲキュンデ（fabriek werktuigkunde：工場・機械学）……右は何分御心がけ可被下候」(47)（万延元年5月）「綿花紡車等の器械製作書……右の書御座候はゞ御代市奉願候」(48)（万延元年）「洋書の事何分宜しく御頼申候……紡績車等のウエルキトイグキュンデ（werktuigkunde：機械学）図の有之候」(49)（万延元年12月）「ウエルキトイグキュンデに全備のもの有之、木綿を紡績候などに、はりのゆきゝ器械などの有之書殊に懇望に御座候」(50)（文久元年3月）と機械学、とくに紡績機械関係の書物の入手を希望する。また、一時的に手に入れた下記の書物についても「ウエルキトイグキュンデも昨年かモ

第1節　入手を希望した蘭書

ール（F. Mohr）の著書をテイテル（tijdelijk：一時的に）のみにて取り入れ候所、アポテーケル（apotheker：薬剤師）の為のみのものにて望を失ひ申候」（同上）と、象山の望む内容の記載はなかった。[51]

F. Mohr : *Werktuigkunde voor den apotheker, of beschrijving en afbeelding der werktuigen in de apotheek en het laboratorium*, Gouda, 1848

機械学に関する書物は、この後しばらくして「デルプラット（I. P. Delprat）のメカニカ（mechanica：力学）の書千八百四十八年開板のもの一本取入罷在候所、此度御恵示之二本と互に相発し大に益を得候義に御座候」（文久元年6月）と、下記のものを手に入れることができた。[52]

I. P. Delprat : *Wiskundige leercursus ten gebruike der koninklike militaire akademie. beginselen der mechanica, voor de kadetten der artillerie en genie*, 2de druk., Breda, 1848

しかし、「乍去何を申候てもアルレルエールステゴロンテン（allereerste grond：最初の基礎）と申もの故に適用の器械一々に備はらず」（文久元年6月）という状況であり、「コーニンケレイキの全備のウエルキトイグキュンデを欲しきものに存候」（同上）という。[53][54]

○科学機器

象山は蘭書だけではなく、科学機器についても、いくつか手に入れている。「ダラーグバーレバロメートル（draagbare barometer：携帯用の気圧計）（テルモメートル（thermometer：温度計）バロメートルに附き候へば更に妙——原文割書）、オリタント（octant：八分儀）……別にテルモメートル（表はレアウミュル（Réaumur）にてもハーレンヘイト（Fahrenheit）にてもセルシウス（Celsius）にても何れにても宜しく候——同上）」（安政3年3月）と勝に購入を依頼し、実際に「設爾収斯（セルシウス——筆者）の量温尺一具……拝戴仕」（安政6年2月）と温度計を入手した。そして「宋墨爾（ソンメル——筆者）中には多く、設氏の表を用ひ有之候。尤もヘルレイヂング（herleiding：[55][56]

157

換算）も格別手のかかり候には無之候へども、同くは設氏の表のをも欲しきものと」思っていたので、たいへん感謝しているという。さらに、「禁錮を被免候はゞ、此地に富み候高山の測量を致し見度と存じ罷在候。当地は沸湯の度、華氏の表にて百九十七度に御座候。地面右の如く高く候故に、宋墨爾中寒暖表を見合せ候に巴里斯などよりは遥に寒く候。是よりは当地歳時の寒暖表を作り候はむと企て候」(57)(安政6年2月)と。これまでに測定した気温のデータとソンメルの窮理書の知識に基づいて、パリよりも松代の方が気温が低いことなどを確認し、自由に活動できるようになれば入手した温度計でさらに測定するという。

○医学

医学的な内容については、しばしば書簡のなかに見いだされるが、ここでは入手しようとした蘭書に絞って述べる。「フオルクスゲネースキュンデ(volks geneeskunde：大衆医学) 二冊御送り被下」(58)(安政6年8月)と、他の蘭書とならんで医学書も手に入れたことがわかる。しかし、「門下に無心申され遣し候故」「千八百五十四年と五十七年との二部又々御取入御送り被下度希候」(59)(同上)と再度依頼する。これは、「昨年中手に入候フランスの名医ラスパイルと申書」(60)(文久2年9月)という下記の書物に相当するものであり、現在、真田宝物館において所蔵されている。

    Raspail : *Volksgeneeskunde, nieuwe en eenvoudige wijze om de meeste ziekten spoedig en gemakkelijk te genezen*, Utrecht, 1857.

また、「近日も藩内に婦人にて急に物故候もの両三人有之候。伝聞には難産にてのよしに候」「右を調へ置き出入の医者へより〳〵にはなし聞かせ候はゞ人の助けにも可相成と存じ候」と述べ、以下の「スカンリニー(J. W. Scanzoni)のフルロスキュンデ(verloskunde：産科学)」(61)(万延元年5月)を依頼する。

    J. W. Scanzoni : *Compendium der verloskunde*, Amsterdam, 1856.

さらには、「リュバック(D. Lubach)ナチュールキュンデ ファンデメン

ス（natuurkunde van den mens：人身生理）」(62)（文久元年3月）という下記の生理学書などの依頼も行う。

D. Lubach：*Eerste grondbeginselen der natuurkunde van den mensch*, Gouda, 1855.

（3）軍事に関する分野

　自然科学の分野にも多くの関心を向けたとはいえ、やはり象山の関心の中心は兵学や砲術などの軍事関係であった。蟄居前の時期は、第1章で見たように、砲術関係の書物を中心に読んでいたが、蟄居後はむしろ戦略や戦術書など兵法に関するものに比重が移っていく。

〇戦略ないしは戦術関係

　「ケレーネオールロフ（kleine oorlog：小規模な戦争）、ゲフェクツレール（gevecht leer：戦闘理論）、ストラテデー（strategie：戦略）、……何ぞニウエにて評判宜しき者御座候はゞ、便間乍御手数、其値も御報聞願上候」(63)（安政3年3月）と、前述した窮理書の探索とあわせて、戦略書や戦術書および戦争に関する書物の調査を勝海舟に依頼する。また、「海上にもゴロートゲフェクトケレーネヲールロフ（grote gevecht, kleine oorlog：大規模な戦闘・小規模な戦争）の差別も御座候義歟。……書名御承知に御座候や。是又便間御垂示奉懇候」(64)（同上）と質問をし、あわせてその関係の書物も教えてほしいという。書物の依頼だけではなく、「オロヽヂーのフェール（oorlog figuur：戦争の図）」(65)（同上）の依頼も行う。これについては、「インハンテリーエキセルシチーブラーテン（infanterie exercitie platen：歩兵訓練の絵）の事、木村軍太の本を以て御写させ被下候様御頼申入」(66)（安政3年6月）と訓練の様子を示した図の入手も依頼し、「ワートルロウ戦争図」(67)（文久2年12月）を手に入れた。

　さらに、「屛居以来タクチーキ（tactiek：戦術）は蔵本デッケルのみに付、かの二巻を把て精読仕候」(68)（安政3年3月）「デッケルのタクチーキ両帙も卒

159

業、此節又再遍を始め初帙の中半まで済せ申候」(同上)と、以下に記すデッケルの三兵戦術書を繰り返し読んでいるという。これは、現在、真田宝物館において所蔵されており、全体にわたって赤通しが残された書物として知られている。

　・ C. von Decker : *Taktiek der drie wapens : infanterie, kavalerie en artillerie,* 2 dln., 's Gravenhage en Amsterdam, 1831-1833.

その上、「デッケルのタクチーキを弁駁候書有之候よしにも承候、是は何と申書にて何冊有之其論当り候や否、御序に教師へ御質問被下度候」(安政3年3月)という。これに対し、勝からは、「デッケルを弁駁いたし候書、蘭人存居不申、私此節読居候ケレイクスキュンデ(krijgskunde：兵学)ミュルケン(J. J. van Mulken)之著八百四十五年の板なるもの蘭人もよろしき赴き申居候」(同年5月)と返答がある。すると象山は「ミュルケンのケレイクスキュンデはケレーネオールロフよりストラテデー迄に及び候ものゝよし、此ミュルケンはブランドト(H. von Brandt)のタクチーキを荷蘭にて訳し候人に御座候歟」(同年7月)と、つまり、このミュルケンとは、高野長英訳の『三兵答古知幾』の原書であるブラント著の書物を訳した人物かどうかを尋ね、「三四十円までは何とか手段可仕候」(同上)なので、値段を知らせてほしいという。そして、「右ミュルケン書中デッケルの説取り不申候へば……不取説は何等の説に有之候や。一二其目を御摘示被成下度候」(同上)と、その具体的な内容を勝に尋ねる。

続けて象山は「デッケルを取て三遍くり返し通読仕候……その訳者ブーコフ(L. B. Boccop)の駁論も往々そのノタ(nota：註)中に有之候へども、けく原説の方に左袒仕度ノタの説却て深文の様に存じられ候。コロンネ(colonne：縦隊)中間にチライルレウル(tirailleur：散兵)を備へ候事、其時其所に応じ候至極妙法の様に被存候所、ブーコフは概してこれを取り不申候」(安政3年7月)「デッケル重騎兵でスコック(schok：衝突)を尤も主張致し候が是等はいかゞのもの歟」(同上)と、具体的にデッケルの三兵戦術書の記載内容についての自分の考えを述べる。

第 1 節　入手を希望した蘭書

　また、「デッケルなどはサハルト（N. Savart）を殊の外に珍重候様子に御座候。近年ケルキウェーキ（G. A. Kerkwijk）かに良書御座候様に伝聞候」とし、勝の意見を聞くとともに、自分の考えでは本格的な築城よりも「キュストバッテレイフェルドフルシカンシング（kust　batterij：沿岸砲台、veld verschansing：野戦用陣地）其急務かと存候」(安政 3 年 7 月)と、開国という状況下では海防とともに、国内での防衛体制構築の必要性をも語る。[78]

　このケルクウェイクの手になる書物については、「ケルキウェーキのフルステルキングスキュンスト（versterkingskunst：築城術）はかねてほしく存候書に有之。別して第四版にて到大慶候」(安政 6 年12月)と以下の書物を手に入れた。[79]

　　G.A.van Kerkwijk：*Krijgskundige leercursus ten gebruike der koninklijke akademie voor de zee-en landmagt, handleiding tot de versterkingskunst voor de kadetten van alle wapenen,* 4de herziene druk., Breda, 1854

そして、「これまでケレーネオールロフ（個々の戦闘）の書無之候に付、先第一にこれを懇望仕候」(安政 3 年 7 月)と最優先に希望する旨を伝える。これについては、「ケレイネオールロフと題し候本、著述者は先誰にても宜しく」(安政 5 年 5 月)と重ねて入手を希望するが、適当な本がなかったので、「カラウセウヰツ（K. von Clausewitz）の遺書蒙御恵贈、誠に望外之義感銘之劇奉存候」と、勝自身の蔵書であったクラウゼビッツの戦争論を贈られることになり、「ストラテヂー（strategie：戦略）に渉り候書無之事を欠き罷在候所、此書にて其大略を相弁じ千萬難有奉存候」(安政 6 年11月)という。[80][81][82]

〇兵の訓練

　蟄居から半年ほど経った安政 2 年（1855）の書簡では、「砲術書、大本の方、エキセルシチーレグレメントアルチレリー（exercitie reglement artillerie：砲術訓練規則）の義、右……御下げ被成下度と申義、只今に御遅延」となっており、「元来右之書、修理蔵本にて借し遣し候品に御座候。其外に同名の

小本も借し置き」という状態であるが、現在「右之書此方門人共親類を以て質問候等の義にも入用有之候」(安政2年5月) と、門人たちがやって来るので、その質問に答える必要があるからというのである。[83] 蟄居中という身分にもかかわらず、このような活動を行っていたこともあって、同年の9月には、藩より訪問客の差し止め、書簡の往復禁止などの処置がとられることとなった。[84]「大本の方」とは以下の書物である。

Provisioneel reglement op de exercitien en de manoeuvres der artillerie van het koninkrijk der Nederlanden, s' Gravenhage en Amsterdam, 1818.

「同名の小本」は以下の書物である。

Reglement voor de exercitie met het kanon â 3 pond en den houwitzer â $4\frac{2}{5}$ dm. Engelsch, gemonteerd op berg＝affuit. Bata-via, 1836.

「カハレリーのエキセルシチーレグレメント(cavalerie exercitie reglement：騎兵の訓練規則に関する書物)……も何ぞニーウエにて評判宜しき者御座候はゞ、便間乍御手数、其値も御報聞願上候」(安政3年3月) [85] と勝に依頼する。また、銃の装薬や構え方について尋ねた後、パス (pas：歩幅) のことはバタイロンスコール (bataljon school：大隊のための学校用テキスト) にも見えるが、レングテマート (lengtemaat：長さ) やテイドマート (tijdmaat：テンポ) は、タクチーキ (tactiek：戦術書) の決まりの方がエキセルシチー (exercitie：訓練書に関する書物) のそれよりも早いが、実際はどうかと尋ねる。

さらに「一分時七十六歩、一歩の長さレイン尺二尺に踏み候と申事、けく甚難き様に御座候。此難き所をレクリュート (rekruut：新兵) には勉めて刻苦致させ不申候てはバタイロン以上の大陣を布き運動候節に大いなる差支出来り可申と被存候」(安政3年3月) [86] と難点を指摘するとともに、訓練の必要性にも言及する。そして、「夫とも近来其レグレメントの法迄早く相成、一分時に何ほどと申定則御座候義に候はゞ是又御垂示奉希望候」(同上) [87] と質

第1節　入手を希望した蘭書

問をする。

　これに対し、勝より「レグレメントエキセルシチー（reglement exercitie：訓練の規則）之ニーウなるもの蘭人は持居候哉一向見せ不申……マリネ（marine：海軍）之エキセルシチー之書有之、右之内二ケ條抄録差上申候」(88)（安政3年5月）、また「フットマート（voet maat：歩幅）は3歩2越爾（el：エル）と申候……一分時百〇六歩、七十六歩のものは喪礼之節ならでは用不申」(89)（同上）との返答があった。

　この返答に対し象山は「フットマート（voet maat：歩幅）の事……インハテリーのパス（pas：歩調：歩幅）三分二エルと申事ちと不審仕候義に御座候。パスと申に種々のフルシキル（verschl：差異）有之候と申事諸書に見え」という。以下、「歩兵のパス……六十八ドイムと心得申候」「歩兵レグレメント（reglement：規則）にパス2レイン尺と有之候」「百六歩と申ものはケズウキンテパス（gezwinde pas：速歩）の常規にして」「パラデマルス（parade mars：閲兵式の行進）一分時間に八十二歩にて五十五エルを行き、ゲウオーネマルス（gewone mars：普通の行進）は同時間に九十五歩にて六十四エルを行き、……ストルムパス（stormpas：駆け足）は同時間に百二十歩にて八十二エルを行き」など、一々その大きさに言及する(90)（安政3年7月）。あるいは、「歩法をも旧に復し候と御雑記中には有之……スコール中にてレクリユートを取立候には依然と一分時七十六歩にて」(91)（安政3年10月）という。そして、「かねて御頼申置候所の……インハテリーレグレメント（infanterie reglement：歩兵規則）」(92)（万延元年12月）と、この分野の蘭書の入手に意欲を示す。

　行進とは兵の訓練の基本であり、このような細かいことに大きな関心を払っている事実は、大砲鋳造などハードウエア面だけではなく、先の兵書や歩兵規則にかんする書物に対する強い入手希望とも考えあわせれば、軍隊を実際に運用するソフトウエア面をも重要視していたことを示すものである。

　また、「近日四歳の馬を得候て荷蘭ファンデポル（F. van der Poll）の説に餌立乗立候。……西洋馬具不揃にて甚不都合に御座候。一具ほしく御座候」(93)

(文久3年8月)という。そして、この後、入手した馬具をつけて京都の街を駆けめぐったのである。ここで記されている書物は以下のものである。

 F. van der Poll : *Krijgskundige leercursus ten gebruike der koninklijke militaire akademie, handleiding tot de paardenkennis*, 2de druk., Breda, 1842.

○砲術

　塾居以前ほどではないが、砲術関係の書物の入手も依頼する。先ほどから何度か紹介した勝海舟宛の書簡では「アルチルレリー (artillerie:砲術に関する書物)のニーウェ (nieuw:新しい)のもの」(94)(安政3年3月)も依頼する。「フェルトアルチルレリー (veld artillerie:野戦[戦場]砲術)の事一部壱冊と御申遣し被下候所実は一部七冊の趣」とし、さらに「カノンスコール (kanonniers-school:砲手教程)はその第一、ステュッケンスコール (stukken-school:大砲教程)は其第二本、フォールシキリフトステュッケンスコール (voorschrift stukken-school:規則、大砲教程)は第二本の又也、バッテレイスコール (batterij-school:砲台教程)はその第三、メールデレバッテレイ (meerdere batterij:いくつかの砲台)は其第四、アルチルレリーベウェーギンゲン (artillerie bewegingen:砲術、移動)はその第五本」(95)(安政6年12月)という。この書物には1834-38年版・1846-56年版などがあり、現在、国立国会図書館において所蔵されている。(96)

 Ontwerp van een voorloopig voorschrift op de bediening en de bewegingen van het materieel der veld-artillerie, Nijmegen, 1834-38.

　また真田宝物館には、1831年版の 2de stuk. (stukken-school) および 3de stuk. (batterij-school) が所蔵されている。

　また「ダラーグバーレヒュールワーペネン (draagbare vuurwapenen:携帯用の火器)も壱部一冊と有之候所、是も不揃い」(97)(安政6年12月)とし、さらに「フランセフェルトアルチレリー (Franse veld artillerie) エンゲルセー (Engels) も……三部連続のもの」(98)(同上)を依頼する。

第 1 節　入手を希望した蘭書

また、「オーフルストラーテン（Overstraaten）第四版の廉価なるには肝をつぶし申候。某十一二年前取入候は第二版にて」(99)（万延元年 5 月）と感慨を述べ、弟子のために以下の書物の第 4 版の入手を依頼する。

　　J. P. C. van Overstraaten : *Krijgskundige leercursus ten gebruike der koninklijke militaire akademie. handleiding tot de kennis der artillerie,* 2de druk., Breda, 1842.

さらに、「かねて御頼申置候所の……アルチルレリー（artillerie：砲術）の新着のもの」(100)（万延元年12月）「コイクオーフルストラーテン（O. H. Kuijck, J. P. C.van Overstraten）著述の砲術相願ひ候はゞ御恵借可被成下との義」(101)（文久 2 年11月）と砲術書の依頼を行う。

　　O. H. Kuijck : *Krijgskundige leercursus ten gebruike der koninklijke militaire akademie. handleiding tot de kennis der artillerie,* 2dln., Breda, 1850.

また、「千八百六十年式ライフルカノンの製造試験効用の説迄委しく載せ候砲書……夫も入用に御座候」(102)（文久 3 年 8 月）と、施条砲にも関心を寄せ、「騎銃ヒストール各一門づつ弾薬袋まで相揃」(103)（同上）たいという。翌年の京都でのことを予感していたのであろうか。

○大砲の鑽開

　また、興味深い事実として、蟄居中に象山は大砲の鑽開に関する蘭書にも言及する。「是迄多年ゲシュキュツトギーテレイ（geschut gieterij：大砲の鋳造）の書手に入度心掛候へども、手に入不申。諸家アルチルレリー（artillerie：砲術）の書略説有之候位にては実用に臨み事を欠き候……彼国ギーテレイの法に従ひ無垢に鋳立ボールバンク（boor bank：穿孔機）の上にて膅を鑽開し候様致し度候」(104)（文久 2 年 9 月）「右の書有之次第はボールバンク、ギートオーフェン（gieterij oven：鋳造炉）の支度早速に取かゝり申度候」(105)（同上）という。そして、勝よりこれに関する書物を借り受け、「最初之両三頁読過仕候所多分工夫仕候はゞ大抵の品は鑽開も可なり出来可仕被存」(106)（文久 2 年11

月)と感想を述べる。そして、「ローヘマン(W. M. Logemann)のダラーイバンクゲブロイク(draaibank gebruik：旋盤の利用)と申書」[107](文久2年12月)と下記の工作機械に関する蘭書の入手を希望し、「ゲシュキュツトギーテレイ同ベダラーゲも御手数」[108](同上)と入手ないしは借り受けたようである。

 W. M. Logemann : *Nijverheids-bibliotheek, de draaibank en haar gebruik*, Haarlem, 1856.

中繰り方式による大砲の鑽開に関して、この時期においても強い関心を持っていたことに、改めて驚かされる。

(1) 信濃教育会編『増訂 象山全集』(信濃毎日新聞社、1934-35) 巻三、p.287。
(2) 前掲(1)巻三、p.484。
(3) 前掲(1)巻四、p.65。
(4) 池田哲郎「象山蘭語彙——佐久間象山の使用したオランダ語——」(『蘭学資料研究会研究報告54』1959) pp.167-182。
(5) 前掲(1)巻四、pp.341-342。
(6) 前掲(1)巻四、p.589。
(7) 前掲(1)巻四、p.485。
(8) 前掲(1)巻四、p.610。
(9) 前掲(1)巻五、p.49。
(10) 前掲(1)巻五、p.114。なお、池田哲郎は、下記の書物がこれに相当するのではないかとしている (池田哲郎「佐久間象山と蘭学——象山書志——」、『福島大学学芸学部論集』第10号、1959、p.71)。
  J.Kramers, Jz. : Algemeene kunstwoordentolk, 2de druk, Gouda, 1855.
(11) 前掲(1)巻五、pp.413-414。
(12) 前掲(1)巻五、p.413。
(13) 前掲(1)巻五、p.331。
(14) 前掲(1)巻四、p.457。
(15) 前掲(1)巻四、p.469。
(16) 前掲(1)巻四、p.495。
(17) 前掲(1)巻五、p.152。
(18) 前掲(1)巻五、pp.107-108。
(19) 前掲(1)巻五、p.152。
(20) この安政5年11月15日付村上誠之丞宛書簡以降、ファン・デア・ブルグの窮理書を希望する書簡は以下の通りである。2回目は安政6年2月22日付勝麟

第1節　入手を希望した蘭書

太郎宛書簡（前掲(1)巻五、p.116)、3回目は安政6年4月15日付村上誠之丞宛書簡（p.124)、4回目は安政6年5月29日付勝麟太郎宛書簡（p.131)、5回目は安政6年7月21日付村上誠之丞宛書簡（p.136)、6回目は安政6年9月4日付村上誠之丞宛書簡（p.142)、同じく同日付の勝麟太郎宛書簡（p.144)である。
(21)　前掲(1)巻五、p.152。
(22)　前掲(1)巻五、p.152。
(23)　なお、先の「撮要」のものとは以下の書物である。
　　　P. van der Burg : *Schets der Natuurkunde,* Gouda, 2de druk., 1855.
(24)　前掲(1)巻四、p.359。
(25)　前掲(1)巻五、p.116。
(26)　前掲(1)巻五、p.134。
(27)　前掲(1)巻五、p.140。
(28)　前掲(1)巻五、p.143。
(29)　前掲(1)巻五、p.152。
(30)　前掲(1)巻五、p.222。
(31)　前掲(1)巻五、p.239。
(32)　前掲(1)巻五、p.265。
(33)　前掲(1)巻五、p.286。
(34)　前掲(1)巻五、pp.286-287。
(35)　フレセニウスの化学書については、*Handleiding bij qualitatieve scheikundige ontledingen,* Amsterdam, 1843. などいくつかあるが、象山が希望したのはどれかは不明なので、本文では、とりあえず一番新しい1857年版のものを掲載しておいた。
(36)　前掲(1)巻五、p.392。
(37)　前掲(1)巻四、p.458。
(38)　前掲(1)巻五、p.83。
(39)　前掲(1)巻五、p.107。
(40)　前掲(1)巻四、pp.457-458。
(41)　前掲(1)巻四、p.458。
(42)　前掲(1)巻四、p.470。
(43)　前掲(1)巻四、p.597。
(44)　前掲(1)巻五、p.165。
(45)　前掲(1)巻五、pp.221-222。
(46)　前掲(1)巻五、p.162。
(47)　前掲(1)巻五、p.222。
(48)　前掲(1)巻五、p.239。

(49) 前掲(1)巻五、p.265。
(50) 前掲(1)巻五、pp.286-287。
(51) 前掲(1)巻五、p.287。
(52) 前掲(1)巻五、p.301。
(53) 前掲(1)巻五、p.301。
(54) 前掲(1)巻五、p.302。なお、この「コーニンケレイキ」のものは、他に次のような書物が存在する。
 I. P. Delprat: *Wiskundige leercursus ten gebruike der koninklijke militaire akademie. beginselen der dynamica en hydrodynamica, voor de kadetten der artillerie en genie*, 1840.
 I. P. Delprat: *Wiskundige leercursus ten gebruike der koninklijke militaire akademie. beginselen der statica en hydrostatica, voor de kadetten der artillerie en genie*, Breda, 1840.
 I. P. Delprat: *Wiskundige leercursus ten gebruike der koninklijke militaire akademie. beginselen der werktuigkunde, voor de kadetten der artillerie en genie*, Breda, 1842.
(55) 前掲(1)巻四、p.461。
(56) 前掲(1)巻五、p.114。
(57) 前掲(1)巻五、p.115。
(58) 前掲(1)巻五、p.140。
(59) 前掲(1)巻五、p.140。
(60) 前掲(1)巻五、p.362。
(61) 前掲(1)巻五、p.220。
(62) 前掲(1)巻五、p.286。
(63) 前掲(1)巻四、p.457。
(64) 前掲(1)巻四、p.459。
(65) 前掲(1)巻四、p.461。
(66) 前掲(1)巻四、p.485。
(67) 前掲(1)巻五、p.413。
(68) 前掲(1)巻四、p.461。
(69) 前掲(1)巻四、p.462。
(70) 池田哲郎「佐久間象山と蘭学――象山書志――」(『福島大学学芸学部論集』第10号、1959、) p.78。
(71) 前掲(1)巻四、p.461。
(72) 前掲(1)巻四、p.471。
(73) 前掲(1)巻四、p.496。
(74) 前掲(1)巻四、p.496。

第 1 節　入手を希望した蘭書

(75)　前掲(1)巻四、pp.496-497。
(76)　前掲(1)巻四、p.497。
(77)　前掲(1)巻四、pp.497-498。
(78)　前掲(1)巻四、p.495。
(79)　前掲(1)巻五、p.165。
(80)　前掲(1)巻四、p.496。
(81)　前掲(1)巻五、p.49。
(82)　前掲(1)巻五、p.152。
(83)　前掲(1)巻四、pp.345-346。
(84)　宮本仲『増補改訂　佐久間象山』(岩波書店、1936) p.248。
(85)　前掲(1)巻四、p.457。
(86)　前掲(1)巻四、p.459。
(87)　前掲(1)巻四、p.459。
(88)　前掲(1)巻四、p.470。
(89)　前掲(1)巻四、p.471。
(90)　前掲(1)巻四、pp.498-499。
(91)　前掲(1)巻四、p.524。
(92)　前掲(1)巻五、p.265。
(93)　前掲(1)巻五、p.462。
(94)　前掲(1)巻四、p.457。
(95)　前掲(1)巻五、pp.162-163。
(96)　5de deel については、象山がいうのは、全体のタイトルにある beweging-en と、5de deel のタイトルの一部をあわせたものとなっている。また、voorschrift stukken-school についても同じく、全体のタイトルにある voor-schrift と、2de deel のタイトルの一部をあわせたものである。
(97)　前掲(1)巻五、p.164。
(98)　前掲(1)巻五、p.165。
(99)　前掲(1)巻五、p.220。
(100)　前掲(1)巻五、pp.265-266。
(101)　前掲(1)巻五、p.398。
(102)　前掲(1)巻五、p.465。
(103)　前掲(1)巻五、p.462。
(104)　前掲(1)巻五、p.391。
(105)　前掲(1)巻五、p.392。
(106)　前掲(1)巻五、p.397。
(107)　前掲(1)巻五、p.404。
(108)　前掲(1)巻五、p.414。

第2節　ソンメルの窮理書

（1）ソンメルの窮理書の入手

　象山が念願の窮理書を手に入れたのは嘉永5年（1852）のことであり、「去年例の御厚情被成下候内を以て、四十金長崎通事へ遣し置候。其上に当春又十五金差出候。全く前金に四十円遣し候故に手に入候に有之候へば、偏に賜ものとは申上候事に御座候。高値の極に御座候へども、跋文にも認め候通、用を成し候所金に換へがたく奉存候」と、前金の上にさらに追加までも支払って入手したことがわかる。翌年のペリー来航あたりから象山の周辺もあわただしくなるが、それまでは、これまで通り翻訳の援助を受けながら、このソンメル（J. G. Sommer）の窮理書を読みすすめ、「ソムメルと申独逸人の窮理学の書、一部不思議に手に入り候て、朝暮読観仕候所、新得殊に多く其楽不可言候」「かねて長崎へ頼置き候窮理の珍書到来候て、日々其所無を知り寝食を忘れ申候。ソムメルと申名の書に御座候が、天地万物古往今来誠に滞所なく其理を究め候書にて」と感じるところ大であった。

　その影響であろうか、蟄居中における書簡でも、いくどかソンメルの窮理書における記載内容の紹介がある。例えば、エジプトの「天の12宮の図」について述べるなかで、「拙蔵のソンメルなどの内にも、人の学問才知の上古に開け候」という。また、「宋墨爾（ソンメル——筆者）中には多く、設氏の表を用ひ有之候」「宋墨爾中寒暖表を見合せ候に巴里斯などよりは遥に寒く候」と、ソンメルの窮理書にある各地の気温のデータも利用している。さらに、「望遠鏡中望月歌……差上候。……此詩、戯作の様に候へども、日月大

第2節　ソンメルの窮理書

地軽重大小の比例、空気の厚薄、疾風の遅速、月界までの遠近等総て西洋近来の実測にて、日本に三部と申ソムメル書中に有之候[(7)]」と、ソンメルの窮理書記載のデータを用いて漢詩を作ったりもする。

　象山にとっては印象深く、よく利用したこのソンメルの窮理書とは、どのような書物を指すのであろうか。実は、ここで一つ問題となることがある。それは、「ソンメル」と呼ばれる書物には、いくつかの種類が存在することである。その上、真田宝物館にはソンメルの手になる書物が1冊も残されていないこともあり、象山が入手したソンメルの窮理書に該当する蘭書がどれに相当するのか、研究者の間でも意見が一致していないというのが実状である。そこで、本節では、まず幕末期に「ソンメル」と呼ばれた蘭書について概観し、象山が入手したソンメルの窮理書に該当する書物を推定する。そして、象山がソンメルの窮理書から得た科学技術的な知識内容がどのようなものであったか、また象山はどのような影響を受けたかを明らかにする。

(2)「ソンメル」と呼ばれた書物

○確認されているソンメルの窮理書

　ソンメルが著わした自然科学関係の書物のうち、現在、確認されている蘭訳本には次のようなものがある。

① *Tafereel van het heel-al, of bevattelijke en onderhoudende beschouwing van het uitspansel en van den aardbol*, 6dln, Amsterdam, Gebroeders Diederichs, 1829-36. (この「宇宙の描写、天空や地球についての分かりやすくて興味深い考察」を　以下では「6巻本」と記す)

各巻のタイトルは以下の通りである。

　1ste deel : *Het wereldstelsel in het algemeen*, 1829.
　　　　　　　　　　　　　　　　　　(「宇宙の体系についての概論」)
　2de deel : *Beschrijving van de vaste oppervlakte des aardbols*, 1830.
　　　　　　　　　　　　　　　　　　(「地表の陸地についての記述」)
　3de deel : *Beschrijving van de vloeibare oppervlakte des aardbols*,

1830.　　　　　　　　　　　　（「地表の海や河川についての記述」）

4de deel: *Beschrijving van den dampkring*, 1831.

（「大気についての記述」）

5de deel: *Geschiedenis der oppervlakte van den aardbol*, 1833.

（「地表の歴史」）

6de deel: *Beschouwing van de bewerktuigde wereld*, 1834.

（「被造世界についての考察」には1836年刊の索引が合本されている）

② *Verkort tafereel van het heel-al. volgens de beschrijving van J. G. Sommer*, Amsterdam, Gebroeders Diederichs, 1836 (Nieuwe uitg., 's Gravenhage, K. Fuhri, 1848)（この「J. G. Sommer の叙述に基づいた、宇宙の簡単な描写」を以下では「1巻本」と記す）

③ *Tafereel van het heel-al, onderhoudende beschrijving van het uitspansel en den aardbol*, door J. J. von Littrow, J. G. Sommer, 4dln., 's Gravenhage, K. Fuhri, 1848-49.（この「宇宙の描写、天空や地球についての興味深い記述」を以下では「4巻本」と記す）

各巻のタイトルは以下の通りである。

1ste deel: *Het uitspansel en deszelfs werelden, of de sterrekunde*, door J. J. von Littrow, 1848.　　　　　　（「宇宙について」）

2de deel: *Beschrijving van de vaste en vloeibare oppervlakte des aardbols*, door J. G. Sommer, 1848.

（「地表の陸地や海、河川についての記述」）

3de deel: *Beschrijving van den dampkring en geschiedenis der oppervlakte des aardbols*, door J. G. Sommer, 1848.

（「地表の大気についての記述、および歴史についての記述」）

4de deel: *Beschouwing van de bewerktuigde wereld*, door J. G. Sommer, 1849.　　　　　　（「被造世界についての概観」）

以上の3種類のうち、①は静岡県立中央図書館葵文庫に、③は国立国会図書館をはじめ何箇所かで所蔵されているが、②は筆者の知る範囲では国内に

第2節　ソンメルの窮理書

現存しない。
(8)

○ソンメルとリトロー

　『ドイツ伝記事典』に基づいて、ソンメルとリトローの略伝を紹介する。
　ソンメル（Johann Georg Sommer）は、地理学関係の書物を多く著わした
(9)
人物として知られており、1782年ないしは1783年、ドレスデンで生まれ、
1848年プラハで亡くなった。貧しい靴屋の家に生まれたというソンメルは、
教会の援助のもとで独学で学び、幼児教育施設の教師となったのち、さらに
教員養成所に入って学んだ。1809年からはプラハに移り、家庭教師をしなが
ら、少年少女向けの図書や学校関係の出版物などを書くようになった。その
後、プラハで数年間、音楽学校の教職につき、また博物館にも勤務した。ソン
メルには、『アジアについての最新の記述』（1839-1830）『アメリカについ
ての最新の記述』（1831）『地理学的知識の普及のためのハンドブック』
(1823)『ボヘミア王国』(1833)などの地理学的著作がある。
(10)
　また、1819年からは全6巻からなる『自然界の描写』という啓蒙書を出版
した。この『自然界の描写』の第2版が蘭訳され、わが国にまで届いたのが、
(11)
前述の①に相当する蘭書である。
　一方、リトロー（Joseph Johann von Littrow）は、1781年ボヘミアで生ま
(12)
れ、1840年ウィーンで亡くなった天文学者である。1807年、ウィーンの実科
学校の教授として招聘された。そして、いくつかの天文台の責任者を兼ね、
1819年にはウィーン天文台にも招かれた。彼は教授として、また観測者とし
ての職務を続ける一方で、天文関係の教科書や啓蒙書も数多く著わした。
『理論天文学および観測天文学』（1821-27・6巻）『天文学についての講義』
（2巻）などの天文学の教科書のほか、『彗星について、および1832年の恐れ
られた彗星について』（1832）などがある。また、『解析幾何学』（1823）『代
(13)
数と幾何の基礎』（1827）『確率論』（1832）など、数学の教科書も書いている。
他方で、『暦について』（1828）『日時計製作法』（1831）などのハウツー的な
ものもある。

これらのなかで、1834年に出版した『天空の驚異』は評判のよかった啓蒙書で、第8版まで出版されており、人気のある天文関係の著述家としてのリトローの地位を確かなものにしたといわれる。この『天空の驚異』の蘭訳本と、ソンメルの『自然界の描写』第3版の第2巻から第6巻までの蘭訳本とを合わせて1つのシリーズ本とし、1829-34年版『宇宙の描写』の改訂版として1848-49年に出版されたのが前述の③の蘭書である。ドイツでは、このリトローの本とソンメルの本が合わせて出版された形跡は、今のところ見いだすことはできず、おそらくオランダにおいて、この2種類の本をシリーズ本としてまとめたものと思われる。

○「ソンメル」と呼ばれる書物の特徴
　①の「6巻本」はその書名からも想像できるように、天体の様子から地球上の諸現象、さらには生物まで自然界全体にわたって満遍なく解説された啓蒙書である。
　②の「1巻本」は、「6巻本」を400ページ弱の分量として1冊にまとめたものであり、内容的にはかなり簡単なものになっている。この「1巻本」には、1836年版と1848年版とがある。ブールハーヴェ博物館には、1848年版のこの簡約本が所蔵されており、それにはライデン自然史博物館の印があった。筆者は、このブールハーヴェ博物館所蔵の1848年版のものと、ライデン大学附属図書館所蔵の1836年版とを比較したが、両者の内容は一致していた。
　③の「4巻本」の第2巻から第4巻までは、ソンメルが著わした「6巻本」の第2巻から第6巻までとほぼ同じ内容である。もう少し詳しくいうと、「4巻本」の第2巻には「6巻本」の第2巻と第3巻の内容が、「4巻本」の第3巻には「6巻本」の第4巻と第5巻の内容が、それぞれ記載されている。「4巻本」の第4巻と「6巻本」の第6巻は、ほぼ同じ内容である。但し、「6巻本」と「4巻本」の内容が全く同じというわけではなく、「6巻本」の第2巻以降には見当たらない内容が「4巻本」に付け加えられている場合もある。このような構成になっていると、「4巻本」とくに第2・3巻はかな

第 2 節　ソンメルの窮理書

り大部なものと想像されるかもしれないが、実際には「6 巻本」の 2 ページ分が「4 巻本」では 2 段組にして 1 ページ分におさめられているので、「4 巻本」の総ページはそれほど増えていない。

また、「6 巻本」では最後の第 6 巻の終りに、第 1 巻から第 6 巻までを通したアルファベット順の事項索引があるのに対し、「4 巻本」では、第 4 巻の巻末にはソンメルの『自然界の描写』の蘭訳である第 2 巻から第 4 巻までの事項索引があるだけであり、リトローの『天空の驚異』の蘭訳である第 1 巻の事項索引は独立して第 1 巻の巻末にある。このように、「4 巻本」は、実際にはリトロー著の第 1 巻とソンメル著の第 2 巻から第 4 巻までという 2 種類のものを機械的にあわせ、『宇宙の描写』というシリーズのなかの各巻として出版されたものである。

次に「6 巻本」と「4 巻本」とで異なる各々の第 1 巻の天文学の内容について簡単に紹介する。「天文学は私の主要な研究分野ではなく、愛好者であるにすぎないので、読者の信頼を裏切らないために、よい専門書にあたり」「これらの題目の扱いに際しては、私は名前や数字の無味乾燥なリストや意味のない大げさな言葉を避けるように努めた。……(中略)……必要なことは目に見えることや理解できることを平易に記述することである」[16]と、地理学を得意とするソンメル自身が序文のなかで述べていることが、この①の第 1 巻の特徴をよく示している。そこでは、「一般的な宇宙の秩序」というタイトルの下に全体が 55 章に分けられ、地球の形状、太陽系の全体の概観と地球や月の運動、19 世紀に入って発見された小惑星を含む各惑星と彗星、星座や恒星などについての解説がなされており、最後の恒星のところでは、ハーシェル（F. W. Hershel）の恒星分布図も紹介されている。この①の第 1 巻は、ソンメルの得意な地理学的な内容が少し詳しいという感じがしないでもないが、全体として天体の様子を記述したよい概説書となっている。

一方、③の第 1 巻は、「それは立派な学者によって書かれた最上のものと見られており」[17]という翻訳者の言葉を俟つまでもなく、天文学の専門家によって書かれた啓蒙書ということもあって、天体の様子を記述するだけではな

く、ケプラーの法則やニュートンの万有引力の法則をはじめとする物理学的な内容、天体観測のための諸器具の解説など、天文学の内容をわかりやすく説明した内容となっている。『プリンキピア』にあるような幾何学的図形の紹介や、一部ではあるが数学的な取り扱いもある。リトローの著わしたこの「4巻本」の第1巻の内容を概観するため、各部の目次を以下に示す。

第1部　一般的な天文学ないしは宇宙における一般的な現象
　　　第1章　地球の外形　　　　　第2章　地球の1日の動き
　　　第3章　太陽の1年の動き　　第4章　地球の1年の動き
　　　第5章　天体の違った眺め、および地球からの距離
　　　第6章　恒星の光行差　　　　第7章　季節
　　　第8章　惑星の構成　　　　　第9章　ケプラーの法則
　　　第10章　その運動の直接的な効果
　　　第11章　地球の月、およびその他の惑星の衛星
　　　第12章　歳差、章動
　　　第13章　天球儀および地球儀の使用

第2部　記述を中心とした天文学ないしはそれぞれの天体の記述
　　　第1章　太陽　　　　　　　　第2章　水星
　　　第3章　金星　　　　　　　　第4章　火星
　　　第5章　4つの最近見つけられた惑星
　　　第6章　木星　　　　　　　　第7章　土星とそのリング
　　　第8章　天王星　　　　　　　第9章　月
　　　第10章　3つの外惑星の衛星、「惑星系の概観」
　　　第11章　彗星　　　　　　　　第12章　恒星の数、距離、大きさ
　　　第13章　連星
　　　第14章　星のグループ、および宇宙の星雲

第3部　理学的な天文学ないしは宇宙における運動のきまり
　　　第1章　物体の特質　　　　　第2章　普遍的な重力（万有引力）
　　　第3章　天体の物体の質量と密度

第2節　ソンメルの窮理書

第4章　天体の物体の楕円軌道　第5章　一般的な惑星の摂動
第6章　周期的な摂動　　　　　第7章　長期にわたる摂動
第8章　惑星の形、および大気
第9章　海の潮の満ちひきと地球の大気
第10章　惑星の摂動の他の著しい影響
第11章　我々の宇宙の起源　　　第12章　我々の宇宙の寿命

第4部　観察を中心とした天文学ないしはそれに使われる道具の説明とその使用法
補　足　天文学における主要な研究者のリストとその解説

（3）ソンメルの窮理書の国内での利用

ソンメルの窮理書の翻訳は、筆者の知る範囲では、高野長英による『遜謨兒四星編』と、杉田成卿による『遜氏六合窮理抜萃』の2種類がある。いずれも、先の「6巻本」からの翻訳である。

○『遜謨兒四星編』

これは6巻本の第1巻「第27章　最近、発見された惑星、ケレス、パラス、ジュノー、ベスタ」の全訳である。『高野長英全集』によれば、「弘化三年の訳、即ち遁走の三年目、門人内田彌太郎の為めに訳して与へたものと伝へられて居る」[18]とされている。なお、この『遜謨兒四星編』と同じく、ボーデの法則と小惑星の発見を扱ったものに、内田五観の手になる『新星発秘』と『新星発秘説抜抄』がある（ともに天保6＝1835年刊）。川尻信夫によれば、この2種類の稿本のもとになる知識を内田五観に与えた蘭書は、ソンメルの窮理書やボイスの百科事典でもなく、いまだ不明とのことである[19]。

○『遜氏六合窮理抜萃』

6巻本の第1巻は、最初に歴史的な概説の説明があった後、以下に紹介する第4章から第14章までが続く。そして、第15章以降は、月や各惑星、彗星、

表9 『遜氏六合窮理抜萃』とソンメルの窮理書との対比

『遜氏六合窮理抜萃』の内容	該当するソンメルの窮理書のページ	該当する記述が含まれている章
獣帯の説明	p.51の注	第4章
春分点のずれについて	p.52.	第4章
南中時刻の差より経度を測る方法について	p.75.	第7章
クロノメータないしは天体現象により経度を測る方法について	pp.76-82の要約	第7章
火薬を使って経度を測る方法について	p.84.	第7章
経度の基準について	pp.66-67および注	第6章
尺度について	p.91およびp.97の注	第8章
地球の全径について	p.90	第8章
緯度による緯線の長さの違いに関する表	pp.97-99	第8章
緯度による重力の違い	p.121	第10章
図13と自転の証拠としてコリオリの力が関与する現象	pp.117-118	第10章
黄道における太陽の移動と視直径	p.131	第11章
太陽年について	p.135	第12章
図15と惑星の楕円軌道	p.128	第11章
図11と視差	p.103	第9章
図14と惑星の見え方	pp.126-129	第11章
図8と地球の形	pp.91-92	第8章
図19と惑星の動き	pp.161-162	第14章
図20と恒星の見え方	p.165.	第14章
惑星の公転半径の比	p.169.	第14章

恒星、星座、銀河などの説明にあてられている。第1巻の地球と太陽、惑星の運動を扱う一般的な内容に相当する140ページほどの内容を、12枚の短い稿本に書きとめたものが、この『遜氏六合窮理抜萃』である。筆者が確認した範囲でソンメルの窮理書との対比を示す(表9参照)。[20]

表中の各章のタイトルは次の通りである。
　第4章　極、赤道、経緯線。太陽のみかけの軌道とそれに由来する季節の相違など。回帰線、極、黄道、獣帯。
　第6章　地理学者により経度と緯度はどのように理解されたか
　第7章　各々の場所の緯度と経度はいかに見いだされたか
　第8章　地球の大きさ。球形からの僅かなずれ、緯線の長さの減少に関する表
　第9章　プトレマイオス、コペルニクスおよびティコの体系
　第10章　地球の運動についての証明、および、それに対してなされる反論に対する論駁
　第11章　太陽系のさらに詳しい考察。太陽は中心に位置し、惑星はそのまわりを回転する
　第12章　地球の公転による太陽のみかけの運動はいかに生ずるか。暦について
　第14章　黄道の歪みの理由は何か、また、地球の公転により1日の長さや惑星の運行の多様性はいかに説明されるか

（4）象山が手に入れたソンメルの窮理書

○ソンメルの窮理書について語られる内容

　象山がソンメルの窮理書について語る内容のうち、それがどのような本であるかを推定するためのヒントとなり得るのは、次のような内容である。
　・購入したのは3冊であること
　・出版年は1848年から1850年あたりであること
　・内容的には、天文関係および気象関係の記述があるものが含まれること
　購入した冊数については、「宋墨爾（ソンメル——筆者）を跋す」という詩のなかで、象山は「宋墨爾之書三峡、予五十余金を以て之を購う」と述べる[21]。この跋文の内容は、ソンメルの窮理書の購入に五十両もの大金をつぎこんだが、それは決して無駄ではないということを藩当局などに訴えるための

ものであり、それ故、この3冊という冊数は、間違っていないと考えられる。
　ソンメルの窮理書の出版年については、象山はいくつかの書簡のなかで次のように記している。

　　去々年出板の「ソムメル」と申独逸人の窮理学の書
　　　　　　　　　　　　　　　　　　　　（山寺源大夫宛書簡／嘉永5年＝1852)[22]
　　　一昨々年の板行に御座候　　　　　　　　　　　　（竹村金吾宛書簡／同上)[23]
　　　第三版にて千八百四十八九両年の刷印に御座候
　　　　　　　　　　　　　　　　　　　　　　　　　　（黒川良安宛書簡／同上)[24]

このように、出版年については、1～2年のずれがあるが、およそ1848年から1850年あたりとみて間違いない。また、黒川良安宛書簡で、1848年および1849年発行の第3版であると述べていることは、象山が購入したソンメルの窮理書を推定する上で重要な判断材料である。
　また、この本の内容については、この本を入手したのちに、象山が作っているいくつかの詩の内容が参考になる。「宋氏の宇宙記を読む」[25]では、自然についての東洋の学問に比べて、「西洋の実測の言」のすばらしさを述べ、続いてソンメルの窮理書の感想を次のように記している（読み下しは筆者、以下同）。

　　独乙の人宋墨爾氏の著す所の宇宙記を得て之れを読む。天地の大、日月の明、暑寒昼夜の運、風雲露雷の変、禽虫草木の微、一として其の幽を闡いて其の賾を探らざるは無し。真に宇宙を綜括し古今を終始する者と謂うべし。[26]

　また、「宋氏の風論を読み、喜びて作る」という詩もあり、この「風論」とはおそらく気象関係のことを指しているのであろう。このように、このソンメルの窮理書には天文や気象関係、さらには動植物に関する記述が含まれていることが、象山の叙述からわかる。

〇手に入れたソンメルの窮理書
　池田哲郎は、象山が手に入れたのは前述の「6巻本」である可能性を示唆

第2節　ソンメルの窮理書

した。これに対し、川尻信夫は、出版年や冊数があわないこと、また「6巻本」は量的にもかなり大部なものであることなどから、「6巻本」を象山が手に入れたとすることに疑問を投げかけ、「従来の研究では、すべて、これを……(中略)……①の「6巻本」——筆者)であるとしているが、私はそうではなく、この書物の簡約版であったろうと考える。原著であろうと簡約版であろうと大きな問題ではないという見方もあろうが、今の場合は問題になり得る。それは、象山の知識程度の一つの目安になる」として、もう少し簡単な内容の本があるのではないかと予想した。

前述したように、「6巻本」はソンメルの第2版を蘭訳したものであり、第3版であるという象山の言明とも矛盾する。それ故、筆者も、川尻信夫と同様、象山が手に入れた本が「6巻本」であるという見解には同意しかねる。しかし、「6巻本」の簡略本である「1巻本」は、発行年が1848年のものもあるが、3冊本ではなく1冊で完結したものである。筆者が見た範囲では、分冊のものを1冊にまとめたというような形跡はなかった。それ故、象山が、買ったのは3冊であると述べている以上、今のところ、象山がこの「1巻本」を手に入れたとは考えにくい。

他方、「4巻本」は、発行年は1848年から1849年にかけてであり、しかもソンメルの著わしたドイツ語版の第3版を蘭訳したものであり、象山の言明とも一致する。

しかし、全体は3冊ではなく4冊であり、しかも天文関係が記述されている第1巻はソンメルではなくリトローの手になるものである。現在、国立国会図書館に保存されているこの「4巻本」を見ると、リトロー著の第1巻の表紙には、蕃書調所で貼られたと思われる「四番乙、ソンムル、窮、タヘレール、ファン、ヘット、ヘールアル、千八百四十八年、酉七部、全四冊、二、大」と記された付箋が残っている。また、国立国会図書館には、現在、この本は2部保存されているが、そのうちの1部は第4巻がなく、第1巻から第3巻までの3冊となっている。

当時、ソンメルの窮理書というのは有名であったので、この「4巻本」に

ついても、リトローの名前を記さずに「四番乙、ソンムル……全四冊」とソンメルの名前のみを記したのであろう。この例と同様に、手に入れたものにリトロー著の第1巻が含まれていたとしても、象山が全体を「ソムメル」と呼んだことは、十分に考えられることである。

　また、このリトロー著の第1巻は、第1部に先立って序論にあたる「導入」という項目が20ページほどあり、その最初には「ずっと昔の時代以来、人間の知性を特有の文明にまで完成させるところの全ての学問のなかで、広範で重要な発見の非常に長い連鎖を提供するものは、間違いなく天文学である」として、天文学の歴史がごく簡単に紹介されており、「拙蔵のソンメルなどの内にも、人の学問才知の上古に開け候」という象山の言明とも矛盾しない。

　以上のことから判断すれば、象山が手に入れたのは、「4巻本」のうち、天文について記されている リトロー著の第1巻を含む3冊であるとして、ほぼ間違いないといえる。

（5）天空を詠んだ漢詩

　「象山先生詩鈔」のなかに、「望遠鏡の中に月を望みて歌い、阮雲台と和す」と題された漢詩がある。そこでは、具体的な数値をはじめ、西洋の天文学に由来する知識が詠み込まれている。それは、以下のようなものである。

　（ア）日之質、地より重なること三十五万五千倍、其の体、地より大なること一百三十万倍。月之質、地より軽なること七十分之一、其体、地より小なること五十分之一、今縄一条を取り、其の両端を以て大小の石を連らね、之を空に抛てば、即ち大なる石は中に在りて旋転し、小なる石は循いて之を繞る。是に由て之を観れば、月之本輪は地を以て心と為し、地及び諸曜之本輪は日を以て心と為す

　（イ）地と月と相い距たるは、独乙の里法を以て之を度れば、五万一千八百十二里。風之疾は、一秒の時間に一百尺を行く可し。若し此の疾風を御し得れば、須らく一百三十六日にて月界に到らん

第2節　ソンメルの窮理書

　(ウ) 地球は月球より大なること四倍

　(エ) 月径は独乙の里法にて四百六十六里、地径は一千七百一十八里

　(ア) では、地球と太陽、および地球と月との質量比や体積比を紹介した後、太陽中心説に基づく地球や月の運動を述べる。(イ) では、地球と月の距離を、比喩を使って説明する。また、ここでは、距離の単位として、オランダで使われていた「エル」ではなく「独乙の里法」を使う。さらに、(ウ) や (エ) では、地球と月の大きさの比較をやはり「独乙の里法」に基づいて述べる。

　以下では、「4巻本」の第1巻であるリトローの著わした本のなかで、前述の漢詩で述べられていることに対応する記述があるかどうかを見ていく。先に目次を紹介したように、第1巻・第2部の第1章から第10章までにおいて月や太陽、および各々の惑星についての具体的な説明がなされる。そして、第11章以降で惑星以外の他の星、つまり彗星や恒星が説明されている。この第2部第10章が終わり一区切りついたところで、章というわけではないが、「惑星系の概観」という短い項目があり、6種類の表と4種類の図、およびそれぞれの簡単な説明が付されている。それは、以下に示すような項目である。

　　表1　惑星の質量や密度　　　　表2　惑星の速さや軌道面
　　表3　月に関する数値　　　　　表4　木星の衛星に関する数値
　　表5　土星の衛星に関する数値　表6　天王星の衛星に関する数値
　　図90　惑星の軌道　　　　　　 図91　3つの惑星と衛星の距離
　　図92　惑星のみかけの直径
　　図93　各惑星が88日で太陽のまわりを回る角

　表1の「惑星の質量や密度」では、地球ないしは太陽の質量を1としたときの月や惑星の質量が各々記されている。また、地球の密度を1としたときの月や惑星の密度、あるいは、水の密度を1としたときの地球や月および惑星の密度、さらに、地球の表面積を1としたときの月や惑星の表面積なども記されている。そして、この表の下欄には、次のような注釈がある。

　「太陽の質量の大きさは、地球のそれより355000倍大きい。そして、月

のそれは、地球のそれの70分の1の大きさである」「太陽の体積ないしは、それの占める容積は、地球のそれより130万倍大きい」「月の体積は、我々の地球の体積のわずか50分の1である(34)」

このように、ここで記されている内容は、本項で考察している漢詩の(ア)の前半部で述べられていることと全く同じである。また、この(ア)の部分の後半に記されている内容と同じような記述は、いくつかの箇所に存在するが、例えば、このリトローが著わした書物の最初の「導入」という箇所でも、象山が述べているのと同じような表現が見いだされる。それを以下に示す。

太陽のまわりを1年で回る地球の忠実な仲間である月は、円に近い軌道を持つ我々の惑星として記述される。しかし、太陽から見れば、付加的な円の連続である転がりながら進む車輪のように、つまり、その中心が地球の軌道の周上に横たわりながら動いている(35)

また、地球や月の直径については、前述の「惑星系の概観」の「表3　月に関する数値」に記されている。そこでは、恒星月や交点月・朔望月などの記述とともに、「マイルで表わした（月の——筆者）正しい直径 …… 466」および「地球に対する月の直径 ……11分の3」と記されている。これも、月の直径に関しては、象山が述べている内容と一致する(36)。

さらに、この詩の(イ)の部分に関しては、第2部の「第9章　月」の箇所で、象山が述べていることと同様の記述が見いだされる。それを以下に示す。

「月までの平均的な距離は、51812ドイツ・マイルに達する（I. §162を参照(37)）。我々の鉄道車輛が1時間に8ドイツ・マイルで270日間走り続けて月に到着する」「1日におよそ25ドイツ・マイルほど行ける郵便車では、5年と247日あまりかかり、これは我々のせっかちな旅行としては、疑いもなく長すぎるだろう」「運よく風が1秒あたり15フィートの割り合で絶えず吹き続けているなら、909日、つまり2年と179日で達するだろう」「1秒間に100フィート進む暴風のもとでは、我々の船は、目的地まで136日で達する。しかし、残念ながら、我々は、どんなふうにして到

達できるというのか」「太陽から我々の地球まで8分と13秒で達する光は、1秒と5分の2という、ほんの一瞬で到達する」⁽³⁸⁾

このように、リトローが著わした第1巻では、距離を表わす基準である郵便車から光まで、いろんな例をあげて、月に到達するまでに要する時間が示されている。象山が漢詩のなかで紹介しているのは、このうちの暴風の場合である。また、このリトローの本では、長さは「フィート」と「ドイツ・マイル」が使われており、「エル」への換算については、最初の「導入」のところで、1ドイツ・マイル＝7407.4エルと表示されている[39]。なお、このような比喩による月までの距離の説明は、「6巻本」の「第15章　月」という箇所には見いだされない。

以上から判断すれば、象山が「望遠鏡の中に月を望みて歌い、阮雲台と和す」という漢詩のなかで読み込んだ月や地球の大きさ、あるいは月までの距離というような天文定数やその表現のしかたなどは、リトロー著の第1巻の内容を下敷きとして書かれたものであると考えて間違いない。

（6）「地震予知器」（「人造磁瑛」）

象山が蘭書に基づいて作ったといわれるなかで、今日まで伝えられている数少ない遺品の一つに、「地震予知器」（象山は「人造磁瑛」と名付けている）と呼ばれるものがあり、現在、真田宝物館において保管されている。象山は「地震に感じ候器、果して其驗を呈し候。右にて家父なども戸外へ走り出で候所、嗣で大震に相成申候。頗る奇器に御座候」[40]とその様子を記し、その「奇器」の構造についても、次のように述べる。

・「図の如く人の碍らざる所に懸け下し、三角鉄に、大凡、百目程の重りをかけ置」[41]いたもので、「大変災動候はむ時には、此器、平日の機力を失ひ、平日能く保ち得候重りに堪へ得ずして、椎子、地に墜」[42]

この装置は、馬蹄形磁石のようなものに100匁程度の鉄のおもりを付けただけの簡単なものであり、地震など「大変災動」のときにはそのおもりが落ちて危険を知らせるというのである。

地震の直前に磁石の磁力に変化が起きるという現象は、安政2年（1855）10月の安政江戸地震を記録した『安政見聞誌』（安政3年刊）のなかで記されるさまざまな予兆現象の一つとして、次のように紹介されている。[43]

「眼鏡屋に三尺有余の磁石を所持す、然るに彼の二日の夜五ツ時頃とかや彼石に吸つけ置たる古釘古錠其外鉄物悉く落たりとなん」「更る夜の四ツ時の大地震なり、其後彼石に鉄を吸すに元のごとくに付」[44]

つまり、地震の数時間前に磁石に吸い付けてあった古釘などが全部落ち、地震後、またもとのように吸い付いたという話である。同じく安政3年に著わされた村山正隆の『震雷考説』には、「地震を知るために震刻計を造る」として、その「震刻計」が図入りで紹介されている。[45] これは、磁石の塊に鉄を吸い付けただけの簡単なものであり、象山が作った装置と原理的には全く同じである。象山は自作の「人造磁鉄」について次のように述べる。

「春中より企て居候人造磁（洋名コンストマグネート）、漸近来、出来寄に相成候て、門下輩より内献上も仕候と申事依、不取敢壹枚、呈覧仕候。此器、天地間の気に至て感じ易きもの故に、地震颱風等の大変災にて人畜に損害を成し候はむ時節には、其僅かに前、此器には早く已に感動候哉に御座候」[46]「然ば大地震山崩等の変災を致先知候人造磁（洋名コンストマグネート）、漸出来に相成候」[47]（カッコ内は原文割書）

これは地震ばかりか台風や山崩れなどの予兆をもとらえるというのであり、地震のみに感ずるとする『安政見聞誌』における記載と異なっている。このことは、象山が上記の安政江戸地震関係の伝聞のほかに、別の情報源を有していた可能性を示唆している。

象山の情報源をさぐるために、まず彼が使う「コンストマグネート」という言葉について考察する。象山が所持していた蘭書のうち、ボイスの百科事典の「磁石（magneet）」の項では、「人工的手段により磁石を作るための方法」がいくつか紹介されるなかで、konst という語が使われている。[48] また、ソンメルの窮理書「4巻本」では、「コンストマグネート」は、第2巻「第2部　地球表面とその構成要素の内部の形状について」の「第21章　地球の

第2節　ソンメルの窮理書

磁気について」のなかで、次のように解説される。

　これらの現象は、それ自体としても重要であるが、それはつぎのような理由で、より重要である。次のような規則でもって、鉄の棒に、その長さ方向に磁石となるように磁気的な力が付与される。このような人工的に作られた磁石（kunstmagneet）や他の磁石により、すでにそれらが持っている自然の極に準じて極を持つ。このような磁石の力を伝えるという方法を使って、磁針や羅針盤の針が製作される[49]

ソンメルの窮理書では、konst ではなく kunst となっているが、蘭和辞書『ズーフハルマ』を見ると、kunst のところは zie konst となっており、konst は「術」と訳されている[50]。このように、当時は kunst と konst は区別されておらず、kunstmagneet を象山が「コンストマグネート」と読みかえたとしても不思議ではない。

弘化4年（1847）、故郷の松代で善光寺地震にあい、藩は大きな被害を受けた。ソンメルの窮理書を入手したとき、象山が最も知りたかった内容の一つが地震についてであったことは容易に想像できる。ソンメルの窮理書で地震について見ようとすれば、目次や巻末の索引により容易にその箇所はわかる。ソンメルの窮理書に地震についての記述があるのは、主に2箇所である。それは、「コンストマグネート」が紹介されている第21章および直前の第20章と、第2巻「第1部　地球表面の外部の形状」のなかの「第10章　前章の続き。地震について」である。

この第10章では、「地震により引き起こされるところの破壊は、火山の爆発によるところのものよりも恐ろしい」「火山の近くにあるような土地は、多くは、地震を免れることはできない」と、地震と火山との関係を述べた後に、地震の一般的な特徴について記述されている[51]。地震の予兆についても少しだけ触れられているが、磁気現象との関係を説いた記述は見いだされず、リスボン地震など、ヨーロッパで起こった著名な地震についての記述にスペースが割かれている。

次に「コンストマグネート」が紹介されている第21章とその直前の第20章

をみる。「第20章　火山の起源とその現象について」では、火山と地震の関係が詳しく説明され、さらに火山と関係のない地震についても、地中をめぐる「流体」を仮定しての説明が試みられる。(52)そして、第21章においては、大地の変動や異常気象と磁気変動についての関係が次のように述べられる。

　１年ごと、あるいは１日ごとの磁針の規則的な変動などの一般的な逸脱以外に、不規則で、しばしば突然に起こり、また、つかの間の変化であったりするようなものが存在する。それは、1.5 ないし２分程度から５分程度のものである。それは、強い暴風や強い雷雨、地震、そして火山の爆発や北極光のような場合である。これらの自然現象の全ては、その長さでも長かったり短かったりと不規則であるが、磁針の動きを引き起こす。そのようなときには、大きな動きや動揺が続くこともある。我々が前に言った、火山と磁気の現象が関係しているかもしれないということと関係があるのかもしれない(53)

　この箇所では kunstmagneet の紹介があり、磁針の変動は地震の前だけではなく、暴風や雷雨あるいは火山の爆発などの前にも起こることが記されている。さまざまな自然現象が起こる直前に、磁石に関わる現象に異変が起きるという記述は、磁石から釘が落ちたという伝聞を裏付けるものである。象山が自信を持って「人造磁鍼」を製作し、その効能を語る背景には、ソンメルの窮理書のこの内容があると筆者は考えるものである。

　なお、本項の論旨とは直接関係ないが、ソンメルの窮理書そのものに関することについて、もう一点、付け加える。先に、ソンメルの著わした「６巻本」とリトロー著のものを含む「４巻本」では、「６巻本」の第２巻と「４巻本」の第２巻の前半とはほとんど同じ内容であるが、異なっている部分もあると述べた。実は、この地震を紹介した第10章もそれに相当する。「４巻本」の第２巻「第１部　地球表面の外部の形状」では、「第９章　火山について」「第10章　前章の続き。地震について」「第11章　よく知られた主要な火山について──ベスビアス」となっており、第１部全体で38章に区分されている。ところが、「６巻本」の第２巻では、この第１部は全体で37章と

第2節　ソンメルの窮理書

「4巻本」より1章少なくなっており、この一つ少ない章が地震について述べられている第10章なのである。残る37の章については、順序が入れ替わっているところがほかにもあるが、項目名については、「4巻本」と「6巻本」の両者で全く同じである。また、「6巻本」では単に地震の項目がないだけでなく、「4巻本」第10章で記されているような地震についての記述も見いだされないのである。

（7）ソンメルの窮理書からくみとったもの

○天空を詠んだ漢詩と象山の思想

　月は地球のまわりを回り、その地球やほかの惑星は太陽のまわりを回るとする太陽中心説を述べるなど、宇宙に対する認識の大きな変化を見てとることができるこの漢詩は、またいくつかの興味ある問題を我々に投げかける。一つは、易を重んじる象山の思想との関係である。もう一つは、砲術に関するさまざまなデータを紹介するかのように、天文についても、どうしてこれほど数量的な表現にこだわるのだろうかということである。

　象山の朱子学思想の特徴については、「吾れ年十有五にして、易を読む象山の麓。玄夜辞象を玩び、或は時辰旭に到る。冥会一たび何をか欣ばん。理妙心目を照らす」と幼少の頃から易に親しみ、「宇宙を包括し古今を終始し事物の変を尽して、天人の蘊を究める」を特徴とする邵康節の説に共鳴し自己の思想を形成したことは、すでに先学の指摘するところである。

　西洋の学問に接触した後も、易に対する信奉はかたちを変えて維持される。弘化4年（1847）の善光寺地震により岩倉山が崩落し、犀川が土砂でせき止められたとき、象山は蘭書からの知識を基に土砂のなかに火薬を埋め込み、その爆発力によって土砂を吹き飛ばすべきことを献策するとともに、もし決壊すれば城下が水につかるかどうかについては易により判断したのである。あるいは、うち続くひでりに対し、「水旱の由て来る所の理は其比西洋之説も無之、別に明め方も無之候へば、其所を社稷に帰し候様の事有之候歟に御座候」と、西洋の科学でも説明のつかないものは神に頼ることもしかたない

という。

　自然界の変化を陰陽・八卦で説明するところの易を信奉する象山にとって、西洋の学問が天の有り様をどのように述べるかは、関心のある事柄であったはずである。象山が愛読した『海上砲術全書』では、「按ルニ『バラホヲル』ノコト選女児（ソンメル――筆者）窮理書其他数学書ニ見ユ」と紹介があり、また前述したように、高野長英や杉田成卿による翻訳があるなど、「ソンメル」と呼ばれる書物は、当時、有名な窮理書であった。象山が窮理書一般を求めたのか、「ソムメル」と指定して求めたのかははっきりしないが、高野長英に「ソンメル」の翻訳を依頼した内田五観とすでに面識があったことなども考えれば、天体についての詳しい記述のある「ソムメル」と指定した可能性は十分に考えられる。ソンメルの窮理書の入手にあたって、象山は「余嘗て漢土の諸賢の物理を論談して多く臆度に出で、其の虚誕に失流するを病う。竊に此の弊を救うに西洋実測の言を以てせんと欲すること久し」と、この書物にかける期待を表明する。そして、実際にソンメルの窮理書を通して理解した「西洋実測の言」の内容を紹介したのが、本節で考察した天空を詠んだ漢詩である。

　象山にあっては、必ずしも科学と技術の区別ができていたわけではないが、西洋の科学技術について「彼学科の多き、小人数のよく尽す所に無之」との認識を持っていたのも事実である。自然を眺める上で、わが国の伝統的な知識で不足している部分は「西洋実測の言」で補う、ないしは置き換えるとする考え方は、裏を返せば「分科の学」としての科学の特質が象山に反映していたと見ることもできる。

　表面的に見る限り、科学技術が語る個々の内容は極めて限定的で、しかも独立しており、他の知識との連関もそれほどあるようには見えない。例えば、砲弾の飛距離を決めるのは運動学の知識であるが、その初速度は火薬の爆発力に依存する。実際の砲弾の運動にあたっては両方の知識は密接に関係するし、できればその両方を考慮するにこしたことはない。しかし、火薬の爆発力を決めるのは化学の知識であり、運動学の知識とは表面上は独立している。

第2節　ソンメルの窮理書

だからこそ、可能な範囲で、それぞれの知識内容を部分的に受け入れるという芸当もできるのであり、むしろ西洋の科学技術の力に直面させられたわが国の人々にとっては、とりあえずは科学技術の知識をそのようにとらえることこそが必要であった。そして、このような考え方こそが、西洋の科学技術を受け入れるための入り口を人々に示したといえる。これまで象山の思想は「東洋道徳、西洋芸術」という言葉で語られてきたが、実は、「西洋芸術」、つまり科学技術に関わる領域においても、伝統的な見方である「東洋」的なものと、新しい「西洋」的なものとが混在ないしは両立していたのである。

　今日の我々は、科学技術のなかに、例えば対象を越えて適用される科学の方法など、その全体を貫くような特質を認め、それこそ科学をして科学たらしめているものと見なす。象山にとって、科学技術に関わる知識とは個々バラバラで、なんの関係もないものだったのであろうか。ソンメルやリトローの窮理書には天文現象について多くのことが記されているが、象山がそこから抽出するのは太陽や月までの具体的な距離や大きさである。太陽や月ははるかに遠くて大きいというのではなく、その大きさや距離を、あたかも地上の何かを測ったものと同じように述べる感覚、大砲の寸法や砲弾の飛距離など砲術において語られるさまざまな内容、歩兵の行進のときの歩数やガラスの原料比に対するこだわり等、西洋の科学技術に対し、その数量的な表現に象山の関心の比重がかけられていることは確かである。

　このような量的表現は話し手にとっても聞き手にとってもわかりやすいということはあるが、やはり、象山は西洋の科学技術全体を貫く特質の一つを、この「数量的に表現する」ということにあると考えていたのではないだろうか。「詳証術は万学の基本なり」[63]という象山の有名な言葉がある。wiskunde（数学）の訳語である「詳証術」という言葉が内田五観に基づくものであることは、川尻信夫によりすでに証明されている[64]。象山にとっては計算術とそれほど変わらない「数学」が「万学の基本」と語る背景には、西洋の科学技術を貫く特質の一つとして、可能な限り事象を「数量的に表現する」との認識が強く影響していたのである。

○地震予知器と象山

　安政江戸地震の情報を少しでも多く取り入れようとしていた象山が、『震雷考説』の内容はともかく、『安政見聞誌』に記されているようなさまざまな予兆現象を伝え聞いていないはずはないだろう。しかし、ただ伝え聞いていただけならば、多くの予兆現象のなかから磁石に関するものだけをとりあげ、「人造磁瑛」のようなものを作ることはなかったかもしれない。しかし、象山は、西洋の窮理学に関する知識を満載したソンメルの窮理書のなかに、地震を予知する装置そのものではないが、伝聞を裏付けるような記載を見いだしたのである。それは、地震の前には何かしら天地の状態が変わり、磁石の様子が変化するという認識であった。[65]

　象山にとって、というよりは当時の人びとにとって、西洋の書物に記されているという事実は、なにより、その事柄の真実を保証するものであった。しかも、その内容は、伝統的な自然観の大枠をなす「天地間の気の変化」という概念を使って、比較的、容易に理解することが可能なものであった。ソンメルの窮理書に記載されている西洋の知識を伝統的な「天地間の気」という概念で理解し、自信をもって、地震の直前には磁石から鉄が離れるという「知識」を語り、その「知識」を実際に適用した器具である「人造磁瑛」を製作したのである。

　現在、象山記念館において展示されている「人造磁瑛」(「地震予知器」)は、地震予知など現在でも不可能であり、これこそ西洋の科学に対する象山の無理解の象徴と解する向きもあるが、それはあたらない。それは、自然の仕組みを解き明かす知識を獲得し、その知識を利用して人々の利用厚生に役立てるため、西洋の科学技術に立ち向かった20年来の象山の活動のなかから生み出されたものなのである。

（１）　信濃教育会編『増訂　象山全集』(信濃毎日新聞、1934-35) 巻四、p.70。
（２）　前掲(1) p.65。
（３）　前掲(1)巻四、pp.69-70。
（４）　象山はこの窮理書のことを、多くの場合「ソムメル」と表現しているが、

第 2 節　ソンメルの窮理書

これまでの洋学史研究の慣例では「ソンメル」と呼ばれているので、本書では「ソンメル」と表記した。
（ 5 ）　前掲(1)巻四、p.331。
（ 6 ）　前掲(1)巻五、p.115。
（ 7 ）　前掲(1)巻五、p.129。
（ 8 ）　国立国会図書館に所蔵されている③の本については、4 冊揃っているものと、第 1 巻から第 3 巻までの 3 冊だけのものとの 2 種類がある。また、静岡県立図書館葵文庫においても、4 冊揃って所蔵されている。筆者は未見であるが、「日本見在蘭書目録」（『日本医事新報』1956-63所収）によれば、東北大学狩野文庫や佐倉高等学校にも 4 冊揃って所蔵されている。一方、オランダにおいては、6 巻からなる①のものは、ブールハーヴェ博物館とライデン大学附属図書館において所蔵されている。また、インターネットで検索した結果によれば、マーストリヒト大学でも所蔵されている。一方、4 巻からなる③の本については、インターネット検索によれば、いくつかの所で所蔵されている。4 冊揃って所蔵されているのは、フローニンゲン大学附属図書館・ナイメーヘン大学附属図書館・アムステルダム大学附属図書館・マーストリヒト大学などである。また、これらの大学では、4 冊揃いではなく、分冊としても所蔵されている。
（ 9 ）　*Allgemeine deutsche Biographie*, 34, Berlin, 1971, pp.605-606.
(10)　蘭訳されている地理関係の書籍としては、インターネット検索によれば、次のようなものがある。
　　・*Beschrijving der nieuwe staten van Amerika*, Amsterdam, 4dln., 1828.
　　　　（ライデン大学附属図書館・フローニンゲン大学附属図書館所蔵）
　　・*Merkwaardige bijzonderheden, inhoudende de nieuwste ontdekkingen in de natuurkunde, natuurlijke historie, land-en volkenkunde, op alle gedeelten van den aardbol*, Amsterdam, 4dln., 1825-1827.
　　　　　　　　　　　　　　　　　（ライデン大学附属図書館所蔵）
　　・*Verscheidenheden landen en volken betreffende, getrokken uit de jongste en belangrijkste reisbeschrijvingen*, Amsterdam, 1833.
　　　　　　　　　　　　　　　　　（ナイメーヘン大学附属図書館所蔵）
(11)　『ドイツ語図書目録』（*Gesamtverzeichnis des deutschsprachigen Schrifttums*, 1700-1910, 136, München, 1985）によれば、この『自然界の描写』は、第 3 版まで出版されている。
(12)　前掲(9), 19, Berlin, 1969, pp.1-2.
(13)　「日本見在蘭書目録」によれば、この蘭訳されたものが、東京大学三鷹天文台所蔵となっている。
(14)　前掲(11), 89, München, 1983, p.260.
(15)　この本は、現在のところ、国内での所蔵は確認されていないが、オランダ

国内には何冊か存在している。J. MacLean の調査によれば、この本は1849年にわが国に舶載されているとのことである（J. MacLean: The introduction of books and scientific instruments into Japan, 1712-1854, *Japanese Studies in the History of Science*, Vol.13, 1974, p.53）。また、インターネットで検索した結果では、この本の1836年版と1848年版の両方が、フローニンゲン大学でも所蔵されている。
(16) J. G. Sommer: *Tafereel van het heel-al, of bevattelijke en onderhoudende beschouwing van het uitspansel en van den aardbol*, 1ste deel, Amsterdam, 1829, p. vi.
(17) J. J. von Littrow: *Tafereel van het heel-al, het uitspansel en deszelfs werelden, of de sterrekunde*, 1ste deel,'s Gravenhage, 1848, p.xii.
(18) 高野長運編『高野長英全集』第四巻（高野長英全集刊行会、1931）。
(19) 川尻信夫『幕末におけるヨーロッパ学術受容の一断面』（東海大学出版会、1982）p.240。なお筆者は、この2冊の稿本については、島野達夫氏のご厚意によりいただいたコピーをもとに、内容を参照した。
(20) 筆者は、八耳俊文氏のご好意により、『遜氏六合窮理抜萃』の部分的コピーをいただき、その折り、そこに含まれている図や表は、この第1巻の図や表に該当するとのご教示をいただいた。なお全体については、筆者は早稲田大学洋学文庫所蔵本を利用した。
(21) 前掲(1)巻一・象山浄稿、p.181。「象山浄稿」とは、出獄後1年ほど経過した安政2年（1855）9月、それまで象山が詠んだ漢詩を自分の手で整理し、まとめたものである。
(22) 前掲(1)巻四、p.65。
(23) 前掲(1)巻四、p.70。
(24) 宮本仲『佐久間象山』増訂版（岩波書店、1936）p.824。ここでは、「兼て久しく望み居り候ソムメルをも、漸手に入申候。しかも第三版にて千八百四十八九両年の刷印に御座候。是は近来満足の事にて御座候。題跋一首掛御目候。其末にも認め候通り、如此奇書を得候て、世人の多く識り得ざる事を識り候も、偏に墨乙斯の賜ものと時々感佩候義に御座候」（嘉永5年4月17日付黒川良安宛書簡）と、象山は師である黒川良安にも、この「ソンメル」の窮理書を得た喜びを伝えている。
(25) 象山は、「ソンメル」の窮理書の入手後、さっそく「宋氏の風論を読み、喜びて作る」（前掲(1)巻二・象山先生詩鈔、p.20）、あるいは「宋氏の宇宙記を読む」（p.21）といった詩をいくつも作り、さらに、山寺源大夫や竹村金吾らにこの本を手に入れた喜びを伝えている（前掲(1)巻四、pp.62-70）。
(26) 前掲(1)巻二・象山先生詩鈔、p.22。
(27) 池田哲郎「佐久間象山と蘭学——象山書志——」（『福島大学学芸学部論

第2節　ソンメルの窮理書

集』第10号、1959) p.74。
(28) 前掲(19) p.298。
(29) この第4巻がなく、第1巻から第3巻までの3冊となっているものについても、付箋が残されており、それには「四番甲、リットロウ、ソンムル、両著、窮、天台、タヘレール、ファン、ヘット、ヘールアル、千八百四十八年、全三冊、第四巻欠本、壱」と記されている。
(30) 前掲(17) p.1。
(31) もちろん、「6巻本」でも「第2章　世界の配置や地球の形状についての昔の人々の種々の考え」において、歴史的な内容は紹介されている（前掲(16) pp.13-18)。
(32) 前掲(1)巻二・象山先生詩鈔、pp.47-49。
(33) 前掲(17) pp.324-329.
(34) 前掲(17) p.324. なお、この表1では、密度に関しても、「太陽の密度は、地球の平均的な密度の4分の1である。あるいは、純粋な水の密度の1・22倍の密度である」と記されている。このリトローが著わした書物で与えられている質量と体積を用いると、密度の比は3.7分の1となる。一方、今日では太陽の密度は1.41g／cm^3、地球を1としたときの太陽の質量は332946、月の質量は81.3分の1の大きさである。また、地球を1としたときの太陽の体積は約130万、月の体積は49.3分の1の大きさとなる。
(35) 前掲(17) p.5。
(36) 前掲(17) p.325. なお、466マイルの3分の11倍は1708マイルとなる。
(37) これは、前掲(17)「第1部・第11章　地球の月および他の惑星の衛星」(p.160) に相当する。
(38) 前掲(17) p.294.
(39) 前掲(17) p.4. なお、地球と月との平均距離は、およそ384403kmなので、「ドイツ・マイル」に換算すると、51894（ドイツ・マイル）となる。鉄道車輌の場合は8×24×270＝51840となり、郵便車の場合は (365×5＋247) ×25＝51800となる。これらは、よくあっている。しかし、風の場合には、もし、1フィート＝0.3048mとすれば、15×0.3048×86400×909÷7407.4＝48473、暴風の場合は100×0.3048×86400×136÷7407.4＝48351となり、少しあわない。また、光の場合は300000×1000×1.4÷7407.4＝56700とほぼ合っていることがわかる。なお、本文でも示したように、1ドイツ・マイル＝7407.4エルである。
(40) 前掲(1)巻五、p.2。
(41) 前掲(1)巻五、p.67。
(42) 前掲(1)巻五、p.66。
(43) 北原糸子『安政大地震と民衆』(三一書房、1983) においては、この『安政見聞誌』は、「仮名垣魯文と二世一筆庵英寿の作で、発禁処分となったもの」

であり、「数ある安政江戸地震誌のなかで、『見聞誌』は地震ルポタージュ文学の傑作の一つとわたしは考える」(p.115) と評価されている。
(44) 宇佐美龍夫『太極地震記・安政見聞録・地震預防説・防火索図解』解説 (江戸科学古典叢書19、恒和出版、1979) pp.43-44。
(45) 村山正隆『震雷考説』については、筆者は京都大学附属図書館所蔵本を用いた。
(46) 前掲(1)巻五、p.65。
(47) 前掲(1)巻五、p.67。
(48) E. Buys: *Nieuw en volkomen woordenboek van konsten en weetenschappen*, 7de deel., Amsterdam, 1775, p.85. なお項目名は以下の通りである。
"De leerwyze om magneet of zeil steenen door konst te maaken"
(49) J. G. Sommer: *Tafereel van het heel-al, onderhoudende beschrijving van het uitspansel en den aardbol*, 2de deel,'s Gravenhage, 1848, pp.209-210. また、「6巻本」では同じ内容が第2巻に掲載されている (pp.528-529)。
(50) 筆者が参照したのは、大阪府立中之島図書館所蔵のものである。また、桂川甫周『和蘭字彙』(安政2-5年刊、翻刻版:早稲田大学出版部、1974、第II分冊、p.1383・1474) においても、この箇所は同じである。
(51) 前掲(49)p.38.
(52) 前掲(49)pp.203-208.
(53) 前掲(49)p.212.
(54) 前掲(1)巻二・象山先生詩鈔、p.20。
(55) 例えば、栗原孝「佐久間象山における初期朱子学思想の形成」(『桐朋学園大学研究紀要』第5集、1977) p.38。
(56) 前掲(1)巻三、pp.401-403。
(57) 「佐久間象山と弘化震災」(『信濃教育』535、1931) pp.71-77。なお、この問題に関しては、拙稿「象山と地震」『震災後一五〇年 善光寺地震』、松代藩文化施設管理事務所、1998) も参照。
(58) 前掲(1)巻三、p.410。
(59) 杉田立卿ほか訳『海上砲術全書』(天保14=1843年成稿、28巻29冊) 巻之十七。
(60) 前掲(1)巻三、p.356。
(61) 前掲(1)巻二・象山先生詩鈔、pp.21-22。
(62) 前掲(1)巻二・上書、p.63。
(63) 前掲(1)巻一・省諐録、p.9。
(64) 前掲(19) pp.280-326。
(65) なお、電磁気現象を「気」の概念で捉えることは象山にはじまるのではなく、当時の人々の間では共有されていた考え方であった。例えば、わが国では

第2節　ソンメルの窮理書

じめて電気関係の蘭訳を行った橋本曇斎は、ボイスの百科事典のなかで電気のはたらきを司るとされる「エフルヴィア(effluvia)」ないしは「微細な流出物(uitvloeigd)」「微細な発散物(uitwaasseming)」などに対し、「蒸発気」「希薄なる水気」「蒸発水気」と、いずれも「気」を伴った訳語を使った。さらに、橋本曇斎の訳書よりも少しのちになる『野礼機的爾全書』では、放電は「陽の気」と「陰の気」が一瞬出会う際の現象として、絶縁は摩擦により生じた「陽の気」と「陰の気」を「純陽」の物質によって混じり合わないようにする工夫として、帯電した物体に指を近づけると「パチッ」といって火花を発するのは陽の気が満ち満ちたところへ陰の気が多い指先が近づいたときの気に感じる音や光として説明されている（拙稿「エレキテルをめぐる人々」、『物理教育』第43巻、1995、p.94）。

第3節　電気治療機の製作

（1）製作の動機を与えた書物

　「例のエレキトロスコックマシネ御出御覧候様御案内申候所」[1]と、象山が電気治療機を製作したのは万延元年（1860）のことであり、現在、この装置は松代藩文化施設管理事務所において保管され、象山記念館（長野市）において展示されている。象山は自ら製作した装置を「スコックマシネ」、または「エレキトロスコックマシネ」「ガルハニセスコックマシネ」と表現するが[2]、通常この装置は「電気治療機」と呼ばれているので、本節でもそれに従う。

　象山が電気治療機を製作した動機の一つは、安政6年（1859）頃に電気治療の有効性やそのための装置の概要を述べた書物を見たことにある。以下、象山が語るところを見ていく[3]。

　　近日かのガルハニの事に付、撰らず奇書を得申候。近来西洋にて医薬の力及ばざる病にかの器を用ひ、妙効を取り候例と其用法とをしるし候書に御座候。至て新しきものにて三年前の板に候。

そして、この3年前に刊行の電気治療に関する「奇書」には、有効な症例が次のように記されているという。

　　中風、麻痺、黒障眼、耳の遠く成り候などに用ひ候事は心得居候所、此度の書に於ては存じも寄らざる症に奇効有之候。長谷川甚大夫が煩ひ候て、遂忽ちに死亡候腸のブレウクにも、此器を捨て、外に療すべき手段無之と申事に候。近年流行のコレラにも宜しく、其他、癲癇、喘息、遺

第3節 電気治療機の製作

尿、小児の百日咳、陰萎、痛風、□反胃、カタラクト眼にも大にしるし有之。

「腸のブレウク（breuk：脱腸）」をはじめ、コレラ、癲癇、喘息、遺尿、百日咳、陰萎、痛風、「カタラクト（cataract：白内障）」などがあげられている。また、喘息や白内障および痛風については、もう少し詳しく、治療効果や方法についても記されているという。

　喘息……（中略）……イギリスにては、此症は専ら此器を用て療治候所、百人の内九十人は速に癒候

　カタラクト眼……（中略）……昏暗に成り候者、三、四ケ月の内、毎日十五ミニュート、二十ミニュートの間、此器にかゝり候て、遂に明を復し候例も相見え候……（中略）……黒障眼の事はかねて存じ候へども、白内障に宜しきと申は、此度の書にて始めて見及び申候

　痛風にて十二年苦しみ、節々高く成り、屈伸六ケしく少し動し候ても痛堪え難き五歳余(五十歳カ)の老婦、四、五ケ月、此器を用ひ、病を得ざる以前の如く平癒候事も見え申候

さらに、この電気治療は、内科以外にも有効なことが記されているという。

　近来、西洋にては此の療治開け候て、内科のみならず外科にても産科などにても、平日用ひ候よしに候

最後に、装置についても次のように記されているという。

　其症ごとに種々の用ひ方有之、又種々の道具も御座候。機力をも弱くも強くも自由に致し候仕かけも有之候。機力を十分に割り候て、ものさしを作り、夫にてはかり、何程の機力を用ひ候と申を量り候て施し方有之候。誠に妙手段と存候。右の書、図も多く有之候。誠に感伏に御座候

象山による電気治療機の製作が、上記の書簡を書いた翌年の万延元年であった事実を考えれば、彼がこの装置を製作した主要な動機の一つが、安政6年（1859）の書簡に示されている「奇書」の存在にあったことはまちがいない。

しかし、これまでは、この「奇書」がいかなる書物であるのか全くわから

なかった。和書については、当時、いくつかの医学書や理学書のなかで電気治療が紹介されているが、いまだ、この「奇書」に相当する書物は確認されていない。和書のなかでは、他書と比べて電気治療について格段に詳しい『内服同功』にも、その力を簡単に10等分できるような装置は述べられていない。また、同書で紹介されている症例と象山が書簡で記した症例とは食い違うし、象山が述べたような臨床結果については同書では全く触れられていない。池田哲郎により作成された象山関係の蘭書リストのなかにも上述の「奇書」に相当する書物はない。そこで、筆者は、象山が書簡のなかで「エレキトリセストローメン」「エレキテルストローメン」という言葉を各々1度ずつ使っているのに着目して、この「奇書」に相当する蘭書があるかどうかを調査した。その結果、下記の書物がそれに該当することが明らかとなった。

G. Rombouts: *Bijdrage tot de kennis der verschillende elektrische stroomen, als middel tot genezing van Ziekten*, Tiel, 1857.
(「病気の治療のための手段としての、いくつかの電気に関する知識の解説」と題されるこの書物を、以下では『電気治療』と略記)

○『電気治療』の概要

この『電気治療』は、現在、わが国においては、国立国会図書館と金沢大学医学部付属図書館に所蔵されている。筆者が調査したところ、どちらも同じ内容であった。金沢大学医学部付属図書館所蔵のものには、第2章で紹介したカステレイン（P. J. Kasteleijn）著の『理論的・実用的化学』と同様、「金沢藩医学館」さらには「加州蔵書」の印が残されている。この『電気治療』を概観するため、目次を示す。

第1部
　導入
　　第1章　歴史的な大要
　　第2章　電気の働き

第3節　電気治療機の製作

　　第3章　局部への電気刺激の方法
　　第4章　生命体やその各部の組織は、連続的ないしは間欠的な電流とどんな関係があるか
　　第5章　ファラデー装置
　　第6章　診断手段としての電気
　　第7章　治療手段としての電気
　第2部　産科学における電気のはたらき
　第3部　外科学における電気の使用

　第1章は、電気を治療に使ってきた経過についてのあらましを記述する。第2章は「静電気」「ガルハニ電気」「誘導電気」と三つの節に分け、各々、簡単な電気の発生原理と、治療に使用するに際しての一般的な注意をまとめる。第3章は、皮膚や筋肉など体の各部に対する電気刺激の方法の説明である。そして第4章では、これらの諸器官を刺激するにあたって、一定の定常電流を流したときと、誘導などによって間欠的な電流を流したときの違いを説明する。第5章は、電気的ショックを発生させる装置の具体的な解説である。第6章では、脊髄や筋肉の麻痺を診断するために、電気がどのように使われるかを説明する。最後の第7章では、筋肉や神経の麻痺を引き起こす病気を中心に、電気治療が有効な症例を治療例も交じえながら数多く紹介し、分量的にも全体の25％強を占める。最後に付録として、第2部・第3部で産科や外科における電気治療の有効性と使用法を簡単に解説する。

　象山の言明内容との比較を行うために、電気ショックを発生させる装置の解説である第5章と、電気治療が有効な種々の症例が記載された第7章を見ておく。第5章では、電源として電池を使い、相互誘導によって高圧を発生させるタイプのものが9種類、電池を使わずにコイルの運動のみによって発電するタイプのものが「磁電装置」という名で4種類が紹介されている。[9]『電気治療』には全体として図版はほとんどないが、この第5章だけは例外で、ほぼ各装置ごとに図版が挿入され、読者の理解を助けるように工夫されている。そして、この第5章のなかには、先の象山の書簡に見える「機力」

を10等分できる装置が図版とともに記載され、次のように説明される。

　図に示すように、鉄線で作った小さな棒である誘導円筒 e は、メールシング（N. Meursinge）博士により、10区分に分けられて電流を強くしたり弱くしたりされている[10]

さらに、実際の使用例についても、

　メールシング博士は実際にこの装置を使ってみた。そして、腕を伸ばしたり前後に倒したりすることが痛みなしにできるようになった。誘導器の使用は6番めの区分を用いる（10が最も強く、1が最も弱い）[11]

と記されており、象山が「機力を十分に割り候て、ものさしを作り、夫にてはかり、何程の機力を用ひ候と申を量り候て施し」[12]という内容と符合する。

　第7章では、喘息について、「イギリスのウスター（Worcester）の病院では、現在、喘息患者には全て電気治療が施されており、100人の患者のうち90人はよくなっている」[13]との記載があり、象山が書簡で言及する内容と全く同じである。さらに、7人の患者のうち4人に対して有効であった「癲癇とそれに続く重い慢性の頭痛」をはじめ、遺尿、百日咳、陰萎など、書簡中で言及された病気はほとんど同書に見える。[14]コレラについては、失神、ないしは仮死状態についての説明の後、「1849年のコレラの流行の際、しばしば失神状態が呼吸運動の異常により引き起こされるのをデュシェンヌ（G.-B. Duchenne）は見た」とし、「電気の普通の刺激により、呼吸器が再び活動をはじめ、生命が保たれた。それ故、なるだけ長く、電気刺激を続けることが望ましい」と、コレラそのものに対してではなく、コレラにより引き起こされる失神状態に対しての有効性が記述されている。[15]また、痛風に関しても、次のように書簡とほぼ同様の記載がある。

　美しくて上品な令夫人Sは、夫の早い死によりたいへん不都合な身の上となり、慣れない仕事を行わねばならず、10年来たいへん重い痛風に苦しめられ、ついに両方の手と一つの指関節が痛風による麻痺により、ほぼ動かない状態となった。……半年の間、カーエン（Cahen）博士は、絶えず、決められた時間だけ電気が流れるようにして、日々、執拗に用

第3節　電気治療機の製作

　　　いた。関節の痛みは弱くなり治療の終りには十分に自身の手を利用する
　　　ことができるようになった[16]
なお、書簡では「十二年苦しみ」となっているが、この数字は50歳の夫人が12年間、聾で苦しんでいる以下の例が同書にあるので、象山はこの二つの例を混同したのであろう。

　　　チャールズ・エバンス（Charles Evans）博士は、聾の人々に対して行
　　　った３年間のガルバニによる治療について報告した。さらに、1855年12
　　　月24日のパリの科学アカデミーの席で、驚きをもって、12年前に聾にな
　　　ってしまった50歳の夫人の観察についてのべた。彼女は、誘導電流によ
　　　り、14日で完全になおった[17]
また、象山が初めて知ったという白内障は、この第７章ではなく、歴史的概要を扱った第１章に、「黒内障と左眼に初期の白内障をもった50歳の男性」の例がある[18]。刺激時間については、第１章のこの箇所にはないが、後の感覚器官への刺激の方法を述べた章で、象山の言明とほぼ同じく、標準的には１日あたり10～15分程度が適当とされている[19]。

　以上のように、書簡のなかの症例の大部分はこの『電気治療』に入っており、治療例についても、喘息の例にみられるように、数字の細かいところまで一致している。さらに、強さを10段階に区分できる装置についての叙述や、産科や外科においても利用可能との記載もある。象山に電気治療機製作の動機を与えた「奇書」とは、この『電気治療』のことであった。

（２）電気治療機の分解・調査

○電気治療機の概要

　江戸時代を通じてわが国の人びとは、西洋の人びとと同様、なんらかのかたちで電気ショックを与えることは医療に有効であると考えていた。そして、幕末頃ともなると、電気を生み出すには、三つの方法があることが知られるようになっていた[20]。一つは、摩擦電気を利用するもので、それを使った装置は「エレキテル」の名で知られている。二つ目は、ボルタの電堆を使って

図3 電気治療機の原理

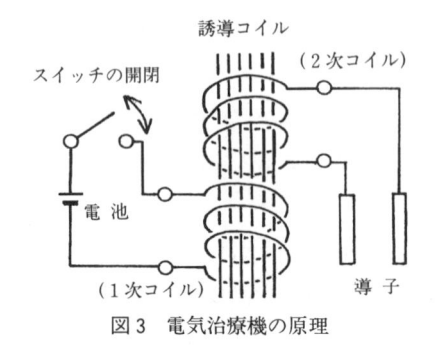

図4 分解調査した電気治療機　（澤田平蔵）

「ビリッ」と感じさせるもので、わが国では「ガルハニ」と呼ばれる。[21] 三つ目は、電磁誘導を利用するものであり、この原理を使った装置には、さらに電池を使うタイプと使わないタイプの二つがある。電池を使うタイプは、本節で取り扱うものであり、電池を使わないタイプとは、「回転型」とも呼ばれ、コイルまたは磁石を回転させて誘導電流を取り出す方式のものである。

　誘導コイルと電池を用いて電気的なショックを引き起こすタイプの電気治療機は、摩擦電気を利用したエレキテルと違って、相互誘導を利用していることにその特色がある。この装置の原理は簡単で、図3に示したように、1次と2次の二つの巻線がある誘導コイルの1次側には電池を接続し、2次側には「導子」と呼ばれる金属パイプを接続する。そして、電池とつながれた1次側のスイッチを断続すれば、2次側の「導子」に触れている患者は「ビリビリ」と感じるという仕組みである。

〇分解・調査した電気治療機

　象山が製作したと伝えられる電気治療機と同型のものは、後述するように何台か現存している。そのうちの1台である澤田平所蔵の装置について、筆者らは澤田らとともに分解調査を行ったので、その結果を以下に報告する。

第3節　電気治療機の製作

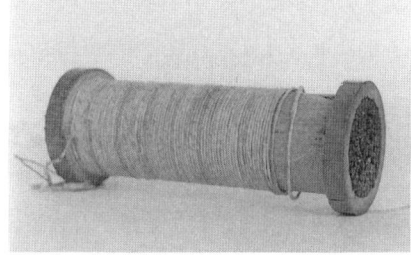

図5　調査した誘導コイル　　図6　巻き線をほどいた誘導コイル

表10　調査した誘導コイルの電気的特性

	1次コイル	2次コイル
巻き数	514回	647回
自己インダクタンス	27.9mH	44.3mH
抵抗	3.7Ω	22.1Ω

　木製の箱の大きさは、115×120×175mmであり、その箱の上部には、図4からもわかるように、四つの端子と一つの人形のようなものがあり、前部にも端子のようなものが一つある。(22)この箱のなかには2種類の銅線を巻いた誘導コイルが納められており、この誘導コイルからは4本の線が出ていた。誘導コイルを図5に示す。

　誘導コイルの芯には、内径が3.3～3.5cm、外径が4.3～4.5cm、長さが11.5cmの竹の筒が使われていた（竹筒の断面は完全な円ではないので、径の表示は、最も短かい部分と、最も長い部分を表示している）。この竹筒のなかには、直径が約2mm、長さが約2cmの鉄線が126本、束ねて挿入されていた。(23)竹筒のまわりには、銅線が巻かれれており、銅線が巻かれた状態でのコイルの外径は5.3～5.4cm、一番外側のコイルの軸方向の長さは8.7cmであった。この誘導コイルに使用されている銅線の太さは、1次側と思われる太い方が約0.68mm、2次側と思われる細い方が約0.3mmであり、銅線は和紙を使って、ていねいに被覆されていた。1次側と2次側の絶縁は少し低下していたが、それでも数百kΩ以上あり、後述するように、この誘導コイルでも十分「ビリビリ」と感じることができた。そして、コイルの巻き始めと巻き終りは、1次・2

205

次ともコイルの一方の側に集中していた。

　次に筆者らは、木製の箱から取り出した状態で、このコイルの抵抗とインダクタンスを測定したので、その結果を表10に示す。なお、自己インダクタンスの値はマックスウェル・ブリッジを用い、1000Hzの信号に対して求めた値である。この誘導コイルの外観だけから、つまり、コイルを巻いている部分の厚さと銅線の太さだけから判断すると、1次・2次とも竹筒の片方から反対側まで巻かれ、そこから引き返して再びもとのところまで巻かれて終りというような構造に思えた。ところが、実測した抵抗やインダクタンスの値はかなり大きく、巻き数にして、もう3倍程度多いのではないかと推定された。[24]

　そこで筆者らは、所有者の了解のもとに再び修復可能なように注意深くコイルをほどいていく作業を実行した。そのような作業のなかで明らかとなった点を以下に述べる。

　この竹の筒は中空の一様な円筒ではなく、図6に示したように、両端はそのまま残して、それ以外の部分（軸方向の長さで9.3cm）はきれいに削りとられ、ちょうど糸巻きの芯のようになかが凹んだ状態になっていた。削りとられた部分の外径は、竹筒の内径とほぼ同じであった。つまり、凹んだ部分は極めて薄く、竹の皮1枚ぐらいの厚さしかなかった。その一部は、図6に見られるように、すでにひびが入って割れかけており、なかの鉄線が少し見えかけていた。竹の筒がこのような構造をしているため、コイルの巻き数は筆者らの推定通り、外観から判断されるよりもかなり多かった。最も内側には1次コイルが169回巻かれ、次に2次コイルが125回巻かれている。以下、1次・2次と交互に巻かれていき、最も外側には2次コイルが188回巻かれていた。結局、総計で1次コイルが514回、2次コイルが647回巻かれていた。最も内側の169回巻きの1次コイルと、最も外側の188回巻きの2次コイルが2層巻きのほかは、全て一層巻きであった。

　各層の間には、幅が9.5cm、長さが15cm程度の和紙が絶縁のために巻かれていた。また、1層が巻き終えたところで銅線は切られており、次の層とは

各々の銅線をよじりあわせて接続されていた。また、途中の104回巻きの2次コイルには、直径が約0.4mmと少し太めの線が用いられていた。これは、特別な理由のためではなく、手もとに0.3mmの銅線がなくなったためであろうと思われる。

次にこの誘導コイルを再びもとの状態に戻し、どの程度の電流で感じるかを調べた。なお、2次側には、「導子」として、手で握ることができる程度の金属パイプを使った。1次電流をうまく断続すれば、1次電流が50mA程度あれば「ビリビリ」と感ずることが可能であった。人によっては、1次電流が30mA程度でも感じられた。また、1次電流が100mAを越えると、電流はかなり強くなり、金属パイプを持っていられないほどであった。

（3）国内で現存する電気治療機

誘導コイルと電池を用いて電気的なショックを引き起こすタイプの電気治療機が詳しく解説された江戸時代唯一の和書である『内服同功』二編が刊行されたのは、安政6年（1859）秋と推定されており、[25]象山が前述の「奇書」を知った1850年代の終わり頃には、その存在が人びとに知られるようになっていた。そのためであろうか、このタイプの電気治療機は、筆者らが分解・調査したもの以外にも遺品として各地に現存している。

前述した象山記念館のほかに、松代小学校所蔵の装置も佐久間象山作と伝えられている。象山記念館所蔵の装置は、『江戸時代の科学』に「伯爵真田家蔵」として、松代小学校蔵の装置は、同じく「松代尋常高等小学校蔵」として紹介されているものである。[26]また、桑名市立博物館にも、個人蔵のものが寄託されており、トヨタコレクションにも含まれている。そして、これらは、いずれも外見上は象山記念館展示のものとよく似ている。

さらに、同様の外観を有しているが、佐久間象山以外の作と伝えられる装置が1台現存する。それは、福島県須賀川市の江藤健雄氏が、浪岡具雄の斡旋で、昭和6年に逓信博物館（現在、逓信総合博物館）に寄贈されたもので、江藤健雄氏の祖父にあたる須賀川の医師であった江藤長俊（1814-70）が安

政年間に「シーボルト所持のものを……米五十駄と交換して持帰った」とされる装置である。これも『江戸時代の科学』のなかに記載されている。なお、逓信総合博物館には、佐久間象山作と伝えられる電気治療機がもう1台、保管されている。そして、江藤文子氏の御好意により拝見させていただいた江藤長俊の略歴の下書きと思われる資料では、江戸の蘭学者やシーボルトとの関係が次のように記されている。

「十七才ノ時ヨリ江戸ニ登リ、天保七年迄大槻俊斎ノ門ニ入リ、医学ヲ研究ス」「安政六年シーボルト再ヒ招来セルヲ聞キ上京、大槻俊斎、港長安、伊藤玄朴ト共ニシーボルトニ師事ス」と、国内での電気治療機の伝播状況をさぐる上で興味深い事実を提供している。

○ファン・デン・ブルックによる電気治療機の紹介

前述したように、わが国で電磁誘導を利用した電気治療に関心が持たれ、誘導コイルを用いた装置が登場してくるのは、1850年代の終りから1860年代の初めにかけてである。ファン・デン・ブルック（J. K. van den Broek）は、ちょうど、この頃、正確には1853年から1857年までの間、出島の商館付医官として来日していた。わが国の人びとに対し、科学技術の分野で多くの手助けをした来日中の彼の活動については、J. MacLeanやフォス美弥子らにより、詳しく紹介されている。

実際、ファン・デン・ブルックは電信機を含む多くの科学技術に関する機器類を携えて来日した。そして、出島に着任早々、吉雄圭斎らに対して電信機の実験を実施するとともに、オランダ国王から将軍へ献上された装置を使って、野口善太夫ら5人の長崎地役人への伝習も行ったといわれている。

さらに、彼が持参した科学機器のなかには、2台の電気治療機が含まれていた。1台はベッカー（C. Becker）がアーネム（Arnhem）で製作した「磁電誘導装置」（magneto-elektrisch inductie toestel）で、もう1台は、テハル（Tegal）の医師から買ったという「電磁気誘導機」（electro-magnetisch inductie machine）である。「1853年以来、磁気学に関心を持っていた肥前藩士

第3節　電気治療機の製作

のために、ファン・デン・ブルックは、1856年、バッテリーとエリアス（Elias）のリングで馬蹄形の永久磁石を3個作った。彼らは、ベッカーによりアーネムで作られ、彼が所有していたところの磁電誘導装置（magneto-elektrisch inductie toestel）の複製品を作った」という。また、医師の吉雄圭斎がわが国の人びとに見せたという「電気治療機は、ファン・デン・ブルックの教えに従って、彼が長崎で作らせた物」であるという。[31]

また、ロシアから条約締結を求めて来日したプチャーチン応接のため、長崎に滞在していた川路聖謨の手になる「露西亜応接掛川路左衛門尉聖謨日記」では、出島へ出向いて、ファン・デン・ブルックが行った理化学に関する実験を参観した様子が次のように紹介されている。「これはエレキテルとジシャクとを合たる法也。故に其先を握るに。手江ひヽきて。手をつかミ居れハ。十人も廿人も。ミな同しくひヽく也。九十九壹人持居たるに。強く仕かけられて。アッといって倒れたり」[32]と。誘導コイルを使って間歇電流を発生させ、「ビリビリ」と感じさせることの発端は、ファン・デン・ブルックにより長崎で行われた実験にあると考えてよい。

（4）象山が製作した電気治療機

製作の動機を与えられた先の書簡において象山は、「又四屋に住居候小山織右衛門、昨年来中症にて手足不叶ひにて省三の療治を受け居候を、先夜省三同道にてやヽ久しくかの器に懸り居候。左様致し候所、夫迄右足の指は一向動かし候事叶はず候ひしに、動かし候事自由に相成候とて、当人も不思議なる義と悦申候」[33]と述べる。この「かの器」が、従来から象山が使っていたボルタの電堆によるものか、それとも誘導コイルを使ったものを指すのかは、はっきりしないが、なんらかのかたちですでにこの頃から電気治療を施していたことは確かである。また、「かのガルバニのスコックマシネを以て、不思議に大功を得、一死を免かれしめ候。右の器、コレラ病にも賞用し候と申す事は書中に於て心得候へ共、形の如き妙功有之候はんとは存じ不申候ひき。誠に人力の外の働き有之候。依て、先年一文字屋清八献上の御道具は、昼夜

209

とも御側去らずに被差置候様仕度奉存候。是は此度実験の上にて申上候義に御座候」(34)と述べる。もっとも、この書簡は文久2年（1862）に書かれたものであり、象山が万延元年（1860）に電気治療機を製作した時点で、この献上された装置が存在していたかどうかは不明である。

ファン・デン・ブルックにより長崎で行われた実験や吉雄圭斎らが作らせたという装置が上方や江戸へ、そして松代へと伝わり、それをモデルとして象山は電気治療機を製作したとするのが最も確からしいと思われるが、今のところ、それを証明する史料はない。しかし一方で、象山は装置についても種々の解説が掲載されている『電気治療』を入手していたのであり、その上、安政6年（1859）の終わり頃にはファン・デア・ブルグの窮理書も入手していたことなども考えあわせれば、これらの蘭書からの影響も考慮せねばならない。そこで、以下では、これらの蘭書の内容を調べ、あわせてそれが装置の製作にあたってどの程度参考になったかを明らかにする。

○『電気治療』に記載されている装置

第2章においては、まず、電気治療はボルタの電堆を用いるものよりも、誘導現象によるものの方が秀れていることが、次のように記されている。

　　ガルバニ装置は、その大きさ、酸の必要性、強さの変わりやすさなどの要因により、実際に使用するのがむずかしい。結局のところ、それらはあまり選択されない。なぜなら、我々は目的を達成するための十分適当な方法を誘導電気において持っている(35)

安政年間以降になると、わが国へも、少しレベルの高い物理書が舶載され(36)、それらのなかには、図版を使ってわかりやすく説明した窮理書も見受けられようになる。それに対し、『電気治療』は医療への応用が中心的な内容であり、「誘導現象の発生に際して、その基礎に横たわっている原理を一般的に説明する場所ではない」(37)として、図版を使った電磁誘導の説明はなされていない。

しかし、全く説明がないわけではない。例えば、「異なった太さと異なっ

第3節　電気治療機の製作

た長さの絹で巻かれた銅線からなり、螺旋形に巻かれ、そのなかには、軟鉄の芯ないしは磁石が置かれている」、そして「最初に巻かれたまわりに、2番めの細くて長い銅線が巻かれている」と誘導コイルの構造について説明する。

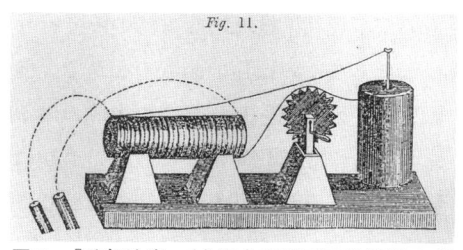

図7　『電気治療』（金沢大学附属図書館蔵）に掲載されている装置

また、「通常の状態」では、「どんな物理的、及び生理的現象も見いだされない」が、「ボルタの電気装置（誘導コイルと電池を用いて電気を発生させる装置――筆者）を働かせるためには、絹巻き銅線の端をガルバニ柱の極とつなぐ。回路が閉じられた瞬間、電流が発生し、電流が横切る軟鉄の芯は磁石になる」とし、回路が開かれる瞬間についても同様であるという。

さらに、「蛙の筋肉のような収縮する生きた器官に電流を流せば、その筋肉は回路が閉じられる瞬間に、共に動き、その後は動かないままである。電流を流すのをやめれば、その瞬間、筋肉は再び動く」と、誘導電流の存在を確かめる方法が示され、「治療目的のための絶え間のない働きを得るためには、1次電流の頻繁な断続が必要になる。電流の強さは、……誘導コイルの長さ、つまり巻かれた銅線の長さ次第である」とその実際の利用についても述べる。

誘導コイルの構造、電池との接続の方法、2次側につないだ蛙の筋肉は1次側の開閉の瞬間だけ変化すること、実際問題としてはこの断続を繰り返し行わねばならないこと等、誘導電流を治療に使うために必要な最小限の知識は説明されているといえる。

他方、装置を説明した第5章では、図版を豊富に使って、前述のように、電池の使用の有無によって大別される2種類のタイプが紹介されている。電池を使うタイプは、また1次側のスイッチの開閉に電磁石を使うか否かによって、さらに二つに細かく分類され、電磁石を使ってスイッチの開閉を行う

ものが7種類、機械的な方法のみで行うものが2種類、紹介されている。

　これら多くの種類の装置のなかで、構造が簡単であり、それ故、象山にも影響を与えたかもしれない1次側のスイッチの開閉を機械的に行うタイプのものについて紹介する。この章の最初に記されているのは、図7のような装置であり、それは「木の円筒のまわりに巻かれた銅線の一方の端は直接、極に、他方は歯をもった車と結ばれて他の極に届き、ガルバニ電流を生み出す」という。使用される電池についても、電解液の濃度にもふれながら、「そのエレメントは使用のたびごとに、薄められた硫酸（1の酸に対して20～40の水）が用いられる」という。さらに、電流の断続の必要性を述べた後、その断続の機構や電流を強くする方法について、「導線が歯車とあたるたびに回路は閉じられ、導線が歯車の間にあるときは開かれる。木の円筒のなかに鉄の棒を1本または多数置くことにより電流は強くなる」と記す。誘導コイルの構造や配線の方法については説明が簡略で、「注意深く読み、図と詳しく比較することにより、この装置のつくりは明らかとなるだろう」というわけには必ずしもいかないかもしれないが、他の装置よりは図版も比較的わかりやすく、電流の開閉により電気ショックを引き起こす装置のイメージをつかむ上では有効である。[41]

　1次側のスイッチの開閉を機械的に行うタイプのもう一つの装置は、1次電流の断続を、回転する歯車とそれに取り付けた銅の羽で行う構造である。電池はダニエル電池が使用されているが、電解液についての説明はない。[42]また図版は、誘導コイルを容器のなかに格納した状態で示されているので、全体の様子はわかりにくいが、歯車と羽で1次側を断続する仕組みだけは、比較的わかりやすく描かれている。[43]

○『自然学基礎』に記載されている装置

　塾居中に象山が入手した蘭書のなかでは、『電気治療』を除けば、下記のファン・デア・ブルグの窮理書やラスパイル（Raspail）の医学書などで電磁誘導や電気治療に触れられているが、[44]ラスパイルの医学書の入手は文久元

第3節　電気治療機の製作

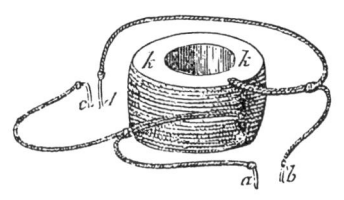

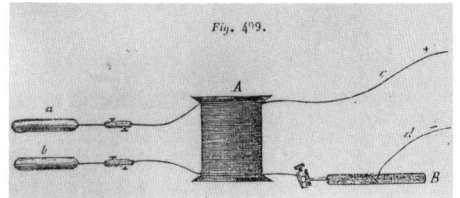

図8　『自然学基礎』（国立国会図書館蔵）に掲載されてるコイル（左）と装置

年（1861）頃であり、電気を使った医療も簡単にしか説明されていないので、ここでは前者のファン・デア・ブルグの窮理書のみを検討する。

P. van der Burg: *Eerste grondbeginselen der natuurkunde*. 3de geheel omgewerkte druk. Gouda, 1854.（以下ではこの書物を『自然学基礎』と略記）

『自然学基礎』は、川本幸民の『遠西奇器述』の底本となるなど、幕末期にはかなりよく利用された本であり、内容的にみても当時としては本格的な物理書であった。[45]『自然学基礎』の第2版では「電気」は一つの章であったが、象山が手に入れた第3版では、「静電気」と「動電気」の二つの章に分離され、詳しくなっている。この第3版の「第10部・動電気　第85章・誘導電気」で、ファラデーの電磁誘導の法則が順を追って記されており、一方の導線が断続されたとき他方の導線に電流が誘導される電磁誘導の基本が説明される箇所で、電気治療機に関連する内容が取り扱われる。

誘導コイルについては、図版と対比させながら、「木製または金属製の、中空の円筒 kk'（Fig.497参照——本書では図8左に相当）のまわりに、絹で巻かれ、それ故、互いに絶縁されている二つの銅線が、糸巻きの上を全体の長さにわたって隣り合わせに巻かれている」と、構造が説明されている。そして、1次コイルの開閉による誘導電流の発生についての説明が、次のように続く。

「導線の端a、bを電池の極に接続することにより回路は閉じられ、他方の導線c、dとは関係なく、この導線a、bに電流が流れる。すると、他方の導線には、反対方向への電流が引き起こされることになる」「このことを確かめるためには、導線c、dの端と電流計とを結べばよい。

1次導線 a、b を閉じる。すると、電流計の針の振れは2次導線における電流を示す」「誘導された電流はずっと流れない。ガルバノ・メータの針の振れは、ほんの僅かの間だけ保たれ、そして、再び零点の方へもどってしまう。しかし、1次電流が切られるや否や、c と d の間に置かれた針が反対側に振れるのが見られる⁽⁴⁶⁾」。
　さらに、電流計を使わないで誘導電流の発生を確かめる方法について、次のように説明している。
　　1次電流により、他の導線に引き起こされた電流は、火花を発したり、ショックを引き起こしたりする。もし、c と d の端（誘導コイルの2次側の両端──筆者）をしっかりと持つならば、a と b の端（1次側の両端──同）を閉じたり開いたりするごとに火花を発し飛びはねる。c と d の両端に穴のあいた銅製の小さな円筒を接続し、予め湿らせた手で各々つかむ。すると1次電流の開閉のたびにショックを感ずる。そして、強さはその芯に巻かれた導線 c、d が長い程強くなる。また、この巻かれた導線により、神経に対しても強い作用が引き起こされる[47]。
　このように、コイルにより電気的ショックを引き起こす電気治療の原理を述べた後に、効率的に治療するための方法が述べられる。
　　このような装置（図8右に示した装置──筆者）を使って人間や動物の体に生理学的作用を引き起こすためには、（1次回路の──同）電流の開閉をすばやくしなければならない。Aはその二つの線が巻かれた糸巻きを示している。CとDは1次導線の終りである。そして、穴のあいた円筒形の金属製の握り手 a、b は、螺旋状に巻かれた導線の終りと結ばれている。Bは1次電流の間に置かれた適当に粗いやすりであり、導線 d が前後に動かされる結果、回路の開閉がなされる[48]。
　現存する佐久間象山作と伝えられる電気治療機は、いずれも凹凸のある部分をこすって1次回路を開閉する仕組みであり、この『自然学基礎』の方法とよく似ている。
　このように、誘導現象の説明とその治療への利用可能性に関しては、『自

第3節　電気治療機の製作

『自然学基礎』と『電気治療』はほぼ同内容であるが、『自然学基礎』の方が図版も詳しく、内容の説明もていねいでわかりやすい。今日の我々から見れば、この2冊の本を見ただけで装置はすぐに作れそうであるが、当時の人びとにとっては、そうはいかなかったかもしれない。現物ではなく図面のようなものでも、とにかく何かモデルとなるようなものが必要だったとしても、これらの蘭書は電気治療機がどのようなものかという概念をつかむ上では、かなり役立ったことは確かである。

○象山が用いるテクニカル・ターム

　象山がこの電気治療機を製作する上で、蘭書にも眼を通していたかどうかの判定基準として、彼が用いているテクニカル・タームについて述べる。

　象山は自ら製作した装置を、先にも紹介したように「スコックマシネ (schok-machine)」、または「エレキトロスコックマシネ (elektriseer-schok-machine)」「ガルハニセスコックマシネ (galvanische-schok-machine)」と呼んでいる。しかし、これらの言葉は当時の蘭書や翻訳書のなかでは使われておらず、象山の造語の可能性が高い。

　前述の2冊の蘭書のなかでは、電気を発生させる装置を示す場合、galvanische toestel、ないしはtoestel、あるいはelektriseermachineという表現が使われている。『自然学基礎』にある前述のやすりを摩擦して電気を起こすタイプの説明に続く箇所では、より強力な装置が記載されており、それには Logeman's schoktoestelの名が与えられている。さらに、当時の翻訳書で「越歴衝盪」ないしは「衝盪」と訳されるこの schok という語は、『自然学基礎』では装置の働きをあらわす象徴的な用語であり、galvanische-schok-machine という表現は、ここらあたりに起因するように思える。また、翻訳書では「導子」と訳されるgeleiderについても、象山は「ゲレイデル」と蘭音のまま用いている。

　このように、テクニカル・タームに既存の翻訳語を使わず、蘭音のまま、ないしは少しアレンジしたかたちのものを使っていることは、この電気治療

機の製作にあたって、蘭書にも目を通していたことの証左でもある。

（5）電気治療機に使われた電池

○象山と電池

　第1節でも述べたように象山はケルクウエイク（G. A. Kerkwijk）の築城書にある図を参照したりしながら火薬を発火させるための電池の製作を目ざした。しかし、なかなか所期の目的を達成する電池を製作することはできず、「以前より致所持候二寸径の円版の方、遥かに其力有之候」[55]と、これまでから所持していたボルタの電堆の方が強かったという。

　象山が村上誠之丞から送ってもらったケルクウエイクの築城書の図や、「銅亜鉛の板の大きさは法通り四寸六分と六寸四分とに致し、厚さも壱分餘有之、右を各三十八枚づゝ製し、法の如く綴り合せ、蒸溜水十二カン硫酸〇.七五硝酸〇.四〇の薬水に浸し候に一向に其機力動かず」[56]という象山の言葉から判断すると、象山がこのとき作ろうとしていたのは「ウォラストン（W. H. Wollastone）の電池」と呼ばれるものらしく、これは大きな容器のなかに仕切りを入れて、たくさんの電極を並べるものである。象山が作った電池の再現を試みた関章は、うまくいかなかった理由として、その接続のしかたが間違っていたからだろうと推定している[57]。

　ところが、その後、象山はそれほどの時間を置かずに電気治療機を製作し終えており、その時点では、当然、所望の電池を使用していた。さらに、文久2年（1862）には、「エレメント径二寸高さ三寸六分の銅桶に瓦筩を容れ、其内へ同じ高さにて径一寸一分の亜鉛筩を納めたるを二基連ね候」[58]という電池を使用した。この電池は「瓦筩」が使用されているので、これまではダニエル電池のようなものと考えられてきた。しかし一方で、象山作と伝えられる電気治療機に付随した電池は、銅容器のなかに希硫酸と亜鉛板を入れた、いわゆるボルタの電池ではないかとの推定もある[59]。

○蘭書における電池の取り扱い

第3節　電気治療機の製作

　幕末期の電池の概観についてはすでに先行研究が存在するので[61]、ここでは、象山と関係のある範囲で、前述の2冊の蘭書のなかでの電池の取り扱いを概観する。

　『自然学基礎』では、第79章にボルタの電堆から始まって、種々の電池がかなり詳しく記されている。例えば、「コップを使った装置」といわれるボルタの電池を直列接続したものは、次のようなもので附図もある。

　　各々には、定められた液体である希硫酸と、銅板K、亜鉛板Zが入っている。……一つのガラス容器の銅板が他のガラス容器の亜鉛板と小さい銅線aにより結ばれる。このように、ボルタ柱と実質的に同じであることがわかる。……一方、銅板の終りと亜鉛板の終りが自由になっている[62]。

　さらに、減極材として、1／12～1／20の硝酸を加えよという[63]。

　もし、象山がこの図の通りの電池を作って火薬の発火実験を行っていたら、少なくとも電池についてのトラブルはなかったはずである。他方、ダニエル電池については対応する図版もなく、説明も簡単であり、とても参照することはできない内容である[64]。

　『電気治療』では、電磁誘導の場合と同様、電池についても「自然科学のテキストにみられ、さらなる解説は必要としない」として、電池を解説した特別な項目は設けられていない[65]。前述の歯車で1次電流を断続する装置に付随してボルタ電池の電解液濃度が記されていることなどのように、装置の説明にあわせて付随的にいくつかの電池の記載があるにすぎない。また、ダニエル電池についての説明はなされていない。

○電気治療機と電池

　電池による火薬の発火実験が成功しなかった大きな原因は、電池が必要なだけの大きな電流を供給できなかったからである。そのためには何枚も極板を使い、正確に接続することが要求されるが、関章の指摘のように、象山にはそれができなかったのである。だから、いくら電解液の種類や成分比がわ

かっても、「機力動かず」とならざるをえなかった。

　一方、電気治療機を働かせる電池の場合には、火薬を発火させるときのような強い電流は必要ない。数オームの抵抗値のコイルに対して、数十mAの電流を、連続的にではなく、わずかの間だけ供給できればよい。万延元年（1860）の村上誠之丞宛の書簡が電池について全く触れていないことなども考えあわせれば、電気治療機が完成した時点で象山が使った電池は、従来から彼が使い慣れていた電池、ないしは改めて説明するまでもないような電池であった可能性が高い。ボルタの電堆や銅容器に希硫酸と亜鉛板を入れただけの電池でも、十分、実用に耐えたのである。

　では、なぜ最終的に、文久2年（1862）の書簡にある「瓦筩」を使用するような電池を使ったのであろうか。考えられる理由として、『電気治療』のなかに「瓦筩」のような多孔質の仕切りを用いた電池が紹介されていることがある。興味深いことに、この電池は象山が書簡のなかで注目した強さを10等分できる装置に付随して紹介されている。そこでは、「そのエレメントはガラス、亜鉛、多孔質の壺、炭、及び＋極を結ぶ銅の金具よりなる。ガラスと亜鉛の間には数滴の硫酸を入れた水が注がれる。多孔質の壺と炭との間には、硝酸が境界に入れられる。亜鉛が－極であり、銅が＋極である」と「瓦筩」に相当する多孔質の仕切りが明記され、図版も記載されている。[66] 電気治療機をはたらかせるにあたって、象山は自身の印象に残った、機力を10等分できる装置で紹介されている多孔質の仕切りを有した電池を真似て、銅容器製のボルタの電池に、とりあえず「瓦筩」の仕切りだけを入れたのかもしれない。

　なお、このような変則的な電池であったとしても電気治療機用なら使用可能である。筆者が実験した結果によれば、100cc程度の小さなビーカーを素焼きの円筒で仕切り、内側に亜鉛板を、外側に銅板を置く。どちらの側にも希硫酸を入れ、さらに内側には数滴の硝酸を加える。このような変則的な電池でも、5Ω程度の負荷に対して50mA程度の電流でよければ、数時間以上にわたって、しかも連続的に供給することができた。

第3節　電気治療機の製作

（6）電気治療機の意味するもの

　ファン・デン・ブルックにより誘導型の電気治療機がわが国に紹介され、彼の指導の下に同原理の装置が作られたり、また、それらを詳しく解説した書物が出版されるという状況の下で、象山もこれらの影響を受けながら、この電気治療機を製作した。しかし、もちろん、それぞれの場合について、持つ意味は異なっていた。

　和書として始めて誘導型の電気治療機を紹介した『内服同功』では、この装置は数ある医療器具の一つとされている。それに対し、ファン・デン・ブルックにあっては、もちろんそれは医療器具には違いないが、同時に、彼が行った日本人に対する理化学伝習の一環として、つまり電磁気現象を説明するための実験手段でもあった。

　他方、象山にあっては、この電気治療機はどのような意味を持っていたであろうか。電気治療機と名づけられたこの箱のなかには、鉄心のまわりに銅線が巻かれたコイルがあり、使用にあたってはコイルに電池が接続される。しかし、このコイルと電池はもともとは別の目的で作られたものだった。

　地中や水中に火薬を置き、そこに電気を流して火薬を爆発させようとする、当時「ガルハニによる地雷ないしは水雷」、象山の言葉を借りれば「ガルハニスミユスを以て地雷火之火を伝へ候法」と呼ばれたものを成功させようとする試みのなかで作られたものが電池である。

　他方のコイルは、象山が電信機を製作しようとする試みのなかで作られたものである。電信機は蒸気機関車と並んで、西洋列強がアジア諸国を植民地化する過程で大きな役割を果たしたものであり、同時に、それは西洋自身にとっても自国の国力を増進させるのに不可欠な西洋文明の象徴でもあった。だからこそ、ペリーは横浜での条約締結のレセプションにおいて、電信機と蒸気機関車のデモンストレーションを行ったのである。[67]ペリー来航時、横浜に設けられた応接所の警備を担当したのが松代藩であり、その警備担当者の１人としてその場にいた象山が、この電信機に注目したことは当然であった。

それ故、この蟄居期間中に電信機の製作を試みたのだろう。現在のところ、彼がどの程度、電信機の製作に成功したかについては判断できないが、少なくとも、電気治療機の製作からもわかるように、電信機に不可欠なコイルを作りあげていたことは確かである。

　電流による火薬の発火や電信機の製作の試みの過程で、コイルと電池の準備はできていた。そこに、さまざまな蘭書の入手を希望するなかで象山の手元に届いた1冊の蘭書『電気治療』の存在があった。電気治療機を製作した直接の動機は、『電気治療』により触発された病気の治療のためであったが、その背後には、迫り来る列強に対抗するためには軍事力を強化するとともに産業を興し国力を高める必要があること、そのための第一歩として蘭書に基づき西洋の科学技術を受け入れねばならないことを主張する象山の姿がある。地雷と電信機の部品で構成される電気治療機は、象山という人物が生涯かけて主張し、実践してきたことがそのなかに凝縮された遺品であったといえる。

（1）　信濃教育会編『増補改訂　象山全集』（信濃毎日新聞社、1934-35）巻五、p.262。
（2）　例えば「スコックマシネ」は 前掲(1)巻五、p.382と387で、「エレキトロスコックマシネ」はp.262で、「ガルハニセ・スコックマシネ」はp.378と381でそれぞれ使われている。
（3）　以下の内容は、前掲(1)巻五、p.174-176に掲載されている藤岡伊織宛の書簡からのものである。なおこの書簡は、全集校訂者により「安政6年」と推定されている。
（4）　例えば、宗田一『図説　日本医療文化史』（思文閣出版、1989）pp.318-320には、いくつかの電気治療機が紹介されている。
（5）　石坂空洞閔の『内服同功』は、初編が山田貞順の著で安政5年刊、二編が杉生方策の著で安政6年刊であり、現在、江戸科学古典叢書29（恒和出版、1980）において翻刻されている。電気治療に関する部分は、この翻刻版のpp.121-129と221-240である。ボルタの電堆を用いるものが初編に、誘導コイルを用いるものが二編に記載されている。
（6）　池田哲郎「佐久間象山と蘭学――象山蘭書志――」（『福島大学学芸部論集』第10号、1959）pp.68-81。
（7）　前掲(1)巻五、p.379。
（8）　前掲(1)巻五、p.386。

第3節　電気治療機の製作

(9) 電源として電池を使い、相互誘導によって高圧を発生させるタイプのものはファラデー装置（Faradische toestellen）、電池を使わずにコイルの運動のみによって発電させるタイプのものは電磁装置（Magneto-elektrische toestellen）という名で分類されている。
(10) G. Rombouts : *Bijdrage tot de kennis der verschillende elektrische stroomen, als middel tot genezing van Ziekten*, Tiel, 1857, p.92.
(11) 前掲(10) p.93.
(12) 前掲(1)巻五、p.176。
(13) 前掲(10) p.134.
(14) 「癲癇とそれに続く重い慢性の頭痛」については前掲(10) p.133に、「遺尿」については p.170に、「百日咳」については p.134に、「陰萎」については p.171にそれぞれ記述されている。
(15) 前掲(10) p.137.
(16) 前掲(10) p.179.
(17) 前掲(10) p.178.
(18) 前掲(10) p.29.
(19) 前掲(10) p.66.
(20) 藪内清・宗田一『江戸時代の科学器械』（恒星社、1964）p.22。
(21) 『医学家必須　理学入門』。なお、この本は、橋本万平『素人学者の古書探求』（東京堂、1992）p.12では、広瀬元恭の手による『物理約説』の写本ではないかと推定されている。
(22) この四つの端子のようなもののうち、二つは電池と、残りの二つは導子とそれぞれ結ばれ、上部の人形と手前の端子とがスイッチとして使われたと思われる。
(23) 松代藩文化施設管理事務所および松代小学校の御好意により、松代小学校所蔵の電気治療機を拝見させていただいたところ、やはり内部には誘導コイルが納められていた。これは、木の筒のまわりに紙を巻いて絶縁を施した銅線がぐるぐると巻かれており、木の筒のなかには、数十本ほどの鉄の棒と思われるものがぎっしりと挿入されていた。この棒は、ここで述べている澤田平所蔵の装置に納められていた誘導コイルの鉄心に使われているものに比べて、かなり太かった。
(24) 例えば、電気学会編『電気工学ハンドブック』（1962）p.85。
(25) 宗田一『江戸科学古典叢書29　内服同功・済世備考』解説（恒和出版、1980）p.13。
(26) 東京博物館編『江戸時代の科学』（博文館、1934）p.259。
(27) 桑原正夫編『電気学会五十年史』（1938）p.348。
(28) 前掲(26) p.258。

(29) 例えば、J. MacLean : De Betekenis van Jan Karel van den Broek (1814-1865) t. a. v. de Introductie van de Westerse Technologie in Japan, *De Ingenieur*, 87, 1975、フォス美弥子「ファン・デン・ブルックの伝習」(『日本洋学史の研究』X、創元社、1991)、古賀十二郎『長崎洋学史 下』(1967、pp.72-95) などがある。また、MacLean は、ファン・デン・ブルックに関しての論文の序のなかで、「この論文では、日本において、西洋技術の紹介に関して、今では忘れられたオランダ人である Jan Karel van den Broek が演じた重要な役割の概略を述べる。1853年に出島にやって来たこの医師が大きな意義を持っていたことが明らかにされるだろう」(p.594) と述べる。
(30) 川野邊富次『テレガラーフ古文書考——幕末の伝信——』(私家版、1987) pp.176-177。
(31) J. MacLean : De betekenis van Jan Karel van den Broek (1814-1865) t. a. v. de introductie van de westerse technologie in Japan, *De Ingenieur*, 87, 1975, p.602.
(32) 東京帝国大学史料編纂掛編纂『大日本古文書 幕末外国関係文書附録之一』(1913) p.66。
(33) 前掲(1)巻五、pp.175-176。
(34) 前掲(1)巻五、p.357。
(35) 前掲(10) p.43.
(36) 例えば、象山も入手したファン・デア・ブルグの窮理書などがある。この第2版の概要については、高田誠二「歴史家・久米邦武の『物理学』手稿」(『科学史研究』II-30、1991) などを参照されたい。
(37) 前掲(10) p.44.
(38) 前掲(10) p.44.
(39) 前掲(10) p.45.
(40) 前掲(10) p.46.
(41) この装置については、前掲(10) pp.78-79参照。
(42) この装置については、前掲(10) pp.79-80参照。
(43) 参考のために、電磁石を使って、1次側のスイッチの開閉が自動的に行われるタイプのものを以下に簡単に記しておく。最初に紹介されているのは、「プラチナの板」と「プラチナのハンマー」を使って自動的に開閉が行われるもので、「電流が断たれるやいなや、軟鉄のシリンダーは磁石の性質を失い、ハンマーについている可動性の銅線は下へ降りる。そして、回路は再び閉じられ、次に先ほどのように再び開く、というように、絶え間なく続く」(前掲(10) p.81) と説明されている。以下、5種の装置が紹介される。最後のデュシェンヌの装置の解説では、実際に皮膚に電極をあてている様子が図示されている (p.85)。また、ここでは、「変化が可能でない装置は有効ではないし、危険

第3節　電気治療機の製作

でもある」(p.87)として、実際の治療に必要な装置についての注意がなされている。さらにエルドマン（Erdmann）の装置では、2次側の「導子」がわかりやすく図示されている（p.88）。その次の装置は、アムステルダムの機械製作者エムデン（Emden）によって作られた「ボルタの電気誘導装置」とされているものである。これは、先に紹介した強さを10等分できる装置であり、その様子がはっきりわかるように図が描かれている。この図では、電池も導子も接続した状態で描かれ、非常にわかりやい。最後にユトレヒトの機械や光学機器の製作家であるフィンガー（Finger）の装置が紹介されているが、これについては、本文において後述する。

(44)　Raspail : *Volksgeneeskunde, nieuwe en eenvoudige wijze om de meeste ziekten spoedig en gemakkerijk te Genezen*, Utrecht, 1857.
(45)　菊池俊彦「奇器小史」（江戸科学古典叢書11『エレキテル全書　阿蘭陀始制エレキテル窮理原　遠西奇器述　和蘭奇器』解説、恒和出版、1978）p.72。
(46)　P. van der Burg : *Eerste grondbeginselen der natuurkunde*, 3de geheel omgewerkte druk, Gouda, 1854, p776.
(47)　前掲(46) pp.776-777.
(48)　前掲(46) pp.777-778.
(49)　前掲(46) p.664.
(50)　前掲(10) p.75.
(51)　前掲(46) p.587および前掲(10) p.37で使われている。
(52)　前掲(46) p.779.
(53)　例えば、川本幸民訳『気油観瀾広義』（復刻日本科学古典全書・第6巻『理学』、朝日新聞社、1942) p.212。
(54)　前掲(10) p.135. あるいはほかの蘭書では、例えばJ. N. Isfording: *Natuurkundig handboek voor leeringen in de heel-en geneeskunde*, Amsterdam, 1826, p.143などがある。なお、前掲(53)で、電気ショックの医療への利用を述べている箇所はこのイスホルヂング（Isfording）著の書物からの翻訳である。
(55)　前掲(1)巻五、p.84。
(56)　前掲(1)巻五、pp.83-84。
(57)　関章「佐久間象山の電池——再現と実験——」（『産業考古学』No. 34、1984) pp.5-8。
(58)　前掲(1)巻五、p.387。
(59)　加藤木重教『日本電気事業発達史』後編（電友社、1918) p.2073では、浜御殿での電信実験に関連して丹礬の購入が記録されており、当時、ダニエル電池も使われていた。
(60)　河辺浩「佐久間象山の電池のはなし」（『星雲』、湯浅電池株式会社社内報、No.163) pp.7-8。

(61) 布施光男「幕末期のガルヴァニ電池——佐久間象山の電池を中心にして——」(『科学史研究』II-28、1989) pp.143-151。
(62) 前掲(46) p.670.
(63) 前掲(46) p.671.
(64) 前掲(46) p.675.
(65) 前掲(10) p.40.
(66) 前掲(10) pp.90-91.
(67) 猪口孝『猪口孝が読み解くペリー提督日本遠征記』(NTT出版、1999) p.121。
(68) 関章「佐久間象山の電信実験」(『産業考古学』No. 32、1984) pp.10-13。

補論：ファン・デン・ブルックとティンマー

　わが国への電気治療機の紹介とその伝播に関しては、本文中でも指摘したように、ファン・デン・ブルックの影響が大きかったと予想されるが、現在のところ詳しくはわからない。そこで、今後の研究のための素材として、ファン・デン・ブルックやティンマー（G. K. Timmer）と電気治療機との関わりについて述べる。

　来日する前のオランダでのファン・デン・ブルックの医学や自然科学方面での活動については、L. MacLean やフォス美弥子らの研究により明らかにされているので[1]、以下では、これらの研究成果に従って紹介する。それらによると、「1833-40年の期間、彼は外科医として1840年まで働いたアーネム（Arnhem）に住んでいた。彼は聴覚の働きに大きな関心を持ち、これについて、1842年に2つの論文を公にした。1844年以来、彼はアーネム自然学協会（Arnhemse Natuurkundig Genootschap）により出版され、1844年から1859年まで15年間刊行された雑誌『自然学』（*Natuurkunde*）の編集者の1員となった」という。

　また、「編集者のティンメルにより、『自然学教科書』[2]というもう一つの出版がなされた。この本はたいへん重要である。というのは、日本におけるファン・デン・ブルックの教授は、大部分、この本の内容を基礎にしていた。蒸気機関に関するこの本のスケッチと記述は、私の考えでは、日本人が1856年に初めて見た蒸気機関であるから」[3]とファン・デン・ブルックが日本において伝習を行う際に大きな役割を果たした書物の推定もなされている。

　実際、ファン・デン・ブルックは多くの科学技術に関する機器類を携えて来日し、そのなかに2台の電気治療機も含まれていた。電信機ならともかく、電気治療機を2台も持参してきた理由は何であろうか。筆者はその理由とし

225

て、彼が故郷のアーネムにいたとき、地元の自然学雑誌に電気治療機に関する論文を書いていたことにあると考えている。

○ファン・デン・ブルックが著わした論文
　アーネムの自然学協会から発行されていた雑誌『自然学』の第2巻（1845）には、ファン・デン・ブルックが掲載した「ガルハニ誘導装置についての記述」と題された4ページほどの短い論文がある。[4]

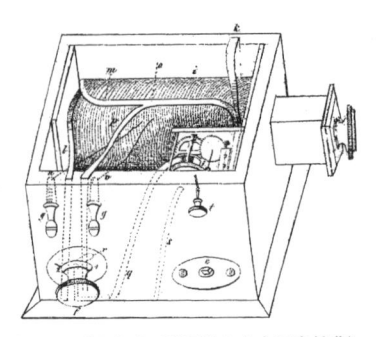

図9　『自然学』（静岡県立中央図書館蔵）に掲載された考案の電気治療機

　この論文において、彼は電気治療の有効性を指摘する一方、現状の電気治療機が十分に必要な性能を満たしていないことを憂えている。そして、彼が適切と考える1次電流を連続的に断続でき、2次の誘導起電力の大きさも変えられるような装置の紹介を行っている。[5]

　それは、図9に示すように、ケースのなかに電池と誘導コイルが納められたものである。電池は磁器の容器で作られており、内部は布の袋で二つの領域に分けられ、この二つの領域には、それぞれ、電極である銅板と亜鉛板が挿入されている。そして、亜鉛板を入れた方には食塩水が、銅板を挿入した方には硫酸銅溶液が注がれている。

　1次電流の開閉には、時計の歯車が使われる。電池の銅板とこの歯車の心棒とは、導線でつながっている。一方、亜鉛板は、誘導コイルの1次巻線と結ばれ、この1次巻線のもう一方の端は、正面に突き出た取っ手を通って歯車の歯の部分に達している。この歯車の回転に応じて、導線の先端と歯とが接触したり離れたりすることにより、1次回路の開閉が行われる。

　さらに、引き起こされる電気的ショックの強さは、2通りの方法で調節されるようになっている。一つは、誘導コイルの1次巻線の長さを調節する方法であり、もう一つは、コイルのなかに入っている鉄心を出し入れして調節

補論：ファン・デン・ブルックとティンマー

する方法である。このような結果、最も強い場合は、「その装置からのショックに対して、強い人間でも耐え続けることができないほどの生理学的な力がある」ほどになるという。[6]

〇ティンマーのテキスト

次に、ファン・デン・ブルックと同様、「アーネム自然学協会」のメンバーでもあるティンマーにより著わされ、日本におけるファン・デン・ブルックの科学技術教育のテキストになったと考えられる『学校用自然学教科書』(1852-53) について述べる。

この書物は、現在、わが国においては、静岡県立中央図書館葵文庫において所蔵されている。このテキストの表紙裏には、雑誌『自然学』の編集者達の連名の序文があり、そこには「雑誌『自然学』の編集者より捧げられた敬意のしるしとして出版された」と述べられている。それからもわかるように、ティンマーのこのテキストは、ファン・デン・ブルックや彼が所属していた「アーネム自然学協会」と深い関わりがあるものである。

この本は5冊に分冊されているとはいえ、全体で500ページあまりの、当時のほかの自然学のテキストと比較すれば、やさしく書かれた部類に入るものである。[7]このテキストの誘導電流が扱われている箇所では、ファラデーの電磁誘導の法則の説明の後、「この2次電流は、ガルハニ電流と同様の現象を生み出す。回路の開閉の際に生み出される火花は、普通の電流で認められるよりも大きく、生物などに対する働きもより強い」とある。[8]つづいて電気治療機に関わる内容が、次のように記されている。

　　2次電流のショックを感じるためには、導線の端に中空の金属製の円筒を結び、湿った手でそれをつかむ。1次電流が断続されるたびに、ある種のショックが感ぜられる。そのはたらきを、よく感じさせるためには、1次電流の開閉は、すばやく続いて行われなければならない。歯車装置により、持続的にその開閉が実現されるところの、いわゆる「誘導装置」が作られている。これに関する力が不足する際には、それ自身の目

的は、1次導線の一方の端とやすりとを結び、その上を連続して、もう一方の端でこすることによって達成される。もし、2次導線の中空の部分に軟鉄の棒を差し込むならば、そのはたらきは、ほとんど倍加される(9)。

このように、ここでは、歯車や、やすりを使って1次電流の開閉を行う方法が記されている。第3節で検討した『電気治療』においては歯車を用いる方法が、ファン・デン・ブルックの『自然学基礎』にはやすりを使う方法が掲載されており、これらの方法は、いずれも当時、よく知られていたタイプであった。また、ティンマーが歯車を使うタイプの装置をあげるのは、ファン・デン・ブルックが雑誌『自然学』で紹介した装置が、同様に1次電流の開閉に歯車の歯を使うものだったことも影響していたのであろう。

また、ファン・デン・ブルックにより著わされた書物には『自然学手引書』(1850)と題されたものもあり、これも伝習において利用されたものである(10)。これは、先に紹介したティンマーのテキストよりも少し程度が高く、むしろファン・デア・ブルックの『自然学基礎』とよく似ている。この本においても、誘導電流について解説した箇所で、電磁誘導を説明した後に、電気治療機に関係する内容は一応紹介されているが、実際に1次電流を断続する方式や2次電流の大きさを調節する具体的な方法については記されておらず、先に紹介した『自然学』の論文やティンマーの『学校用自然学教科書』などと比べると、電気治療機に関する内容は少ないといえる(11)。

（1） J. MacLean: De betekenis van Jan Karel van den Broek (1814-1865) t. a. v. de introductie van de westerse technologie in Japan, *De Ingenieur*, 87, 1975およびフォス美弥子「ファン・デン・ブルックの伝習」(『日本洋学史の研究』X、創元社、1991）。
（2） G. K. Timmer: *Natuurkundig Schoolboek*, Arnhem, 1852-53.
（3） 前掲(1) p.595.
（4） J. K. van den Broek: Beschrijving van een galvanisch-inductie werking, *Natuurkunde* 2, 1845, pp.1-4.
（5） ファン・デン・ブルックは、この論文を書いた目的を次のように語る。

補論：ファン・デン・ブルックとティンマー

「誘導に関する装置はすでに公表されているけれども、私には十分とは思われない。……それらの装置の新しい構成を、私の考えに従って、雑誌という手段を通して、自然学者や医師に注意を向けさせることは、余計なこととは思われない。全ての他の装置は、その弱い構造により役に立たなくなっており、悪影響を与えている。それは適切と考えられる装置とは大きな隔たりがあり、使う人を困らせるものである」という。そして、それらの装置の力が半分くらいまで減少していることを指摘した後、「ブレトン（Breton）氏により、その装置に付け加えられた記述においては、そのようなことが起こることは述べられているが、どうするかの方法は述べられていない。私は、労を惜しまず、その問題を調べ、私の考えを人びとに伝えようと思う」と（前掲(4)p.1）。
（6）この論文の最後では、この装置により示された結果として、次のような点があげられている。

「(1) 螺旋状の導線（誘導コイル――筆者）電池により火花が発生する働きを強めること、(2) ガルハニ電流が流れることにより、螺旋状の導線は、軟鉄に磁石力を発生させること、(3) 螺旋状の導線にガルハニ電流を流すことにより、もう一方の導線に誘導電流を引き起こすことができること、(4) 誘導電流は火花を発生させること、(5) 人間や動物に対して、生理学的な力をおよぼすこと」（前掲(4)p.4）
（7）全体は10章からなり、電磁気学関係の内容の解説には、第9章と第10章がわりあてられている。そのうち、第9章は「磁石について」であり、第10章が「電気について」の内容となっている。第10章は11の節から成り立っており、その節（第60節から第70節まで）の内容を紹介しておく。

「60. 電気の知識の増大についての歴史的概観／61. 電気の種類と性質／62. 電気を伝える物とそうでないもの／63. 電気がそのはたらきを示すところのさらなる方法について／64. 摩擦により電気を引き起こす装置について／65. フランクリンとライデン瓶／66. ガルハニ電気について／67. ガルハニ装置について／68. ガルハニ電流のはたらきについて／69. 電磁現象について／70. 磁電気や反磁性体そして熱電気について」

そして、この「70. 磁電気や反磁性体そして熱電気について」と題された最後の節で、誘導電流に関する内容が取り扱われている。
（8）前掲(2)p.510.
（9）前掲(2)p.511.
（10）J. K. van den Broek: *Handleiding der natuurkunde*, 2dln., Utrecht, 1850-53.
（11）前掲(10) 2de deel, 1853. 電気治療機に関係する内容は、次のようなものである。「誘導電流は、ほんの一瞬の間続くだけであるけれども、火花やショック、熱現象、化学的な分解を生みだすなど、ガルハニ電気の種々のはたらき

と同じものをもたらす」として、誘導電流と通常の電池からの電流との共通性が述べられている。そして、「とくに、誘導電流の強さは、電気を起こすガルハニ・エレメントの力に比例するとともに、その亜鉛―銅のセルにより誘導電流を生みだす誘導導線の状態にも大きく依存している。そのため、fig. 407の糸巻きのまわりの導線は、1次電流を生みだすものは短く、それに対して2次電流を生みだすものは長く細い。その結果、糸巻きのまわりにはたくさんの数が巻かれている」と誘導コイルについての説明がなされている。さらに、「ここでは、今一つの装置があり、それは、誘導される回路の連鎖が絶え間なく開閉されることができ、長い導線に瞬間的に電流が発生」するような装置がある。これについては、「誘導導線の端に二つの銅製の小さなシリンダを取り付け、そして、薄い酸で湿らせて手でこれを握る。すると、引き続きショックが感ぜられる」と一応、説明している。しかし、この箇所については図版が少ないのでわかりずらいところがある（pp.657-658）。

付録：真田宝物館所蔵蘭書

　科学技術に関する西洋の知識を得ようとした象山の意欲の一端をうかがうために、真田宝物館において所蔵されている蘭書のうち、象山と関わりが深い書籍の一覧を以下に記す。現在、同館所蔵の蘭書は、2種類に分けることができる。一つは、筆者が「近山氏旧蔵蘭書」と名づけるものであり、もう一つは、やはり筆者が「真田家旧蔵蘭書」と名づけるものである。

　前者は、犀北館の創業者である近山與貞氏が明治22-23年（1889-90）頃までに収集した象山関係の遺品のなかに含まれるものであり、象山の嗣子恪二郎の未亡人静枝より譲り受けたとされるものである。「象山書院」をはじめとする象山自製の印の残された書物が多く、象山や彼の弟子たちによって利用された蘭書群である。

　これに対し「真田家旧蔵蘭書」は、松代藩が所有していたものであり、「松代文庫」の印が残されているものが多い。しかし、そのなかには、象山が愛読した書物や「象山書院」の印が残されている書物も含まれいる。それ故、一方が象山所有のもので、他方が藩所有のものと厳密に区別することはできず、両者の間で若干の異同はあるが、基本的には区別してとりあつかう必要がある。

　記載にあたっては、『江戸幕府旧蔵蘭書総合目録』（日蘭学会編、1980）にならい、原則としてタイトルページの内容をそのまま記し、改行は／で示した。記載はおおむね著者名、書名、巻数、版次、出版地、刊年、ページ数、大きさ（cm）、参考事項の順である。複数巻存在するものについては、各巻の刊年、ページ数もあわせて記した。また、ページ付けのない部分について

は、ページ数相当分を[　]で示した。

ここで紹介するリストはもちろん完全なものではなく、後日の目録作成のための準備をなすものである。

A　近山氏旧蔵蘭書

近山與貞氏が収集した蘭書は、昭和60年（1985）、近山與士郎氏により長野市に寄贈された。近山氏によれば、「この蔵書は三段仕切りの書函に入っており、三個の箱が丁寧に蓋付きのものとなって大きな書函にしまっておかれるように作られています。象山が自案で製作したと考えられ、最下段に『西兵経緯』と隷書で自書されております」（近山與士郎『佐久間象山先生遺品について』、1985、p.6）という状況であり、現在もこれらの箱に入った状態で保管されている。

これらの蘭書は、かつて蘭学資料研究会により調査され、そのとき、例えば「サハルト、10．工兵初問、フランス語よりナニング訳、ハーグ　アムステルダム、一八二八年（象山書館）」と記された1枚の用紙が、整理結果を示すために、それぞれの蘭書に挿入された。なお、この用紙には、1827年であることを示すために、朱書で「八」が「七」に、同じく、「サハルト」が「サハル」に訂正されている。また、改行の箇所は句点で示した。（ママ）

上の例では、この書物は「10」と整理番号が打たれた。その後、これらの書物が近山與士郎氏により整理されて新たな整理番号がふられ、『佐久間象山先生遺品について』として紹介された。例えば、上記の書物の整理番号は「11」となった。

さらに、これらの書物を長野市が受け入れるにあたって、改めて登録番号が振り直された。その結果、新たにふり直された登録番号は「9」となった。その際、別々の番号が振られていたものが同一の登録番号に整理されたり、それまでは他の書物と一緒にされていたものが、別々の登録番号になるということがあり、しかも、これらの蘭書を紹介する論者によって、用いられる整理番号が異なっており、少々、複雑な状態となっている。

付録：真田宝物館所蔵蘭書

以下の記述では、現在もその番号で保管されている真田宝物館における目録番号を[ ]で示し、その順に記載するとともに、あわせて近山與士郎氏による整理番号を( )で示した。また、蘭学資料研究会により記入された1枚の用紙の内容も「 」で示し、その末尾に蘭学資料研究会と記した。

[3] (1)
MARIN, P.
NIEUW / NEDERDUITS EN FRANS / WOORDENBOEK, / WAAR IN / De Grondwoorden en hunne verscheidene betrekkingen, / klaar en regelmatig uitgelegd, en de daar uitvloeyende, / zoo ernstige als boertige spreekwyzen, op een on- / gedwonge trant, naden aart en eigenschap der / gemelde Taalen, ontvouwen worden / DOOR / *PIETER MARIN*. / NOUVEAU / DICTIONNAIRE, / HOLLANDOIS & FRANÇOIS. / QUI / *Explique méthodiquement les mots racines, avec les différentes / significations qu'ilsrenferment, ♂ expose les phrases serieu- / ses ♂ enjouées qui en dérivent d'un stile libre ♂ / conforme au génie des susdites Langues*. / t' AMSTERDAM, / By de Weduwe GYSBERT DE GROOT, Boekverkoopster / op de Nieuwendyk, in de Bybel. 1701. / Zijn mede te bekomen by den Autheur, in de Wye Kapel-steeg.
5[i.e.10], [5], 1410p.　21cm

・LYST が掲載されている最終ページは、p.1410に相当するのかどうか確認できなかった。
・「マリン、１．蘭仏新字典、アムステルダム、一七〇一年、蘭学資料研究會」（蘭学資料研究会）

[4] (5)
HENRY, W.
SIJSTEMATISCH HANDBOEK / DER / BESCHOUWENDE EN

WERKDAADIGE / SCHEIKUNDE: / Ingericht volgens den leiddraad der / CHEMIE, / VOOR BEGINNENDE LIEFHEBBERS; / DOOR / W. HENRY. / Om te dienen, tot opheldering en uitbreiding / van gemelde Werkje: / DOOR / ADOLPHUS YPEY. / A.L.M.Philos. et Med. Doct. *voorheen Hoog- / leeraar in de Genees- Ontleed- en Scheikunde / te Franeker.* / EERSTE [- VIJFDE] DEEL. / TE AMSTERDAM, BIJ / WILLEM VAN VLIET / 1804 [-1807].

1ste deel.　1804　xxviii, 580p.
2de deel.　1805　xii, 617, [1]p.
3de deel.　1806　xii, 624p.
4de deel.　1806　xii, 612p.
5de deel.　1807　xxiv, 620p.
22cm

- 1ste deel.とそれ以外では、訳者であるイペイ(A.Ypey)の肩書きが異なっており、2de deel.から 5de deel.までは以下のようになっている。
  / ADOLPHUS YPEY. / A.L.M.Philos. et Med. Doct. gewoon Hoog- / leeraar in de Geneeskunde, voornaamelijk in / de Ziektekunde en Practijk, aan de Ba- / taafsche Hooge Schole te Franeker. /
  背表紙には、次の[4](6)・[4](8)を含めて、1から9までの通し番号が打たれている。
- 1ste deel. 2de deel. 4de deel. 5de deel. には「象山書院」の印あり
- 「イッペイ、5 無機・有機化学大全　五巻、アムステルダム　一八〇四~七年、(佐倉藩同一本有)」(蘭学資料研究会)
- 2de deel.から5de deel.には、赤通しが残されている。その箇所は以下の通りである。
  2de deel.：p.220, 294, 374, 446, 483
  3de deel.：p.348, 350
  4de deel.：p.111, 143, 148-158, 161-165, 172-180, 228-229, 231

5de deel.：p.237, 239, 245-246
・これは、宇田川榕菴が『舎密開宗』を著わす上で、しばしば参照した書物で『依氏広義』と呼ばれていたものである。なお、『舎密開宗』の原本となったのは、同じく、ヘンリー（W. Henry）著・イペイ訳の *Chemie voor Beginnende Liefhebbers*, 1803. である（坂口正男「舎密開宗攷」、田中実他編『舎密開宗研究』、講談社、1975））。

[4] (6)
HENRY, W.
VERBETERINGEN EN BIJVOEGSELS, / TOT HET / SYSTEMATISCH HANDBOEK, / DER / BESCHOUWENDE EN WERKDAADIGE / SCHEIKUNDE; / Ingericht volgens den leiddraad, der / CHEMIE, / VOOR BEGINNENDE LIEFHEBBERS; / VAN / W. HENRY. / Om te dienen, tot opheldering en uitbreiding / van gemelde Werkje: / DOOR / ADOLPHUS YPEY. / *A.L.M.Philos. et Med. Doct. gewoon Hoog- / leeraar in de Geneeskunde, voornamelijk in / de Ziektekunde en Practijk, aan de Hol- / landsche Hooge Schole, te Franeker.* / EERSTE [- DERDE] DEEL. / TE AMSTERDAM, BIJ / WILLEM VAN VLIET / 1808 [-1810].
1ste deel.　1808　xx, 655p.　4pl.
2de deel.　1809　xii, 652p.　4pl.
3de deel.　1810　xxxiv, 600p.　1pl.
22cm
・「イッペイ、5－2無機・有機化学大全　補巻、三巻、アムステルダム一八〇八〜一〇年」（蘭学資料研究会）
・3冊とも「象山書院」の印あり

[4] (8)

YPEY, A.
BLADWIJZER, / DER VOORNAAMSTE ZAKEN, / VOORKOMENDE IN HET / SYSTEMATISCH HANDBOEK, / DER BESCHOUWENDE EN WERKDAADIGE / SCHEIKUNDE. / DOOR / *ADOLPHUS YPEY*. / Hoogleeraar in de Geneeskunde te Franeker. / *TE AMSTERDAM*, bij / WILLEM VAN VLIET / 1812.
230p. 22cm
・「象山書院」の印あり
・「イッペイ、7化学書補巻、アムステルダム、一八一二年」(蘭学資料研究会)

[5](2)
Heelmeester
NATUURKUNDIGE / BESCHOUWING / VAN DE / MAN EN DE VROUW, / IN DEN / HUWELYKEN STAAT. / Door den heer de L・・・, / *Heelmeester*. / Uit het Fransch vertaald door P.L. / *Met kopere Plaaten*. / EERSTE DEEL. / TWEEDE DRUK. / Te AMSTERDAM en LEYDEN,/ By de COMPAGNIE BOEKVERKOPERS./ MDCCLXXXV.
[10], 291, [8]p. 23cm
・赤通しは、以下の箇所に残されている。
目次, p.1,2,4,8,15,26-30,36,40,44,51-52,54-56,59-61,64-65,79-80,82,88,91-93,95-96,100-101,103,107-108,160,166-167,173,175-178,231-236
・「ヘールメーステル、2．結婚に関する男女の生理解説、フランス語より訳、銅版図入り、アムステルダム　一七八五年」(蘭学資料研究会)

[6](3)
KASTELEIJN, P.J.
CHEMISCHE EN PHYSISCHE / OEFENINGEN, / VOOR DE BEMIN-

付録:真田宝物館所蔵蘭書

NAARS DER / SCHEI- EN NATUURKUNDE / IN 'T ALGEMEEN, / TER BEVORDERING VAN / INDUSTRIE EN OECONOMIE-KUNDE, / EN TEN NUTTE DER / APOTHEKERS, FABRI-KANTEN / EN / TRAFIKANTEN / IN 'T BIJZONDER: / DOOR / P.J. KASTELEIJN, / *Apotheker en Chymist te Amsterdam; Lid van de Holland-* / *sche Maatschappij der Weetenschappen te Haarlem; van* / *het Bataafsch Genootschap der Proeföndervindelijke Wijs-* / *begeerte te Rotterdam; van het Zeeuwsche Genootschap* / *der Weetenschappen te Vlissingen; van het Provin-* / *ciale Utrechtsche Genootschap van Kunsten en* / *Weetenschappen; van het Genootschap der* / *Natuuröndersoekeren te Berlijn, en van* / *de Societé Philomatique te Parijs.* / EERSTE [-DERDE] DEEL. / TE LEYDEN, BIJ / HONKOOP EN VAN TIF-FELEN, / MDCCXCIII [-MDCCXCVII].

1ste deel.　1793　[2], 486p.　22cm

2de deel.　1793　488p.　22cm

3de deel.　1797　3 [i.e.6], 478p.　23cm

・3de deel. の編者は、カステレイン (P.J.Kasteleijn) の死去により、アムステルダムの植物学の教授で医学博士であるボント (N. Bondt) と同じくアムステルダム医学博士であるデイマン (J.R.Deiman) が加わったため、タイトルページの編者は次のように記されている。

P.J.KASTELEIJN, / *Apotheker en Chymist te Amsterdam.* / EN NA DESZELFS OVERLIJDEN / VERVOLGD DOOR / N. BONDT, / *Med.Doctor en Hoogleeraar in de Kruid-* / *kunde te Amsterdam. En* / J.R.DEIMAN, / *Med.Doctor te Amsterdam.* /

・1ste deel. と2de deel にはタイトルページには「平啓印章」「象山氏」の、最終ページには「襄貞亭長」の印がある。しかし、3de deel. には全くない。

・「カステレイン (薬剤師)、3理化学実験書、特に薬局並びに工場の為、全

三巻　レイデン　一七九七年、『象氏啓蔵』」（蘭学資料研究会）
・本書は第 2 章第 2 節でとりあつかった

[7] (9)
・ NAAUWKEURIG EN OMSTANDIG / VERHAAL / VAN BUONAPARTE'S / LAATSTEN VELDTOGT, / GEËINDIGD DOOR DEN SLAG / VAN MONT-SAINT-JEAN, / *GENAAMD DEN SLAG VAN WATERLOO, / OF VAN BELLE ALLIANCE. / DOOR EENEN OOG-GETUIGE.* / UIT HET FRANSCH VERTAALD. / 's GRAVENHAGE. / NEDERLANDSCHE BOEKHANDEL; / VEENE-STRAAT,N.147. / 1815.
94p.　21cm
・「象山書院」の印あり
・「一目撃者、8.ワーテルロー戦記、ナポレオン最後の野戦、フランス語より訳、ハーグ、一八一五年、（本邦最古のナポレオン文献である）」（蘭学資料研究会）

[8] (10)
PROVISIONEEL REGLEMENT / OP DE / EXERCITIEN EN DE MANOEUVRES / DER / ARTILLERIE / VAN HET / KONINGRIJK DER NEDERLANDEN. / GEAPPROBEERD BIJ BESLUIT VAN / ZIJNE MAJESTEIT DEN KONING, / *van den 29 November 1817.* No. 56. / *TE S' GRAVENHAGE EN AMSTERDAM,* / BIJ DE GE-BROEDERS VAN CLEEF. / MET PRIVILEGIE. / 1818.
xxii, 429, [4]p.　22cm
・「象山書院」の印あり
・「9.オランダ官軍砲兵演習、備要　ハーグ、一八一八年（象山書館）（ママ）」（蘭学資料研究会）

付録:真田宝物館所蔵蘭書

・本書は第3章第1節でとりあげた

[9](11)
SAVART, N.
BEGINSELEN / DER / VELDVERSCHANSING; / VAN GEVOLGD NAAR HET FRANSCH / VAN / N. SAVART, / DOOR / F.P. GISIUS NANNIHG / LUITENANT-INGENIEUR. / MET PLATEN. / *In 's Gravenhage en te Amsterdam*, / BIJ DE GEBROEDERS VAN CLEEF. / 1827.
xxii, 330p. 10pl. 23cm
・「象山書院」の印あり
・「サハルト、10. 工兵初問、フランス語よりナニング訳、ハーグ　アムステルダム、一八二八年（象山書館）」（蘭学資料研究会）
・図版は「切り取った形跡」（近山與士郎『佐久間象山先生遺品について』p.6) があるとされているが、図版そのものは Pl.1. から Pl.9. まで揃っており、無いのは Pl.10.(Fig.120-Fig134) の1枚だけである。しかし、この「Pl. 10.」については、「切り取った形跡」はわからない
・赤通しの箇所は次の通りである
p.1-40,45-46,48-65,108-109

[10](22)
JACOBI, G.A.
BESCHRIJVING / VAN DEN / TEGENWOORDIGEN TOESTAND / DER / VELD-ARTILLERIEN IN EUROPA, / DOOR / *G.A.JACOBI,* / *Luitenant der Artillerie bij de Pruissische garde;* / *Vertaald uit het Hoogduitsch en voorzien van eenige aanmerkingen* / DOOR / G.J. STIELTJES, / *Kapitein der Pontonniers* / Eerste [-Derde] Aflevering / Beschrijving der ENGELSCHE Veld-Artillerie. / IN 'S GRAVENHAGE

EN TE AMSTERDAM, Bij / DE GEBROEDERS VAN CLEEF, / 1842 [-1846].

1ste aflevering　1842　v,[1], 65p.　2pl.

2de aflevering　1843　[1],v,vi,[2],96p.　2pl.

3de aflevering　1846　xiv,125p.　3pl.

19cm

・各巻のタイトルは次のように記されている。

　1ste aflevering / Beschrijving der ENGELSCHE Veld-Artillerie. /

　2de aflevering / Beschrijving der FRANSCHE Veld-Artillerie. /

　3de aflevering / Beschrijving der BEIJERSCHE Veld-Artillerie. /

・「象山書院」「長崎東衙官許」の印あり

・赤通しは、以下の箇所にある。

　1ste aflevering の pp.38-39、2de aflevering の序文

・「22　ヤコビ、ヨーロッパ野砲隊の現状、英・仏・独　三巻、アムステルダム　一八四六年」(蘭学資料研究会)

[11](なし)

SAVART, N.

BEGINSELEN / DER / VESTINGBOUW; / VAN　GEVOLGD　NAAR HET　FRANSCH / VAN / N.　SAVART, / DOOR / *F.P. GISIUS NANNIHG* / LUITENANT-INGENIEUR. / MET　PLATEN. / *In 's Gravenhage en te Amsterdam*, / BIJ DE GEBROEDERS VAN CLEEF. / 1828.

xii, 310p.　8pl.　23cm

・「象山書院」の印あり

・「サハルト、11. 要塞初問、フランス語よりナニング訳、ハーグ　アムステルダム、一八二八年(象山書館)」(蘭学資料研究会)。なお、「書館」は「書院」と朱書で訂正されている。

・図版は「切り取った形跡」(近山、p.6.)があるとされているが、図版その

付録：真田宝物館所蔵蘭書

ものは Pl.1. から Pl.8. まで全て揃っている。
・付箋による「書き込み」が目次の ix ページにある
・赤通しは pp.1-9 にある
・これは、先の［9］と合せて、一つのシリーズ本である。実際、国立国会図書館所蔵のものは、全体のタイトルが "BEGINSELEN / DER / VERSTERKINGSKUNST; /" となっており、その第 1 巻が VELDVERSCHANSING、第二巻が VESTINGBOUW となっている。しかし、その内容は、第 1 巻については、タイトル・ページの次のページから、翻訳者の序文、「目次」と続く内容は全く同じである。第 2 巻についても、タイトル・ページの次のページから「目次」がはじまり、以下、全く同内容である。国立国会図書館所蔵本のタイトル・ページを以下に示す。
BEGINSELEN / DER / VERSTERKINGSKUNST; / VAN GEVOLGD NAAR HET FRANSCH / VAN / N. SAVART, / DOOR / *F.P. GISIUS NANNIHG* / LUITENANT-INGENIEUR / *EERSTE [-TWEEDE] DEEL.* / VELDVERSCHANSING [VESTINGBOUW]. / MET PLATEN. / *In 's Gravenhage en te Amsterdam,* / BIJ DE GEBROEDERS VAN CLEEF. / 1827 [-1828].
・第 1 章第 1 節で紹介した「サハルト」と呼ばれていた書物である。また、同書の部分訳である村上範到門人河辺磯吉訳『沙華路度氏城制全書』の写本が、真田宝物館で所蔵されている（兵書・9-1-124）。

[12] (12)
DECKER, C. von
・TAKTIEK / DER DRIE WAPENS: / INFANTERIE, KAVALERIE EN ARTILLERIE, / OP ZICH -ZELVE EN VERBONDEN, / IN DEN GEEST DER / NIEUWERE / KRIJGSVOERING, / DOOR / C. VON DECKER, / UIT HET HOOGDUITSCH VERTAALD / DOOR / *L. Baron van Boecop,* / KAPITEIN DER INFANTERIE BIJ DE KONINK-

LIJKE MILITAIRE AKADEMIE, / RIDDER VAN DE MILITAIRE WILLEMS-ORDE. / EERSTE [- TWEEDE] DEEL. / BEVATTENDE DE TAKTIEK DER AFZONDERLIJKE [VERBONDENE] WAPENS. / IN 'S GRAVENHAGE EN TE AMSTERDAM, / BIJ DE GEBROEDERS VAN CLEEF, / 1831 [-1833]
1ste deel.　1831　xiiiv, 398, 16p.
2de deel.　1833　385, 10p.
23cm
・「象山書院」の印あり（2巻とも）
・「ヘッケル、12. 歩・騎・砲・三兵答古知幾、一、二巻　ブコップ訳（ドイツ語より）、『長野岳与一郎』貼紙、アムステルダム一八三一～三年、（象山書館）」」（蘭学資料研究会）。「ヘッケル」は「デッケル」に、「ブコップ」は「ブーコップ」に、「岳」は「近山」に、「書館」は「書院」に朱で訂正されている。
・全体にわたって赤通しと貼紙がある書物として有名なものであり、第3章第1節でとりあげた。

[13] (17)
ALGEMEEN / LETTERLIEVEND / MAANDSCHRIFT / 18 den Deels 2de Stuk. Uitgegeven 1 Februarij 1834. / *TE AMSTERDAM, BIJ* / A. VINK & Co. 1834.
2de stuk.　Februarij　1834　[1], p.33-66, p.45-74
6de Stuk.　Mei　1834　[1], p.163-194, p.221-264
8de Stuk.　Junij　1834　[1], p.228-258, p.309-352
13de Stuk. October 1834　[1], p.387-418, p.529-572
24cm
・前半が BOEKBEOORDEELING、後半が MENGELWERK となっており、別々にページが打たれている。

・「17 『文芸協会雑誌』、アムステルダム 一八三一年五月、十月、一八三二年二月、六月号」（蘭学資料研究会）

[14] (18)
VADERLANDSCHE / LETTEROEFENINIGEN, / VOOR　JULIJ. 1831./ No.IX.
No.IX.　Julij　1831　[3], p.373-420, p.401-444
No.XVI　December　1831　p.705-p.734, [14], p.749-776, [10]
No.III　Maart　1832　[1], p.93-140, p.97-144
No.IV　April　1832　[3], p.141-184, p.145-192
24cm
・1冊のうち、前半が BOEKBESCHOUWING、後半が MENGELWERK となっており、各々、別々にページが打たれている。
・「18 『国民運動』、アムステルダム 一八三一年五月、三二年 三、四、十二月号」（蘭学資料研究会）。なお、「五月」は朱書で「七月」と訂正されている。

[15] (19)
DE / RECENSENT, / OOK　DER / RECENSENTEN. / XXIVe. DEEL, No.5./ TE　AMSTERDAM, BIJ / JOHANNES　VAN　DER　HEY　EN ZOON. / Mei 1831.
No.5　Mei　1831　p.201-244, p.205-252
No.9　September　1831　[1], p.385-432, p.401-443
No.1　1832　p.1-44, p.1-32
24cm
・1冊のうち、前半が De Recensent, ook der Recensenten、後半が Mengelwerk となっており、各々、別々にページが打たれている。
・「19 『評論』 アムステルダム、 一八三一年 二四巻 五、九号、一八

三二年　二五巻　一号」（蘭学資料研究会）

[16] (20)

BEUSCHER, W. F.

HANDLEIDING / VOOR / ONDEROFFICIEREN, / TOT DE KENNIS / DER / THEORETISCHE EN PRACTISCHE / WETENSCHAPPEN / DER / *ARTILLERIE.* / DOOR / W.F.BEUSCHER. / 1sten Luitenant der Artitillerie / EERSTE [- DERDE] STUKJE / DERDE DRUK. / *In 's Gravenhage en te Amsterdam,* / BIJ DE GEBROEDERS VAN CLEEF. / 1836 [-1834].

19cm

1ste stukje 3de druk.　1836　xxiv, 247p.

2de stukje　2de druk.　1835　xxiv, 436, [2] p.

3de stukje　1834　xii, 168p. 16pl.

- 3de stukjeのタイトルは/DERDE　STUKJE/に続いて/ AANTEEKENINGEN EN　PLATEN/と付け加えられている。
- 「象山書院」の印あり。また、「菩薩楼図書記」の印も残されており、宇田川家と関係の深い書物であったことがわかる。
- "BIBLIOTHEEK / der / ARTILLERIE / te / BATAVIA"の印記あり
- 「20　ベンスヘル、砲兵学　理論と実際、下士官用　全三巻、ハーグ　アムスト　一八三六年」（蘭学資料研究会）。「ベンスヘル」は「ボースヘル」に、「全三巻」は「一冊」に朱書で訂正がなされている。
- 本書は第1章第2節でとりあげた書物である
- 巻末の公告の箇所では、[12](12)としてリストアップしたデッケルの三兵戦術書が紹介されており、しかもそこには赤通しが残されている。このことは、「デッケル」を入手しようとした動機の一つが、このベウセルの砲術書にあったことを示すものである。

付録：真田宝物館所蔵蘭書

[17] (21)

REGLEMENT / VOOR DE / EXERCITIE / MET HET KANON á 3 POND EN DEN / HOUWITZER á $4\frac{2}{5}$ DM. ENGELSCH, / GEMONTEERD / OP / *Berg = Affuit.* / BATAVIA, / *TER LANDS-DRUKKERIJ.* / 1836.

78, [1]p. 17cm

ONTWERP / VAN EEN / VOORLOOPIG VOORSCRIFT / OP / *DE BEDIENING EN DE BEWEGINGEN* / VAN / HET MATERIEEL / DER / VELD-ARTILLERIE. / *Tweede Stuk.* / DE STUKKEN-SCHOOL. / TE NIJMEGEN, BIJ / *J.F.THIEME.* / 1831.

35, [1]p. 17cm

ONTWERP / VAN EEN / VOORLOOPIG VOORSCRIFT / OP / *DE BEDIENING EN DE BEWEGINGEN* / VAN / HET MATERIEEL / DER / VELD- EN RIJDENDE ARTILLERIE. / Derde stuk. / DE BATTERIJ- SCHOOL. / TE NIJMEGEN, BIJ / *J.F.THIEME.* / 1831.

77, [4]p. 17cm

BEPALING / VAN / HET MATERIEEL, / *GEVORDERD* / TOT DE / VOLLEDIGHEID / EENNER / VELD- BATTERIJ, / EN VAN / DE OPSCHRIFTEN, TE PLAATSEN TEGEN / DE DEKSELS DER KIS-TEN VAN HET / NIEUW VELD- MATERIEEL. / TE NIJMEGEN, BIJ / *J.F.THIEME.* / 1831.

104, 8p. 17cm

・上記の4種類の書物が1冊にまとめられており、黒い線による書き込みがたくさんある。
・「21　大砲操縦法　英語より訳、バタビア　一八三六年」（蘭学資料研究会）
・第3章第1節でとりあげた書物である

[18] (23)

STIELTJES, G. J.
OMSCHRIJVING / VAN DEN / VERLEDEN EN TEGENWOORDIGEN TOESTAND / DER / NEDERLANDSCHE / VELDARTILLERIE, / zoo wel hier te lande als in de koloniën ; / MET VERMELDING DER AANLEIDINGEN EN PROEVEN, / DIE TOT HARE INVOERING HEBBEN / DOEN BESLUITEN; / ALLES NAAR ECHTE BRONNEN VERZAMELD EN BEWERKT / DOOR / G.J. STIELTJES. / *Kapitein der Artillerie en Ridder der Orde van den* / *Nederlandschen Leeuw.* / In 's GRAVENHAGE EN TE AMSTERDAM, / BIJ DE GEBROEDERS VAN CLEEF. / 1848.
xx, 339, 61p.　1leaf　19cm

・本文のあとの61ページには、表1から表21までが掲載されており、折りたたまれた最後の1枚には、表22が掲載されている。
・「象山書院」「長崎東衙官許」の印あり
・「スティルチエス、23　オランダ野砲隊の過去と現在、アムステルダム、一八四八年、『象山書館』『長崎東衙官許』」(蘭学資料研究会)。「書館」は「書院」と朱書で訂正されている。
・赤通しは以下の箇所にある。
　目次，p.60,63,284-285,293,322-329
・嘉永元年 (1852)、大砲鋳造のために象山が参照した書物である (第1章第1節参照)。

[19] (24)
DOMMELEN, G. F. van
GESCHIEDENIS / DER / MILITAIRE GENEESKUNDIGE DIENST / IN / NEDERLAND, / MET INBEGRIP VAN DIE ZIJNER ZEEMAGT EN OVERZEESCHE / BEZITTINGEN, / VAN AF DEN VROEGSTEN TIJD TOT OP HEDEN, / DOOR / G.F. VAN DOMMELEN, /

MED. DOCTOR; OFFICIER VAN GEZONDHEID DER EERSTE KLASSE BIJ DE / LANDMAGT, RIDDER DER ORDE VAN DEN NEDERLANDSCHEN LEEUW, / EN LID VAN ONDERSCHEIDENE BINNEN- EN BUITENLANDSCHE / GELEERDE GENOOT-SCHAPPEN. / TE NIJMEGEN, BIJ / H.C.A. THIEME JFz / 1857.
xxii, 274p. 23cm
・「長崎東衙官許」の印記あり
・「ドレメン、24　オランダ軍陣医学史、ネイメゲン　一八五七年、『長崎東衙官許』」（蘭学資料研究会）

[20] (26)
・タイトルは不明　21cm
・現存するのは p.30-300 までと pl.6-14
・「26　顕微鏡用法、表紙及一～三二迄欠、本文三〇〇頁（表題不明ナルモ写真機ニ関スルモノラン）」（蘭学資料研究会）

[21] (27)
RASPAIL
VOLKSGENEESKUNDE. / NIEUWE EN EENVOUDIGE WIJZE / OM DE / MEESTE ZIEKTEN / SPOEDIG EN GEMAKKELIJK TE GE-NEZEN, / VOLGENS DE WIJZE VAN / DR. RASPAIL, / *Hoogleeraar te Parijs.* / BENEVENS EENE AANWIJZING OM OP EENE GOED-KOOPE EN / EENVOUDIGE MANIER ZELF DE VEREISCHTE GENEES- / MIDDELEN TE BEREIDEN / Naar de 30ste Fransche en 4de Hoogduitsche uitgave bewerkt / DOOR / een Doctor in de Genees-kunde. / UTRECHT, / B. DEKEMA. / 1857.
xii, 208p. 19cm
・赤通しは p.96-98,138-139,158-163,167-170,177,184,189-190

- 「象山書院」「長崎東衙官許」の印あり
- 「ラスパイル、27　万病素人早期療法、ユトレヒト　一八五七年、『象山書院』『長崎東衙官許』」(蘭学資料研究会)
- 第3章第1節でとりあげた書物である。

○[23] (4)
Hufeland, C. W.
Pathogenie / Door / Hufeland / Eerste deel.
- 写本　24cm
  なお、筆者が数えた丁数を[　]内に示しておく。
  第1冊　[57丁]
  第2冊　[66丁]
  第3冊　[72丁]
  第4冊　[75丁]
- C. W. Hufeland : *Denkbeelden over de pathogenie (ziekte-wording) en den invloed der levenskracht, op het ontstaan en de vormig der ziekten.* Amsterdam, 1820. の写本ではないかと思われる。
- 「フーヘランド、4　医学総論、病気の起源と発生　病理学講義、四冊　二七〇枚(写本)、アムステルダム　一七九九年」(蘭学資料研究会)

[24] (16)
LETTERKUNDIG / MAGAZIJN, / VAN / WETENSCHAP, / KUNST / EN / SMAAK. / VOOR　HET　JAAR 1831. No.I./ *Te　AMSTERDAM, bij* / G. VAN DIJK, / Boekverkooper, in de Warmoesstraat, No.122.
No.1　　1831　　[1], p.1-44, p.1-48
No.2　　1831　　[1], p.45-92, p.49-92
No.11　1831　　[3], p.457-500, p.465-512

付録：真田宝物館所蔵蘭書

No.12　1831　［3］, p.501-544, p.513-560
24cm
・1冊のうち、前半が Uittreksels en Beoordeelingen、後半が Mengelstukken となっており、各々、別々にページが打たれている。
・目次に赤通しが残されている。
・「16 『学芸雑誌』美術と趣味、アムステルダム　一八三一年、1. 2. 9. 11. 12号」（蘭学資料研究会）

B　真田家旧蔵蘭書

　真田宝物館開館と同時に移管された洋書群のなかに含まれるのが、この真田家旧蔵蘭書である。基本的には、藩で所有されていた書物であり、そのため蘭書以外にも、例えば、フランス語で書かれた書物なども含まれている。その上、冊数も「近山氏旧蔵蘭書」よりもかなり多く、とても筆者1人の手に負えるものではない。そこで、以下では、本書でとり扱った蘭書のみを紹介する。なお、参考のため、真田宝物館蔵洋書目録の「書名」および「内容」の項に記されている事項を「　」で示し、末尾に洋書目録と記した。

(6) TIELKE, J. G.
ONDERRICHT / VOOR　DE / OFFICIEREN / DIE　ZIG　IN　DEN / VELD-DIENST / ZOEKEN　BEKWAAM　TE　MAKEN, / OF　DOCH / DEN　VELDTOGT　MET　NUT / BYWOONEN　WILLEN; / DOOR VOORBEELDEN　UIT　DEN　ZEVENJA- / RIGEN　OORLOG　OPGE-HELDERD, / EN / MET　DE　NODIGE　PLANS　VOORZIEN / DOOR / *JOHAN　GOTLIEB　TIELKE,* / Capitein by de Cheurvorstel. Saxische Artillerie. / *Naar den vierde veel vermeerderden Druk / uit het Hoog-duitsch vertaald en met de / nodige Byvoegzels vermeerderd.* / I. [-II.] DEEL. / *VELD-INGENIEUR.* / *Te ARNHEM* , / By J.H.MÖELEMAN. / MDCCXCIII.

249

I deel. 1793 xxxiv, ix-xxvi, xvii-xxv, xvii-xxv,142, 299, 120, 15p, 4 leaves, 32pl.

II deel. 1793 [2], 145-608, [1] p. 17pl.

21cm

・各巻のサブタイトルは次の通り

I deel. / VELD-INGENIEUR. /

II deel. / BYVOEGZELS. /

・I deel は、1ste deel（§.1-186）、2de deel（§.187-603）、3de deel（§.604-838）という構成である。

・3de deel（§.604-838）の目次（xvii-xxv）は重複している。

・本文のあとの15ページには表1と表2が、折りたたまれた4枚には表3と表4が掲載されている。

・「改訂版　仕官用野戦砲、兵書」（洋書目録）

・第1章第2節でとりあげた書物

(7)

Reglement / voor de / Exercitie / met het kanon â 3 pond / en den / Houwitzer â $4\frac{2}{5}$ dm. Engelsch, / gemonteerd / op / Berg＝Affuit. / Batavia, / ter lands-drukkerij. / 1836.

・写本、21cm

　筆者が数えた丁数は78である

・「松代文庫」の印あり

・最初に「習軍規範　三封度（我三百九十六匁余）ノ葛農ト四兌母半（我四寸許）ノ詞烏微都児トヲ山用ノ車ニ駕シテ運用スルコトヲ専論ス　千八百三十六年刻」と記されている（括弧内は原文割書）。

・「砲術指導書　山砲の扱い方、習軍規範・写本」（洋書目録）

・この写本の刊本は近山氏旧蔵蘭書の[17](21)の一部に相当する

付録：真田宝物館所蔵蘭書

(13) (14)

Handleiding / voor / Onderofficieren, / tot de Kennis / der / theoretische en practische / wetenschappen / der / Artillerie, / door / W.F. BEUSCHER. / 1 sten Luitenant der artitillerie / Eerste stukje. / Tweede druk. / In 's Gravenhage en te Amsterdam, / bij De gebroeders van Cleef / 1833.

・写本、全部で5冊、本文が3冊、表1冊、図版が1冊（この図版が(14)として分類されている）
・なお、筆者が数えた丁数を［　］内に示しておく。
　(13-1)［262丁］（1ste stukje の最後まで）
　(13-2)［243丁］（2de stukje の最初から§.314まで）
　(13-3)［131丁］（3de stukje の最後まで、但し図版を除く）
　(13-4)［226丁］（2de stukje の§.316から最後まで）
　28cm
・(14) 2pl.（これは折りたたまれており、pl.XVI まで掲載されている）
　28cm
・「松代文庫」の印あり
・(13)は「砲兵教科書、砲術書」(14)は「砲術図解」（洋書目録）
・この写本の刊本は近山氏旧蔵蘭書の［16］［20］に相当する

(26) BUYS, E.

NIEUW EN VOLKOMEN / WOORDENBOEK / VAN / KONSTEN EN WEETENSCHAPPEN; / Bevattende alle / DE TAKKEN DER NUTTIGE KENNIS, / MET / NAAUKEURIGE BESCHRYVINGEN, ZO VAN DE / ONDERSCHEIDENE MACHINES, WERKTUI- / GEN, GEREEDSCHAPPEN, FIGUUREN, / EN ONTWERPEN DIENENDE OM / DEZELVE OP TE HELDEREN; / als meede van / *De Klassen, Soorten, Toebereidselen, en het Gebruik van de / Voortbrengzels der*

Natuur, het zy Dieren, Planten, / *Mineraalen, Aardgewassen, of Vochten*; / MITSGADERS DE / Koningkryken Provintien, Steden, Dorpen, en andere / merkwaardige Plaatzen door de geheele Waereld. / Vercierd met een groote menigte Kunst- Plaaten. / Alles verzameld uit de beste Schryvers in alle Taalen, / *en met een ménigte van nieuwe Artykelen vermeerdert*, / DOOR EGBERT BUYS, / Hofraad van hunne Poolsche, en Pruissische Majesteiten. / VYFDE DEEL. / H. en I. / *TE AMSTERDAM,* / *By S.F. BAALDE*, Boekverkooper. / MDCCLXXIII.
681,[1]p. 23pl. 22cm
・全10巻のうち5巻のみが現存している
・「学芸辞典　科学辞典」(洋書目録)
・本書の第2章第1節・第3章第1節でとりあげた書物

(33)CHOMEL,M. N.
HUISHOUDELYK / WOORDBOEK, / *Vervattende vele middelen om zyn* / GOED TE VERMEERDEREN, / EN ZYNE / GEZONDHEID TE BEHOUDEN, / *MET VERSCHEIDEN WISSE EN BEPROEFDE MIDDELEN* / Voor een groot getal van ZIEKTEN , en schoone GEHEIMEN om tot / een hoogen en gelukkigen ouderdom te geraken, / Een menigte van manieren om LAMMEREN, SCHAPEN, KOEJEN, PAAR- / DEN, MUIL-EZELS, HOENDEREN, DUIVEN, HONIG- / BYEN, ZYWURMEN te kweken, voeden, genezen, / en winst te doen met die Dieren; / Velerleije soorten van NETTEN en wyzen om ALLERLEIJE SOORTEN / van VIS, DIEREN en VOGELEN te vangen, Jagen, enz. / Een oneindige menigte van geheimen in den TUINBOU KRUIDKUNDE, / AKKERBOU, LANDBOU, WYNGAARD- en BOOMGAARD- / BOU, gelyk ook de kennisse van VREEMDE GEWASSEN, / en hare EIGENAARTIGE KRACHTEN, enz. / Met de

付録：真田宝物館所蔵蘭書

voordeelen van het DESTILLEREN, VERWEN, ZEEPZIEDEN, / STYFSELMAKEN, KOTTOENSPlNNEN en MAKEN VAN / KUN-STGESTEENTEN, die na de natuurlyke gelyken, SCHIL- / DEREN met Water- en Oli-verw, 't maken van BAJEN en / STOFFEN voor deze en andere Landen, van / TURF, STEEN, enz. / De middelen, waar van zich KOOPLIEDEN bedienen, om groten handel te dry- / ven, en waar van Engelsen, Hollanders, enz. gebruik gemaakt hebben in / den handel met PAARDEN,GEITEN,SCHAPEN,enz./Alles,wat HAND-WERKSLIEDEN, TUINIERS, WYNGAARDE-/ NIERS, KOOP-LIEDEN, WlNKELIERS, BANKIERS, KOM- / MISSARISSEN, OVER-HEDEN, OFFICIERS van 't Ge- / recht, EDELLIEDEN, Geestelyken en andere luiden / van aanzien, in de eerste Bedieningen doen moeten, / om zich welvarende te maken. / DOOR M. NOEL CHOMEL, / Priester en Pastoor der Parochie van St. Vincent te Lyon. / in 't Nederduits ver-taald, in orde geschikt, en vermeerderd met nuttige Artikelen, / door de Heeren JAN LODEWYK SCHUER, Uitgever van 't Groot Algemeen / Woordboek, A.H.WESTERHOF, V. D. M. en Rector der Latynse / Scholen te GOUDA, en zeker Liefhebber, / En met Kunstplaten ver-rykt / EERSTE [-TWEEDE] DEEL. / TE LYDEN by S. LUCHT-MANS, en te AMSTERDAM by H.UYTWERF 1743.

1ste deel. A-M [4], 616p. 33pl.

2de deel. N-Z p.617-1496 45pl.

26cm

・図版の位置は相前後している。例えば、pl.16よりも pl.17の方が先にきている。これは、pl.16には p.187・276・297各ページ記載の内容に関連する図が p.298の次に示されているのに対し、pl.17には p.285の内容に関連する図が p.286の次にきているからである。

・「松代文庫」の印あり

- 「家庭百科事典　ショメール百科事典」（洋書目録）
- 第2章第1節でとりあげた書物

(34) CHOMEL,M. N.

HUISHOUDELYK / WOORDENBOEK, / Vervattende veele middelen om zyn / GOED TE VERMEERDEREN, / EN ZYNE / GEZONDHEID TE BEHOUDEN, / Met verscheidene wisse en beproefde Middelen voor een groot getal van Ziektens, en schoone Geheimen, / om tot een hoogen en gelukkigen ouderdom te geraaken; / Een menigte van manieren om LAMMEREN, SCHAAPEN, KOEIJEN　PAARDEN, MUIL-EZELS, / HOENDEREN, DUIVEN, HONIG-BIJEN, ZIJ-WORMEN te kweeken, / voeden, geneezen, en winst te doen met die Dieren; / Eene Natuurkundige Beschrijving van HUISHOUDELYK en WILD GEDIERTE, VOGELEN en / VISSCHEN, en de middelen om dezelve te jaagen en te vangen; / Een　oneindige menigte van geheimen in den TUINBOUW KRUIDKUNDE, AKKERBOUW, LAND- / BOUW, WIJNGAARD- en BOOMGAARDBOUW; gelijk　ook　de　kennisse　van　VREEMDE / GEWASSEN, en haare EIGENAARTIGE KRACHTEN, enz. / Met de voordeelen van het DISTILLEEREN, VERWEN, ZEEPZIEDEN, STIJF-SELMAAKEN, / SCHILDEREN met Water- en Olie-verf, het maaken van BAAIJEN en STOFFEN / voor deeze en andere Landen; an TURF, STEEN, enz. / Al het geen een bekwaame HUISHOUDSTER dient te weeten, als het bereiden van allerlei zoort van / SPIJZEN, DRANKEN, GEBAKKEN, CONFITUUREN; het　inmaaken　van / GROENTENS voor de Winter, enz. / Om CHITSEN en KANTEN in 't nieuw te wasschen, enz. / Wat er in de SLAGTTIJD　moet verrigt worden; het bereiden van MEED, CIJDER, AAL-BESIEN-/ WIJN, RATAFIA, veelerlei zoorten van LIQUEURS, enz. / De middelen, waar van zich KOOP-

LIEDEN bedienen, om grooten Handel te drijven. / Een korte schets van de meeste KUNSTEN, WEETENSCHAPPEN en HANDWERKEN. / Voorts alles, wat HANDWERKS-LIEDEN, TUINIERS, WIJNGAARDENIERS, KOOPLIEDEN, / WINKELIERS, BANKIERS, COMMISSARISSEN, OVERHEEDEN, OFFICIERS van 't / Gerecht, EDELLIEDEN, GEESTELIJKEN en andere Luiden van aanzien, in de / eerste Bedieningen doen moeten, om zig welvaarende te maken. / DOOR M. NOEL CHOMEL, / *Tweede Druk geheel verbetert, en meer als de belste vermeerdert door* / J.A.DE CHALMOT. / *en verscheidene Anderen.* / EERSTE [-ZEVENDE] DEEL, / Verrijkt met Kunstplaaten. / *TE LYDEN* bij JOH.LE MAIR, en *te LEEUWARDEN* bij H. A. DE CHALMOT, 1768 [-1777].

1ste deel.　1768　A-D　[15], 565, [1]p.　12pl.
2de deel.　1769　E-H　p.568-1194　7pl.
3de deel.　1770　J-L　p.1195-1902　15pl.
4de deel.　欠
5de deel.　1773　P-R　p.2503-3170　16pl.
6de deel.　1775　S-U　[2], p.3173-3761, [3]　21pl.
7de deel.　1777　V-Z　[2], p.3763-4370
28cm

・「家庭百科事典　ショメール百科事典」(洋書目録)
・第2章第1節でとりあげた書物

(35) CHALMOT, J.A.det (CHOMEL, M. N.)
VERVOLG OP / M. NOËL CHOMEL. / ALGEMEEN / HUISHOUDELYK-, NATUUR-, ZEDEKUNDIGE- EN KONST- / WOORDENBOEK. / *Vervattende veele middelen om zyn* / GOED TE VERMEERDEREN, / EN ZYNE / GEZONDHEID TE BEHOUDEN, /

Met verscheidene wisse en beproefde Middelen voor een groot getal van Ziektens, dienstig/ om tot een hoogen en gelukkigen ouderdom te geraaken; / Een menigte van manieren om LAMMEREN, SCHAAPEN, KOEIJEN PAARDEN, MUIL-EZELS, / HOENDEREN, DUIVEN, HONIG-BYEN, ZY-WORMEN te kweeken, / voeden, geneezen, en winst te doen met die Dieren; / Eene Natuurkundige Beschryving van HUISHOUDELYK- en WILD-GEDIERTE, VOGELEN en / VISSCHEN, en de middelen om dezelve te jaagen en te vangen, / Een groot aantal van Geheimen in den TUINBOUW, KRUIDKUNDE, AKKERBOUW, LAND- / BOUW, WYNGAARD- en BOOMGAARDBOUW; gelyk ook de kennisse van VREEMDE / GEWASSEN, en haare EIGENAARTIGE KRACHTEN, enz. / Met de voordeelen van het DISTILLEEREN, VERWEN, ZEEPZIEDEN, STYFSELMAAKEN, / SCHILDEREN met Water- en Oli-verf; het maaken van BAAIJEN en STOFFEN / voor deeze en andere Landen; van TURF, STEEN, enz. / Al het geen een bekwaame HUISHOUDSTER dient te weeten; als het bereiden van allerlei soort van / SPYZEN, DRANKEN, GEBAKKEN, CONFITUUREN; het inmaaken van / GROENTENS voor den Winter, enz. / Wat 'er in den SLACHTTYD moet verricht worden. Het bereiden van MEED, CYDER, AAL- / BESIEN-WYN, RATAFIA, veelerlei soorten van LIQUEURS, enz. / Om CHITSEN en KANTEN in 't nieuw te wasschen, enz. / De middelen, waar van zich KOOPLIEDEN bedienen, om grooten Handel te dryven. / Een korte schets van de meeste KUNSTEN, WEETENSCHAPPEN en HANDWERKEN, enz. / DOOR / J.A. DE CHALMOT, enz. / *EERSTE [- NEGENDE] DEEL.* / Zynde het VIII. [-XVI.] DEEL van het WOORDENBOEK. / *Verrykt met Kunstplaaten.* / *Te CAMPEN* bij J.A.DE CHALMOT, *en te AMSTERDAM* by J. YNTEMA. / MDCCLXXXVI [-MDCCXCIII].

付録:真田宝物館所蔵蘭書

1ste deel.　1786　A-B　viii, 749p.　5pl.
2de deel.　1787　C-D　p.749-1495.　5pl.
3de deel.　1788　E-G　p.1497-2284　[4]　4pl.
4de deel.　1789　G-H　p.2289-3031.　6pl.
5de deel.　1790　H-K　p.3033-3823.　4pl.
6de deel.　1791　K　p.3825-4540.　7pl.
7de deel.　欠
8de deel.　1792　O-S　p.5285-6000.　12pl.
9de deel.　1793　S-Z　p.6001-6724.　8pl.
27cm

・「ショメール百科事典」(洋書目録)

(41)
天保十三年壬寅九月/稟准刊行/GRAMATTICA / OF / NEDERDUITS-CHE / SPRAAKKUNST./和蘭文典前編/作州箕作氏蔵板
・GRAMATTICA / OF / NEDERDUITSCHE SPRAAKKUNST, / UIT-GEGEVEN DOOR DE / MAATSCHAPPIJ: / TOT NUT VAN 'T AL-GEMEEN. / TWEEDE DRUK. / Te LEYDEN. DEVENTER en GRONINGEN, bij / D.DU MORTIER EN ZOON, / J.H. DE LANGE EN / J.OOMKENS. / MDCCCXXII.
(1), 7, 61丁
・SYNTAXIS, / OF / WOORDVOEGING / DER / NEDERDUITSCHE TAAL, / UITGEGEVEN DOOR DE / MAATSCHAPPIJ: / TOT NUT VAN 'T ALGEMEEN. / TE LEYDEN. DEVENTER EN GRONINGEN, bij / D.DU MORTIER EN ZOON, / J.H. DE LANGE EN J.OOM-KENS. / MDCCCX.
2, 47丁
26cm

・「和蘭文典」(洋書目録)
・第3章第1節でとりあげた書物

(番外6)
Leiddraad / bij het / Onderrigt / in de / Zee- artillerie, / door / J. N. CalTen, / Eerste Luitenant der artillerie, waarne- / mende de functien van Kapitien der / Artillerie, bij het Koninklijke in- / stituut voor de Marine, te / Medemblik. / Te Delft, bij / B. Bruins. / 1832.

・写本　28cm
　なお、筆者が数えた丁数を[　]内に示しておく。
　第1冊　[140丁]
　第2冊　[200丁]
　第3冊　[111丁]
・「松代文庫」の印あり
・第1章第2節でとりあげた写本

索　引

あ

アーネム自然学協会 …………………………………………………………225, 227
亜鉛 ……………………………………………………30, 33, 128, 216~218, 226
青御影石 ……………………………………………………………………100, 128
赤沢寛堂(? -1874) …………………………………………………………………65
灰汁塩 ………………………………81~82, 87~88, 91, 93, 100, 128~129, 130~131, 134
圧延機 …………………………………………………………………………155
姉ヶ崎 ……………………………………………………………………………25
アヘン戦争 ………………………………………………………………………3
アルカリ …………………………………83, 93, 117, 121, 123, 128, 132, 117, 121, 123
アルカリ・ミネラル ……………………………………………………………116
アルガロッチ ……………………………………………………………………115
アルセンエン ……………………………………………………………………135
安政江戸地震 ……………………………………………………………186, 192
『安政見聞誌』 ……………………………………………………………186, 192
アンチモン ………………………………………………………………115, 127

い

硫黄 ……………………………………………………………100, 128~131, 134
生萱 ……………………………………………………………………………23
石粉 ……………………………………………………………………81, 83, 87, 94
1次コイル ………………………………………………………………206, 211
1次電流 ……………………………………………207, 211~212, 214, 217, 226~228
1次導線 …………………………………………………………………214, 227
一文字屋 …………………………………………………………………………210
「1巻本」 …………………………………………………………………172, 174
一本瀧 ……………………………………………………………………131, 134
伊藤玄朴(1800-1871) …………………………………………………………208
遺尿 …………………………………………………………………198~199, 202
「夷の術を以て夷を制す」 …………………………………………………………7
イペイ(Ypey, A.　1749-1820) ………………………………………………105
岩倉山 ……………………………………………………………………………189
陰萎 ………………………………………………………………………199, 202
印刷所 …………………………………………………………………………156

259

インダクタンス ……………………………………………………………………206
陰陽 …………………………………………………………………………………190

う

ウィーン天文台 ……………………………………………………………………173
ウィザリング(Withering, W. 1741-1799) ……………………………………133
上田亮章………………………………………………………………………………64
ウォラストン(Wollastone, W. H. 1766-1828) ………………………………216
宇田川榛斎(1769-1834)…………………………………………………………123
宇田川榕菴(1798-1846)…………………………………………………83,88,130
内田五観(1805-82) …………………………………………………9,177,190～191

え

江川英龍(1801-1855) ……………………………………………4,21,46,52,64,149
易 ……………………………………………………………………………189～190
エジプト ……………………………………………………………………………170
閲兵式 ………………………………………………………………………………163
江藤長俊(1814-70)…………………………………………………………………207
『江戸時代の科学』…………………………………………………………………207
江戸湾 …………………………………………………………………………20,29,31
エプソン塩(硫酸苦土) …………………………………………………………126,128
エレキテル …………………………………………………………………………203,209
エレキトリセストローメン ………………………………………………………200
塩 ……………………………………………………………………………………117
沿岸防禦 ……………………………………………………………………………20
塩酸 ………………………………………………………………110,121,124,126,133
塩酸苦土 ……………………………………………………………………………126
塩酸重土 ……………………………………………………………122～123,132～133
『遠西医方名物考』…………………………………………………………………88,123
『遠西奇器述』………………………………………………………………………213
鉛糖 …………………………………………………………………………………111

お

王水 …………………………………………………………………………………110
オーストラリア ……………………………………………………………………152
大槻俊斎(1804-1862)………………………………………………………………208
オーフルストラーテン(Overstraaten, J. P. C. van) ………………………42,165
押し湯 ………………………………………………………………………………30
オランダ語 …………………………………………………………………………4,9
『オランダ伝記事典』………………………………………………………………103

索　引

『和蘭文典』……………………………………………………………………10
『温泉試説』……………………………………………………………………130
温度計…………………………………………………………………………157

か

カーエン(Cahen) ………………………………………………………………202
ガーン(Gahn, J. G.　1745-1818) ……………………………………………110
海塩……………………………………………………………………………126
海王星…………………………………………………………………………151
解凝……………………………………………………………………131, 134
回帰線…………………………………………………………………………179
海軍伝習所……………………………………………………………………152
開国………………………………………………………………………3, 7, 150
海酸化バライタ………………………………………………………………133
『海上砲術全書』……………………………43, 45, 50～51, 53～54, 56, 64, 190
海防……………………………………………………………………7, 20, 22
「海防に関する上書」…………………………………………………………19
『化学・自然学実践』………102, 104～110, 112～116, 120～123, 125, 127～133, 135～136
科学と帝国主義………………………………………………………………8
加賀屋…………………………………………………………………82, 85, 94
火管……………………………………………………………………………57
火器………………………………………………………………………19, 20
角銀……………………………………………………………………………110
『学芸と手仕事の完全な叙述』………………………………………………104
核鋳法…………………………………………………………………………32
格物窮理………………………………………………………………………137
角間……………………………………………………………………130～131, 134
学問や技術の公開……………………………………………………………4
鹿児島藩…………………………………………………………………29, 120
火山……………………………………………………………………………188
『葛氏舎密』………………………………………………102, 105～110, 112～114
「加州蔵書」…………………………………………………………………200
火術書……………………………………………………………………4, 45, 51
カステレイン(Kastelijn, P. J.　1746-1794)
　　……………11, 45, 79～80, 93, 101～107, 117, 120, 123～125, 128, 130, 137～138, 149～150
『カステレイン硝子製造篇』……………………………………116, 118～120
火星……………………………………………………………………………176
片井京助(1785-1863) …………………………………………………………26
勝海舟(1823-1899) ……………………………………152～153, 157, 159～165
『学校用自然学教科書』…………………………………………………227～228

金沢藩 …………………………………………………………………………118
「金沢藩医学館」…………………………………………………………117,200
金児忠兵衛(1819-1888) ……………………………………………………26
可燃性物質 ………………………………………………………………117
カノン(砲)……………………20～22,25～26,28～29,31,38,41,46～50,54,56,59,62,64,66
火薬……………………………23,24,38,42,51,100,154,156,189～190,216～218,220
『硝子製法集説』…………………………………………………83,86～93,95
カリ ………………………………………………………………………92,136
カリ鉛ガラス………………………………………………………………83
カルテン(Calten, J. N.) ………………………………………43,45,50,53,65
ガルハニ……………………………………………198,201,204,209,212,219,226
ガルバノ・メータ ………………………………………………………214
川路聖謨(1801-1868) ……………………………………………………137,209
川本幸民(1810-1871) ……………………………………………………213
瓦筒 ……………………………………………………………………216,218
甘汞 ……………………………………………………………………121,134
ガン・メタル ………………………………………………………………31,33

き

気圧計 …………………………………………………………………………157
機械学 ………………………………………………………………11,155～156
魏源 ………………………………………………………………………27
奇書 …………………………………………………………………198～200
ギプス ……………………………………………………………………129
騎兵訓練規則 ……………………………………………………………162
気泡 ………………………………………………………………………29
ギヤマン ……………………………………………………………80～82,88,91
牛角モルチール……………………………………………………………48
臼砲………………………………………………………………………23
窮理学 ……………………………………………………………………150,152
強壮 ………………………………………………………………131,134,136
鏡版 ………………………………………………………………………57
共有 ………………………………………………………………………7
協力作用 …………………………………………………………………136
ギラルヂン(Girardin, J.) ………………………………………………153
金 ……………………………………………………………………109～110,127
銀 ……………………………………………………………………106,116,127
金星 ………………………………………………………………………176
『鈐林必携』……………………………………………………………63～64,66

索　引

く

空気(の)抵抗 …………………………………………………………53,55
沓野………………………………………………………………100～101,130
「沓野銀鉛山引払」 ………………………………………………………101
沓野騒動…………………………………………………………………10
『沓野日記』 ……………………………………………………………101
苦土……………………………………………………………123～124,126,128
クラウゼビッツ(Clausewitz, K. von　1780-1831) ………………………161
グラウバー塩 ……………………………121,125～126,128,131～132,136
倉田左高 …………………………………………………………………135
クラマース(Kramers Jz., J) ……………………………………………151
クリスタルガラス…………………………………………………………89～90
グルーンガラス……………………………………………………………81
黒川良安(1817-1890) ………45,80,87,93,101～102,118,121,123,128～129,149,180
クロフォード(Crawford, A　1748-1795) ……………………………132～133
群青………………………………………………………………………122
郡中横目役………………………………………………………79,100,123

け

経緯線 ……………………………………………………………………179
珪素………………………………………………………………………83
珪土………………………………………………………………………126
ゲイプス…………………………………………………………100,128～129
外科学……………………………………………………………………201
鹸蓬塩……………………………………………………………………87
ケプラーの法則 …………………………………………………………176
ケルクウェイク(Kerkwijk, G. A. van) …………………………155,161,216
ゲレイデル ………………………………………………………………215
結麗土(ケレイト) …………………………………………………100128～129
阮元(1764-1849) ………………………………………………………182,185
珪酸………………………………………………………………………81,87

こ

コイク(Kuijck, O. H.) ……………………………………………………165
コイル ……………………………………201,204～206,214,218～220,226
鉱山開発…………………………………………………………………10
熕車………………………………………………………………………51
口授 ………………………………………………101～102,121,123,128～129
行進 ………………………………………………………………………163

恒星	175〜177, 183
『厚生新編』	83, 129
恒星月	184
交点月	184
黄道	179
晧礬	128
鉱物アルカリ	121, 123〜126
『熕砲射擲表』	42, 66
『熕砲用法』	66
「興利袪弊目安箱」	100, 128
五行	137〜138
黒障眼	198〜199
黒色融剤	115
国利	4
五行	137〜138
こしき炉	31
兒玉元兆	135
固底	48
コバルト	109, 128
コペルニクス(Copernicus, N. 1473-1543)	179
コレラ	198〜199, 202, 209
コンストマグネート	186〜187

さ

サージ(Sage, B. G. 1740-1824)	112
犀川	189
歳差	176
在来技術	3, 5, 13
佐賀藩	4, 21〜22, 25, 28〜30, 32, 39, 64
サクソン青	121
朔望月	184
佐久間騒動	101
佐久間庸山(1813-1856)	26
佐倉藩	42
薩英戦争	39
薩摩切子	84
薩摩藩	26, 84
砂糖工業	124
真田貫道(1820-1901)	79
真田幸専(1770-1828)	26

索　引

真田幸貫(1791-1852) ……………………………………………………26, 79
真田幸教(1835-1869) ……………………………………………………79
真田幸良(1816-1844) ……………………………………………………81
佐野 ……………………………………………………………………100, 130
サバルト (Savart, N.) ……………………………………………………161
酸 …………………………………………………………………………117, 128
鑽開 ………………………………………………………………30, 33, 165～166
産科学 ……………………………………………………………………1, 582, 101
酸化水銀 …………………………………………………………………106
酸化鉛 ……………………………………………………………………83
『三語便覧』 ………………………………………………………………80
酸素 ………………………………………………………………………30, 116
三村利用掛 ………………………………………………………………10, 100
散兵 ………………………………………………………………………160
三兵戦術書 ………………………………………………………………149, 160
『三兵答古知幾』 …………………………………………………………160

し

シェーレ (Scheele, K. W.　1742-1786) ………………………………110, 124, 133
志賀高原 …………………………………………………………………10, 79, 100～101
磁気変動 …………………………………………………………………188
シケイキュンデ …………………………………………………………153～154
止血 ………………………………………………………………………134
試射 ………………………………………………………………………23, 24, 25, 26, 27
磁石 ………………………………………………………………………153, 185～188, 192
磁針 ………………………………………………………………………188
地震予知器 ………………………………………………………………185, 192
『自然界の描写』 …………………………………………………………173～175
『自然学』 …………………………………………………………………225～226, 228
『自然学基礎』 ……………………………………………………………212～215, 217, 228
『自然学教科書』 …………………………………………………………225
『自然学手引書』 …………………………………………………………228
実鋳法 ……………………………………………………………………21, 30
磁電(誘導)装置 …………………………………………………………201, 208
信濃教育会 ………………………………………………………………6
信濃史学会 ………………………………………………………………6
渋川六蔵(則休)(1717-1750) ……………………………………………45
渋湯 ………………………………………………………………………131
島津斉彬(1809-1858) ……………………………………………………118, 120
下曾根信敦(1806-1874) …………………………………………………64, 66

試薬天砲 …………………………………………………………………24
射程距離 ……………………………20,21,23,27,29,38〜39,51,55
蓚酸 ………………………………106〜107,115〜116,121,123〜124
収縮孔 ……………………………………………………………………29
重晶石 ………………………………………………………………132〜133
縦隊 ………………………………………………………………………160
獣帯 ………………………………………………………………………179
重土 …………………………………………………124,126,132〜133
収斂 ……………………………………………………………………131,136
朱子学 ………………………………………………………8,9,137,189
酒精 ……………………………………………………………………117
酒石 ……………………………………………………………………126
酒石酸 ………………………………………………114〜115,122,137
蒸気機関車 …………………………………………………………………219
蒸気機関 ……………………………………………………………………225
昇汞 ……………………………………………………………………121
邵康節(1011-1077) ……………………………………………………189
硝酸 …………………………………112〜115,124〜126,137,216〜218
「象山氏」………………………………………………………………121
硝酸塩 …………………………………………………………………130
硝酸カリ ………………………………………………………………88
硝酸鉛 ………………………………………………………………………111
詳証術 ……………………………………………………8,10,57,153,191
硝石 ……………81〜83,88,90〜91,93,100,109〜110,115,126,128〜130,135,137
硝石精 …………………………………………………………………82
衝底 ……………………………………………………………………48
章動 ……………………………………………………………………176
衝突 ……………………………………………………………………160
蒸留 ……………………………………………………………………82
小惑星 ………………………………………………………………175,177
食塩 …………………………………………………121,125,131〜132,137
植物アルカリ …………………………………………………………126,132
ショメル(Chomel, M. N. 1633-1712) ………79〜80,83,85〜90,92〜93,101,123
徐冷 ……………………………………………………………………84
地雷(火) ……………………………………………………………155,219〜220
心金 ……………………………………………………………………32
震刻計 …………………………………………………………………186
人身生理 ………………………………………………………………159
人造磁鉠 …………………………………………………185〜186,188,192
新兵 ……………………………………………………………………162

索　引

人砲 …………………………………………………………………………27,28
『震雷考説』 ………………………………………………………………186,192
親和力 ……………………………………………………………………124,133

す

巣 ……………………………………………………………………………30
酢 …………………………………………………………………………116,122
水銀 ……………………………………………………………113〜114,122,128
水軍 …………………………………………………………………………20
錐鑽機 ………………………………………………………………………33
水質分析 ………………………………………………………………129〜130,133
水晶 ………………………………………………………………………126
彗星 ……………………………………………………………173,175〜177,183
水星 ………………………………………………………………………176
水門 ………………………………………………………………………156
水雷 ………………………………………………………………………219
水力学 ……………………………………………………………………156
数学 …………………………………………………………………9,153,191
杉田成卿(1817-1859) ……………………………………53,94〜95,177,190
スケール・アップ ……………………………………………………………32
スコールブック …………………………………………………………105,122
スコックマシネ ………………………………………………………198,209,215
錫 ………………………………………………………………31,33〜34,128
スチールチース ……………………………………………………………26
私知彪母 …………………………………………………………………135
ストロンチウム ……………………………………………………………133
スランガ ……………………………………………………………………82,92

せ

星雲 ………………………………………………………………………176
『省諐録』 ……………………………………………………………………7
星座 ………………………………………………………………………175
生酒石 ……………………………………………………………………135
「政典」 ……………………………………………………………………129
静電気 ……………………………………………………………………201,213
西南雄藩 ………………………………………………………………4〜5,34,150
世変 …………………………………………………………………………4
『舎密開宗』……88,93,102,105〜107,110〜111,113〜116,118,123〜124,129〜132,135,138
「西洋実測の言」 …………………………………………………………180,190
西洋馬具 …………………………………………………………………163

『西洋砲術便覧』……………………………………………………………66
石塩………………………………………………………………100,128〜129
赤降汞………………………………………………………113〜114,116,121
赤道………………………………………………………………………179
石墨………………………………………………………………100,128
施条砲……………………………………………………………………165
石灰石……………………………………………………………………126
石灰(質)土………………………………………114,123〜124,126,128〜129
石鹸………………………………………………………………………125
石膏(土)……………………………………………………………128〜129
設置砲……………………………………………………………………49
セニュエット塩…………………………………………………………125,137
セルシウス(Celsius, A. 1701-1744)………………………………………157
セレナイト………………………………………………………………114,128
穿孔機……………………………………………………………………165
善光寺地震……………………………………………………101,187,189
泉質分析…………………………………………………………………136
戦術………………………………………………………………………159,162
染色………………………………………………………………………125
戦争………………………………………………………………………159
喘息…………………………………………………………198〜199,202〜203
戦闘………………………………………………………………………159,161
旋盤………………………………………………………………………166
戦略………………………………………………………………………159,161

そ

相互誘導…………………………………………………………………201,204
象山先生遺跡表彰会………………………………………………………8
草木灰……………………………………………………………………87,92
装薬量……………………………………………………………………23
「壮猶館文庫」……………………………………………………………117
ソーダ……………………………………………121,124〜125,128,130,136
速歩………………………………………………………………………163
ソフトウエア……………………………………………………………22,163
『遜氏六合窮理抜萃』……………………………………………………177〜178
ソンメル(Sommer, J. G. 1782/83-1848)
　　　　　　　　　　…………11,149〜150,152,170〜175,177,179〜182,186〜192
『遜謨兒四星編』…………………………………………………………177

索　引

た

ターフル	19,22,24,52,65
大気	172,177
代赭石	100,128
大衆医学書	158
『第二回内国勧業博覧会報告書』	94
台場	20,61〜62
隊砲	49
大砲鋳造	4,11,13,19
太陽(系)	175〜176,178〜179,183〜185,189,191
太陽中心説	189
「平啓印章」	121
大理石	126
高島秋帆(1798-1866)	28,30,64
「高島流(砲術)伝書」	23,52
高野長英(1804-1850)	160,177,190
竹村金吾(1805-1892)	19,46,180
タタラ	32
脱酸剤	30,33
ダニエル電池	212,216〜217
玉里文庫	118
田原藩	64〜65
弾	57,59
胆礬	128

ち

チールケ(Tielke, J. G.)	65
地球	175〜179,183〜189
地球儀	176
築城術	155,161
地砲	27,28,38
中性塩	121,126,128
鋳造(炉)	4,11,13,19,165
中風	198
長州藩	26
腸のブレウク	198〜199
鎮痛剤	121

269

つ

築地大銃製造方 …………………………………………………………………32
痛風 ……………………………………………………………………199, 202
ヅーフ・ハルマ ………………………………………………………7, 20, 88, 187
塚田源吾 …………………………………………………………………………80
月 ……………………………………………………………175～177, 183～185, 191
紡車 ……………………………………………………………………………156

て

抵抗 …………………………………………………………………………206, 218
ティコ・ブラーエ(Brahe, T. 1546-1601) ……………………………………179
デイマン(Deiman, J. R. 1743-1808) ………………………………………104
ティンマー(Timmer, G. K.) ………………………………………225, 227～228
出島 ……………………………………………………………………………209
デッケル(Decker, C. von) ……………………………………………149, 159～160
鉄鉱石 …………………………………………………………………………100, 128
鉄(分) ………………………………………………83, 109, 122, 127, 130, 134
鉄葉弾 ……………………………………………………………………………39
鉄奮弾 ……………………………………………………………………………59
デュアメル・デュモンソー(Duhmel du Monceau, H. L. 1700-1782) ………125
デュシエンヌ(Duchenne, G. B. A. 1806-1875) ……………………………202
デルプラット(Delprat, I. P. 1793-1880) …………………………………157
電解液 ………………………………………………………………………212, 217
癲癇 …………………………………………………………………………198～199, 202
電気刺激 ……………………………………………………………………201～202
電気(的な)ショック ………………………………………201, 207, 212, 214, 226
『電気治療』 …………………………………200～201, 203, 210, 215, 217, 220, 228
電気治療 ……………………………………………198～202, 208～210, 212, 226
天球儀 ……………………………………………………………………………176
『天空の驚異』 ……………………………………………………………173～175
電磁誘導 …………………………………………204, 208, 210, 212～213, 227～228
電信(機) …………………………………………………………10, 153, 219～220, 225
電池 ……………………………152～153, 201, 204, 207, 211～212, 216～219, 226
天地間の気 ……………………………………………………………………192
天王星 ……………………………………………………………………………176, 183
天砲 ……………………………………………………………………………23
電流による火薬発火 …………………………………………………………10

索　引

と

『ドイツ伝記事典』	173
独乙の里法	182〜183
糖	115
銅	109, 127, 216〜218, 226
導子	204, 207
銅線	205〜207, 211, 213
導線	213〜214, 226〜227
投擲砲	48
「東洋道徳、西洋芸術」	7, 8, 9, 138, 191
徳川斉昭	120
毒重土石	133
徳丸原演練	28, 49, 64
独蘭辞書	151
吐酒石	106, 114〜115, 121
土星	176, 183
突撃	163
トヨタコレクション	207
トライ・アンド・エラー	34
土類	101〜102, 117, 122〜123, 125〜128, 138

な

内国博覧会	94
『内服同功』	200, 207, 219
中津藩	25, 29, 31
長野郷土史研究会	6
中俣一平	26
捺染	125
ナチュールキュンデ	152
ナトリウム	125
鍋島直正(1814-1871)	21
鉛	81, 83, 91, 93, 94, 109, 127
鉛ガラス	81

に

2次コイル	206〜207
2次電流	227〜228
2次導線	214, 228
ニッケル	128

『日本近世窯業史』 ··85
ニュートン(Newtom, I. 1642-1727) ·············176
乳鉢 ··91
尿 ···110〜111
韮山 ···21,26,28,30,66
接骨木 ··100

ね

粘土 ···126,131

の

ノウハウ ··24,25

は

ハーシェル(Hershel, F. W. 1738-1822) ·······175
ハードウエア ··22,163
覇王塩 ··126,131〜132
白亜 ···126
白降汞 ··121
白内障 ··199,203
歯車 ···212,217,226,228
八分儀 ··157
八卦 ···190
発射角 ··53〜57,63
パトリオット ··7
花井一好 ···83
馬場左十郎(1787-1822) ·······································83,92
林洞海(1813-1895) ···134
パラケルスス(Paracelsus 1493-1541) ···············117
パリ ···158
馬鈴薯 ··100
反射炉 ··30
蕃書調所 ···181
礬石 ···100,128
礬土 ···124,132
ハンド・モルチール ··48
反フロギストン主義者 ··104
万有引力の法則 ··176

索　引

ひ

- ピードロ……80
- 火打（ち）石……81～82,86～88,90,93,126
- 引札……82
- ヒ酸……126
- 妃水……110
- ビスマス……128
- 砒素……128
- 一重山……23
- ビトリオールの酸……109,121,128,132,136
- 火縄銃……89
- 火花……214
- 白檀……121
- 百日咳……199,202
- 氷植物……121

ふ

- ファーレンハイト (Fahrenheit, D. G.)……157
- ファラデー (Faraday, M.　1791-1867)……201,213,227
- ファン・デア・コルク (Kolk, van der)……132
- ファン・デア・ブルグ (Brug, van der　1808-1889)……153,212～213
- ファン・デア・ポル (Poll, F. van der)……163
- ファン・デン・ブルック (Broek, J. K. van den　1814-1865)……208～210,225～227
- フーフェラント (Hufeland, C. W.　1762-1836)……133
- ブール・ハーヴェ博物館……118,174
- フォルクスブック……152
- 豚の飼育……8
- プチャーチン (Putyatin, E. V.　1803-1883)……209
- フッ酸……126
- 物産開発……10
- 物理学……9
- 葡萄球……48
- 葡萄酒……80
- 葡萄弾……39
- プトレマイオス (Ptolemaios)……179
- プラチナ……109,128
- ブラント (Brandt, H. von)……160
- ブリッキドース……39
- 『プリンキピア』……176

プルーフ・モルチール…………………………………………………………48
フレセニウス(Fresenius, C. R. 1818-1897) ……………………………154
フロギストン主義者………………………………………………………104
分科の学……………………………………………………………………190
分析術………………………………………………………………………57, 129

へ

兵学……………………………………………………………………150, 160
ベウセル(Beuscher, W. F.) ……………………11, 41〜44, 46, 48〜66, 71〜76, 149
ベウセル………………………………………………………………………41, 46
ベキザン砲……………………………………………………………………39
ベッカー(Becker, C. 1806-1890) ……………………………………………208
ペリー(Perry, M. C. 1794-1858) …………………………………20, 31, 170, 219
ペルティエ(Pelletier, B. 1761-1797) ………………………………………111
ベル・メタル…………………………………………………………………29, 31
ベレーゲリングゲシキュット……………………………………………………47
ヘロデ主義者……………………………………………………………………7
偏析………………………………………………………………………………29
ヘンリー(Henry, W. 1774-1836) ……………………………………………105

ほ

ボイス(Buys, E. ?-1769) …………………………………79, 83, 86, 129, 151, 177
(海岸・沿岸)砲台……………………………20, 21, 25, 29, 31, 38, 43, 49, 57, 61〜63, 161
包囲砲……………………………………………………………………………49
望遠鏡………………………………………………………………………170, 182, 185
『砲学図編』……………………………………………………………………57, 59〜61, 71
封建的割拠………………………………………………………………………7
蓬酸曹達……………………………………………………………………81〜82, 88, 93
砲車………………………………………………………………………42〜43, 46〜47, 51
硼砂………………………………………………………………83, 85, 88, 90〜91, 93〜94
砲術家…………………………………………………………………………8, 10
砲術訓練規則…………………………………………………………………161
砲術塾……………………………………………………………………………22
芒硝…………………………………………………………………………130〜132, 134
砲身………………………………………………………………………………21
砲弾………………………………………………………42〜43, 53, 55, 61, 190〜191
放物線……………………………………………………………………………38, 53
砲学局……………………………………………………………………………26
ホーイッスル(砲)……………………………20, 22, 25, 26, 28, 31, 38, 46, 48〜-49, 59, 62, 63
ボーデの法則…………………………………………………………………177

索　引

墨汁 ……………………………………………………………………136
没食子 ……………………………………………………………………136
ポットアス ……………………………………………………………110, 135
歩幅 ……………………………………………………………………162〜163
歩兵訓練 ………………………………………………………………159
歩兵規則 ………………………………………………………………163
ボムカノン砲 ……………………………………………………21, 26, 32, 38〜39
ボルタの電堆 …………………………………………………203, 209〜210, 218
梵鐘 ……………………………………………………………………31
ボント(N. Bondt) ……………………………………………………104

ま

マーリン(Marin, P.　1667/8-1718) ………………………………151
マグネシア・アルバ ……………………………………………121, 124
摩擦電気 ………………………………………………………………203
マックスウェル・ブリッジ …………………………………………206
松代(藩) …………………………………………12, 20, 23, 25, 26, 27, 30, 80, 95, 129
「松代文庫」 ……………………………………………………………44
マッフル ………………………………………………………………91〜92
松前藩 …………………………………………………………………25, 29
麻痺 ……………………………………………………………………198, 201
満照寺 …………………………………………………………………23

み

磨砂 ……………………………………………………………………100, 128
港長安(1786-1838) …………………………………………………208
ミュルケン(J, J. van Mulken) ……………………………………160
明礬 ……………………………………………100, 121, 126, 128〜129, 131〜132

む

村上誠之丞(1819-？) ………………………………134, 151, 153, 155, 215, 000
村上英俊(1811-1890) ………………………………………………80
村山正隆 ………………………………………………………………186

め

メールシング(Meursinge, N.) ……………………………………202
綿花 ……………………………………………………………………156
免許皆伝状 ……………………………………………………………22

も

濛気 …………………………………………………………54
モール(Mohr, F.) ………………………………………157
木星 ………………………………………………176,183
「裏貞亭長」 ………………………………………………121
本島藤太夫(1812-1888) ………………………21,22,64
モルチール(砲) ……………20,22,23,25,28〜31,38〜39,46〜49,54,56,62〜62

や

薬剤師 ……………………………………………………157
薬室 …………………………………………………………38
薬嚢 …………………………………………………………57
やすり ……………………………………………89,214,228
野戦砲 …………………………………………………25,38,49
野戦用陣地 ………………………………………………161
山寺源大夫(常山)(1806/7-1878) ………………26,180

ゆ

誘導コイル ………………………………204〜209,211〜213,226
誘導電流 ……………………………………203〜204,211,214,227
郵便車 ……………………………………………………184〜185
ユーリアラス号 ………………………………………………39
湯田中 …………………………………………100,130〜131,134
ユトレヒト地方学芸・科学協会 ………………………103

よ

用器 ……………………………………………………57,59
溶鉱炉 ………………………………………………………155
要塞砲 ………………………………………………………49
養蠶 …………………………………………………………80
洋式砲図面 …………………………………………………28
「養生所医局蔵」 …………………………………………117
陽明学 ………………………………………………………137
熔湯 ………………………………………………………29,30,33
吉雄圭斎(1821-1894) ……………………………208〜210
「4巻本」 ………………………172,174〜176,181〜183,186,188〜189

ら

「ライデン自然史博物館」 ………………………………174

索　　引

ライフルカノン …………………………………………………………165
ラスパイル(Raspail) …………………………………………………158,212
落下角 ……………………………………………………………54,56〜57
ラボアジェ(Lavoisier, A. L.　1743-1794) ………………………112,116
『蘭学梯航』 ………………………………………………………………92
蘭伝石火矢製造所 …………………………………………………………28

り

力学 ……………………………………………………………………11,157
陸地 ………………………………………………………………………171
リコセッテンスコート ……………………………………………………61
リスボン地震 ……………………………………………………………187
リトロー(Littrow, J. J.　1781-1840) …………173〜176,181〜185,191
硫酸 ………………………………124,126,128,130〜131,134,212,216〜218
硫酸塩 ………………………………………………………………130,136
硫酸カリウム ……………………………………………121,124,131〜132
硫酸鉄 ………………………………………………………………134,136
硫酸銅 ……………………………………………………………………226
硫酸バリウム ……………………………………………………………132
榴弾 …………………………………………………………………23,39
緑礬(油) …………………………………………………82,100,127〜131,136
『理論的・実用的化学』………104〜107,116〜120,125,127〜129,137,200
リン ……………………………………………………………106,110〜113,116
リン酸 ……………………………………………………………106,112,116
リン酸鉛 …………………………………………………………………111
リンネル …………………………………………………………………121

る

るつぼ ………………………………………………………90〜92,110,115,131

れ

レオミユール(Réaumur, R. A.　1683-1757) …………………………157
レトルト ……………………………………………………………82,92
錬金術師 …………………………………………………………………110
連星 ………………………………………………………………………176

ろ

聾 …………………………………………………………………………203
蠟石 …………………………………………………………………100128〜129
ローヘマン(Logemann, W. M.) ………………………………………166

「6巻本」……………………………………171,174〜175,177,180〜181,185,188〜189
「露西亜応接掛川路左衛門尉聖謨日記」……………………………………………209

わ

『窊篤児薬性論』……………………………………………………………133〜136
惑星………………………………………………………………175〜178,183,189
ワグネル(Wagner, R.)……………………………………………………………153
和紙………………………………………………………………………………205
和製義屋満………………………………………………………………………94
渡辺崋山(1796-1841)………………………………………………………64,83
和筒………………………………………………………………………………20
『和硝子製作編』……………………………………………83〜84,87,91,94〜95
和砲……………………………………………………………………………29,31

あとがき

　佐久間象山が行った科学技術関係の事柄は、過去には過大ともいえる評価を受けてきたが、最近では一転して厳しい見方に変わってきている。大風呂敷を広げるのが佐久間象山の特徴であり、彼の言、なかでも科学技術に関する内容はいまひとつ信用できないというのがその理由の一つである。彼が行った科学技術関係のことを持ち出しても、「彼はね……」といって敬遠されるようなこともある。しかし、軍事力を背景に西洋列強が迫ってくるなかで、科学技術の問題を正面から取りあげた初めての思想家といってもよい人物の言葉が信用できないというのは、わが国の科学技術史研究にとってはゆゆしき問題である。

　科学技術に関わる個々の知識や実践は佐久間象山の余技であり、そのことに対する彼の言葉が信用できなくても、開明的思想家としての地位は揺らぐものではないとする見方も成り立つが、筆者はそれには賛成しかねる。佐久間象山の主張の根幹は、西洋諸国の力の源泉である科学技術、言いかえれば「西洋芸術」を受け入れ自家薬籠中のものとせねばならないこと、しかもそれを担うのは蘭学者だけではなく、「東洋道徳」つまり儒学的教養を身につけた武士階級自身であるというものである。彼が科学技術の知識に基づいてさまざまな実践を行おうとしたのは、この科学技術が現実世界において有効に機能すること、言いかえれば軍事的な面にとどまらず利用厚生の面においても役立つことを、具体的に証明するためであった。佐久間象山の訴えが大きな影響力を持ち、彼が砲術家としても、西洋学に詳しい人物としても評価を受け、開明的思想家として重きをなしたのは、ひとえに彼が主張した内容や、実際に行った実践にかかっていたのである。

　本書では、科学技術に関わる佐久間象山の言が本当に信用できないのか、

言いかえれば彼の言のなかで信用できるものはどのような内容であり、あやしいと思われるのはどの部分かを明らかにすることに全力を注いだ。オランダ語をかじり、蘭書に基づくとして科学技術に関する知識を披瀝し、それまで実際の経験がほとんどなかったにもかかわらず、いろいろな物の製作にも取り組んだ様子は、本書によってほぼ明らかにすることができた。

　筆者はエンジニアの道を目指して工学部に進学した。このような進路を選んだのは、理数系の科目が好きだったこともあるが、それよりも大学で学んだ知識を実際の場面で生かし社会に貢献したい、そのためには工学部が最適だという思いがあったからでもある。科学技術史の研究を志すようになったのは工学研究科の修士課程を修了して以降であり、そのためか、理工系への進学に筆者を駆り立てたものは何だったのだろうかという意識が絶えず頭のどこかにあった。佐久間象山との出会いは偶然であったが、彼のことを知るにつれて自分にそのような思いを抱かせたルーツは、この佐久間象山あたりにあるのではないかと考えるようになった。筆者が佐久間象山に引きつけられたのには、このような理由もあった。

　佐久間象山に取り組む上で筆者が大きな影響を受けたのは2人の先学である。1人は蘭書やオランダ側の史料を駆使して蘭学の解明をはかろうとする吉田忠氏である。原典に基づいて分析を進めるという同氏の研究手法を援用すれば、評価の分かれている佐久間象山の科学技術に関する知識の有無や実践の成否について、一定の結論が下せるのではないかと考えたのである。その後、実際にオランダにおいて史料調査を行うにあたって、さまざまな労をとっていただいたのも他ならぬ同氏であり、言葉ではあらわせないほどの学恩を受けた。

　もう1人の先学は、科学技術史研究のイロハを指導していただき、科学技術史研究の世界に筆者を導いた故中川保雄氏である。佐久間象山がオランダ語を学び始めたときよりも遅い年齢からオランダ語の教室に通い、佐久間象山その人に立ち向かおうとしたときの支えとなったのは、「科学技術史研究

を志すならまず語学をやれ」という同氏の言葉であった。オランダ語で書かれている史料を用いた研究成果を同氏の生前にお目にかけることができなかったことは、悔やんでも悔やみきれないものがある。

　本書は、以下の既発表の論文や報告に加筆・訂正を加えたものを骨子としている。

　第1章　佐久間象山と『ペウセルの砲術書』　　　　（『松代』11、1998）
　第2章　佐久間象山と西洋科学とのかかわり――化学分野を中心に――
　　　　　　　　　　　　　　　　　　　　　　　　（『洋学』5、1997）
　　　　『舎密開宗』の参考文献『葛氏舎密』について
　　　　　　　　　　　　　　　　　　　　　　　（『化学史研究』25、1998）
　第3章　佐久間象山の科学研究とオランダ科学書
　　　　　　　　　　　　　　　　　　　　　　（『科学史研究』II-32、1993）
　　　　佐久間象山の電気治療機　　　　（『実学史研究』VI、1990）

　本書をこのようなかたちでまとめることができたのは、1998年10月、大阪府立大学に提出した学位請求論文による。博士課程在学中、上田さち子氏には指導教官として、古文書の読解をはじめ日本史の立場からさまざまなことを教えていただくとともに、研究の方向についても多くの示唆を受けた。また、山田義顕氏・斉藤憲氏には審査の労をとっていただき、口頭試問の場でも貴重な御意見をうかがうことができた。さらに、島居一康氏からは漢文読解について教えていただき、専門外の筆者にとってはたいへんありがたかった。ゼミにも参加させていただいた金子務氏には科学史の立場から、多くの助言を得た。同氏とともに松代の史蹟を調査し、象山にも登ったことは懐かしい思い出でもある。

　本書をなすにあたっては多くの蘭書を参照したが、そのたびに思い起こされたのが書物に対する松田清氏の厳しい姿勢であり、大きな影響を受けるとともに、さまざまなことを学んだ。同氏からは貴重なアドバイスをいただいたにもかかわらず、それを実行できなかったのは、ひとえに筆者の力のいた

らなさによるものである。また、塚原東吾氏からさまざまな機会にうかがった御意見は、本書成立の大きな力となった。末中哲夫氏をはじめとする実学資料研究会の諸氏、芝哲夫氏をはじめとする化学史学会の諸氏、さらには洋学史学会や科学史学会の諸氏からも数多くの学恩を受けた。この場を借りて御礼申しあげる次第である。とくに、筆者が科学技術史研究を志して以来、同じ関西にあってともに議論をし、多くの励ましをいただいた出水力氏、岡本正志氏らの存在がなければ本書は成立しなかったかもしれない。

教育委員会所管の教育センターに勤務し、初等中等理科教育の推進を図るという職務に従事している筆者にとって、本書のような書物をなすためには所長をはじめ、上司や同僚諸氏の理解がなければ不可能である。改めて深く感謝する次第である。授業で使ってみたいと申し出ていただいた中学校や高等学校の先生方とともに、本書で紹介した機器の模型を作ったり、実験の準備をしたことなどは、楽しい思い出として心に残っている。

史料調査にあたっては、国立国会図書館・静岡県立中央図書館・金沢大学附属図書館をはじめ数多くの機関にお世話になった。とくに、真田宝物館の方々にはさまざまな便宜をはかっていただいたくとともに、貴重な収蔵品の掲載も許可していただいた。記して御礼申しあげる。

本書は平成13年度日本学術振興会科学研究費補助金「研究成果公開促進費」の交付を受けて刊行にいたったものである。また、佐久間象山と科学技術に関する研究を進めるなかでもさまざまな援助を受けた。平成6・7年度の両年にわたっては、文部省科学研究費補助金の交付を受けた。平成9・10年度の両年には、真田宝物館およびオランダでの史料調査に対し、鈴渓学術財団より研究助成を受けた。平成13年度にはカステレインを中心とした化学史の調査に対し、福武学術文化振興財団より研究助成を受けた。これらの援助がなければ、本書をまとめることができなかったことは明らかである。

本書の刊行を快く引き受けていただいた思文閣出版、万事に要領が悪く筆の遅い筆者を助け、ここまで導いて下さった林秀樹編集長に深く感謝する次第である。

最後に個人的なことになるが、本務のかたわら研究活動を行わねばならない環境にある筆者にとって、家族（操、さやか、亮太、哲平）の支えは不可欠であった。彼らに感謝し、本書を捧げたいと思う。

2002年2月　　　　　　　　　　　　　　　　　　　　東　　　徹

◉著者紹介◉

東　徹（あずま　とおる）

1953年兵庫県生まれ．大阪大学工学部卒業．大阪府立大学大学院人間文化学研究科博士課程単位取得退学．博士(学術)．
大阪府教育センター　主任研究員
［著書・論文］
『科学技術の歩み』（建帛社，共著）「佐久間象山と西洋科学のかかわり」（『洋学』5）ほか

佐久間象山と科学技術

平成14年(2002) 2月25日　発行

定価：本体7,600円(税別)

著　者　東　徹
発行者　田中周二
発行所　株式会社思文閣出版
　　　　606-8203 京都市左京区田中関田町2－7
　　　　電話 075－751－1781(代表)

印　刷　同朋舎
製　本　大日本製本紙工

© T. Azuma　　　　　　　ISBN4-7842-1101-2　C3020